プリント形式のリアル過去問で本番の臨場感！

愛知県

南山中学校女子部

2025年春受験用

解答集

本書は，実物をなるべくそのままに，プリント形式で年度ごとに収録しています。
問題用紙を教科別に分けて使うことができるので，本番さながらの演習ができます。

■ 収録内容

・解答集（この冊子です）

　　書籍ID番号，この問題集の使い方，最新年度実物データ，リアル過去問の活用，
　　解答例と解説，ご使用にあたってのお願い・ご注意，お問い合わせ

・2024（令和6）年度 ～ 2020（令和2）年度　学力検査問題

○は収録あり	年度	'24	'23	'22	'21	'20
■ 問題収録		○	○	○	○	○
■ 解答用紙		○	○	○	○	○
■ 配点						

全教科に解説
があります

注）問題文等非掲載:2024年度国語の【二】,2021年度国語の【二】と社会の3,2020年度国語の【二】

問題文などの非掲載につきまして

　著作権上の都合により，本書に収録している過去入試問題の本文や図表の一部を掲載しておりません。ご不便をおかけし，誠に申し訳ございません。

　本文の一部を掲載できなかったことによる国語の演習不足を補うため，論説文および小説文の演習問題のダウンロード付録があります。弊社ウェブサイトから書籍ID番号を入力してご利用ください。

　なお，問題の量，形式，難易度などの傾向が，実際の入試問題と一致しない場合があります。

教英出版

■ 書籍ID番号

入試に役立つダウンロード付録や学校情報などを随時更新して掲載しています。
教英出版ウェブサイトの「ご購入者様のページ」画面で，書籍ID番号を入力してご利用ください。

書籍ID番号 **108421**

（有効期限：2025年9月30日まで）

【入試に役立つダウンロード付録】
「要点のまとめ(国語／算数)」
「課題作文演習」ほか

■ この問題集の使い方

年度ごとにプリント形式で収録しています。針を外して教科ごとに分けて使用します。①片側，②中央
のどちらかでとじてありますので，下図を参考に，問題用紙と解答用紙に分けて準備をしましょう（解答
用紙がない場合もあります）。

針を外すときは，けがをしないように十分注意してください。また，針を外すと紛失しやすくなります
ので気をつけましょう。

① 片側でとじてあるもの

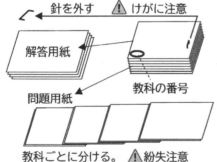

② 中央でとじてあるもの

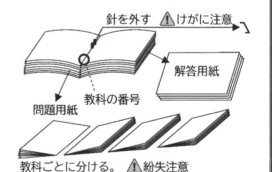

※教科数が上図と異なる場合があります。
　解答用紙がない場合や，問題と一体になっている場合があります。
　教科の番号は，教科ごとに分けるときの参考にしてください。

■ 最新年度 実物データ

実物をなるべくそのままに編集していますが，収録の都合上，実際の試験問題とは異なる場合があります。実物のサイズ，様式は右表で確認してください。

問題用紙	B5冊子(二つ折り)
解答用紙	B4片面プリント

リアル過去問の活用

~リアル過去問なら入試本番で力を発揮することができる~

✿ 本番を体験しよう！

問題用紙の形式（縦向き／横向き），問題の配置や余白など，実物に近い紙面構成なので本番の臨場感が味わえます。まずはパラパラとめくって眺めてみてください。「これが志望校の入試問題なんだ！」と思えば入試に向けて気持ちが高まることでしょう。

✿ 入試を知ろう！

同じ教科の過去数年分の問題紙面を並べて，見比べてみましょう。

① 問題の量

毎年同じ大問数か，年によって違うのか，また全体の問題量はどのくらいか知っておきましょう。どのくらいのスピードで解けば時間内に終わるのか，大問ひとつにかけられる時間を計算してみましょう。

② 出題分野

よく出題されている分野とそうでない分野を見つけましょう。同じような問題が過去にも出題されていることに気がつくはずです。

③ 出題順序

得意な分野が毎年同じ大問番号で出題されていると分かれば，本番で取りこぼさないように先回りして解答することができるでしょう。

④ 解答方法

記述式か選択式か（マークシートか），見ておきましょう。記述式なら，単位まで書く必要があるかどうか，文字数はどのくらいかなど，細かいところまでチェックしておきましょう。計算過程を書く必要があるかどうかも重要です。

⑤ 問題の難易度

必ず正解したい基本問題，条件や指示の読み間違いといったケアレスミスに気をつけたい問題，後回しにしたほうがいい問題などをチェックしておきましょう。

✿ 問題を解こう！

志望校の入試傾向をつかんだら，問題を何度も解いていきましょう。ほかにも問題文の独特な言いまわしや，その学校独自の答え方を発見できることもあるでしょう。オリンピックや環境問題など，話題になった出来事を毎年出題する学校だと分かれば，日頃のニュースの見かたも変わってきます。

こうして志望校の入試傾向を知り対策を立てることこそが，過去問を解く最大の理由なのです。

✿ 実力を知ろう！

過去問を解くにあたって，得点はそれほど重要ではありません。大切なのは，志望校の過去問演習を通して，苦手な教科，苦手な分野を知ることです。苦手な教科，分野が分かったら，教科書や参考書に戻って重点的に学習する時間をつくりましょう。今の自分の実力を知れば，入試本番までの勉強の道すじが見えてきます。

✿ 試験に慣れよう！

入試では時間配分も重要です。本番で時間が足りなくなってあわてないように，リアル過去問で実戦演習をして，時間配分や出題パターンに慣れておきましょう。教科ごとに気持ちを切り替える練習もしておきましょう。

✿ 心を整えよう！

入試は誰でも緊張するものです。入試前日になったら，演習をやり尽くしたリアル過去問の表紙を眺めてみましょう。問題の内容を見る必要はもうありません。どんな形式だったかな？受験番号や氏名はどこに書くのかな？…ほんの少し見ておくだけでも，志望校の入試に向けて心の準備が整うことでしょう。

そして入試本番では，見慣れた問題紙面が緊張した心を落ち着かせてくれるはずです。

※まれに入試形式を変更する学校もありますが，条件はほかの受験生も同じです。心を整えてあせらずに問題に取りかかりましょう。

━━━━━━━━━━━━ 《国　語》 ━━━━━━━━━━━━

【一】問一．A．イ　B．オ　C．キ　D．エ　　問二．頭ごなし　　問三．エ　　問四．ア　　問五．オ

問六．イ　　問七．うろおぼえ　　問八．ことわざが、厳格に意味が限定されていない省略的なもので、意味を使う人に委ねており、使う人が自分に引き寄せて気持ちをたくすことができるため、ある程度の拡大解釈や曲解が寛大に許されるものであること。　　問九．たしかに青　　問十．ウ，カ

【二】問一．A．ア　B．イ　C．ア　　問二．オ　　問三．オ　　問四．イ　　問五．エ　　問六．ア

問七．オ，キ　　問八．自分が仲間外れにされ、ふじもんと亜梨沙の仲が悪くなるなど、四人の関係が悪化しているが、それぞれが、自分がどうあるべきかを自分の意志で決め、自分の言葉で話し合えば、分かり合えるはずだと信じる気持ち。

【三】①着　　②生来　　③収拾　　④局地　　⑤探訪　　⑥無愛想

━━━━━━━━━━━━ 《算　数》 ━━━━━━━━━━━━

1　(1)2.4　　(2)71.5　　(3)99　　(4)2024　　(5)45.25

2　489

3　$\frac{9}{10}$

4　10

5　99000

6　19

7　12

8　35

9　(13)8　　(14)63

10　82.5

11　$7\frac{5}{8}$

12　30

13　6

14　(19)60　　(20)15

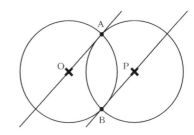

15　作図…右図　　説明…半径が等しい2つの円を、2点A，Bで交わるように作図する。このとき、2つの円の中心をそれぞれO，Pとし、OとA，PとBをそれぞれ結ぶと、直線OAと直線PBは平行になる。

═══════════════════ 《理　科》 ═══════════════════

1　［1］V字谷　　［2］あ　　［3］い　　［4］え，お　　［5］あ，い，お　　［6］あ，い　　［7］う

　　［8］届くときには別の場所に移動している　　［9］う

2　［10］①お　②く　　［11］さ　　［12］岩に生えている草花は土に生えている草花よりもこう水によって流されにくい

　　から。　　［13］い，う，え　　［14］①あ→う→か　②受精　　［15］う　　［16］A．細かい　B．スライドガラス

　　［17］あ，う，え，お　　［18］あ　　［19］お，か　　［20］下図

3　［21］い　　［22］豆電球　　［23］LEDに変えることで，電気の使用量を減らすことができるから。　　［24］う

　　［25］あ，え，お　　［26］あ，う，え，お　　［27］二酸化炭素　　［28］え

4　［29］予想1…C　予想2…B　予想3…A　　［30］下グラフ　　［31］2　　［32］2.54　　［33］あ　　［34］う

　　［35］あ　　［36］1.1　　［37］1cm³あたりの重さが水より小さい　　［38］1.1　　［39］お　　［40］え

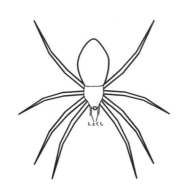

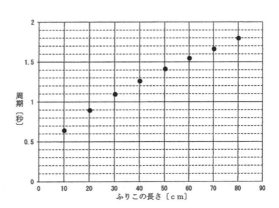

═══════════════════ 《社　会》 ═══════════════════

1　問1．①ウ　②ア　③エ　④イ　　問2．上川町…ウ　紋別市…エ　　問3．⑴エ　⑵ア　　問4．⑴冬の降水量
　　が多く，屋根に大量の雪が積もるため，屋根面を東西に向けることで，均等に日光に当てて雪をとかしたり，屋根
　　を乾燥させたりしやすくする必要があるから。　⑵カ　⑶エ　⑷天竜　　問5．⑴A．カ　B．ウ　C．エ
　　D．ア　E．オ　F．イ　⑵イ　　問6．⑴オ　⑵災害の名称…津波　矢印…シ

2　問1．(A)国名…イスラエル　記号…カ　(B)国名…ミャンマー　記号…イ
　　(C)国名…ウクライナ　記号…エ　　問2．地雷や不発弾が残っている
　　問3．⑴右図　⑵濠と柵　　問4．イ　　問5．⑴ア　⑵天下布武　⑶南蛮
　　⑷エ　　問6．綿花　　問7．エ　　問8．エ　　問9．ヒトラー
　　問10．ウ，オ　　問11．ウ　　問12．ア

3　問1．エ　　問2．ア　　問3．イ　　問4．⑴民主　⑵ア　　問5．⑴立法　⑵国民の意見をより広く反映し，
　　また，慎重な審議によって一方の議院の行きすぎを防ぐため。　⑶ヘイトスピーチ　　問6．ウ
　　問7．⑴ふるさと　⑵ウ

=《2024 国語 解説》=

【一】

問二 「高飛車」は、相手に高圧的な態度をとること。「頭ごなし」は、相手の言いぶんを聞かず、最初から一方的に決めつけるような態度をとること。

問三 前後で「私は何ごとによらず平和を好む。たとえ、ことばの上であっても争うことは好まない~そういう人間にしても、このはがきは反発させるものをもっている」「はがきを書いたあとでもなお、むしゃくしゃしていた」と述べていることから、エのような思いが読みとれる。

問四 「　③　だとされるギリシャ人」ならばそんな受け止め方をしないだろうと思うのに、「なおそう」だった（やはり、自分たちと違うことばづかいをする人たちを軽蔑した）と述べている。ここから、　③　には、「バカにして、その口まねをして~さげすみ」ということなどしないであろう態度・様子を表す言葉が入ると判断できる。よって、アが適する。

問五 「否定的なニュアンスがある~『信用のおけない』などを連想する」から、「気を許せない、危険な」「安心のならない」といった意味だと思ってしまうのだろうという筆者の推察である。よって、オが適する。

問六 「大多数の人たちが使うようになって~迫力はなくなる。それで」というつながりから、「とても」の場合と同様に、斬新さを求めて「もともと~後へ否定のことばをともなって~使われることばだった。それを肯定のことばと結びつけた」例として取り上げたのだと考えられる。よって、イが適する。

問八 直接的には、——線⑦の直前の「それ」が指す内容、つまり「身勝手な解釈をもっとも寛大に許してくれる」ことである。これについて具体的に述べた第⒙段落を参照。「ことわざは~省略的である。意味を使う人に委ねている~適当に補充しないといけない~自分に引き寄せて、すこし曲げて使うことができるようになっている~ある程度の拡大解釈ができる。曲解も大目に見られる。あまり厳格に意味が限定されていては~気持ちを托すことが難しい」と述べていることからまとめる。

問九 筆者が改めて考えた内容が具体的に書かれた部分の直前に入る。よって、第⒗段落の一文目となる。

問十 ウ．本文では、「だれしも、自分の使っていることばが正しいと思っている。それと違ったことばづかいに出会うと、本能的に相手がけしからん間違いをしているように感じる」という習性について、筆者自身の経験などを取り上げて具体的に述べ、第⒑段落で「ことばの慣用というものはたいへんデモクラティックなものであるから、はじめは誤りとされる用法であっても、多くの人が使っているうちに、間違いではなくなることはいくらでもある」と述べている。　カ．第⒗~⒚段落で、「たしかに~いまのところ間違っている。しかし、これまでの意味~あまり感心しない思想をはらんでいる~若い人の純情がそれに反発するのはむしろほほえましいではないか~よほどすっきりしている~そういう心情が働いていると~我流に解して使いはじめることになる」「ことわざは~意味を使う人に委ねている~ある程度の拡大解釈ができる」「同じことわざでも、年輩の人~若い人~当然のことながら、大きく違っている~それはむしろ興味ある現象と見るべきではないか。私はすくなくともそう考えるようになっている」と述べていることから読みとれる内容である。

【二】

著作権上の都合により文章を掲載しておりませんので、解説も掲載しておりません。ご不便をおかけし、誠に申し訳ございません。

$\boxed{1}$ (1)　与式＝$3-(1.2-0.75)\times\dfrac{4}{3}=3-0.45\times\dfrac{4}{3}=3-0.6=$**2.4**

(2)　与式＝$\dfrac{1}{2}\times11\times3+\dfrac{1}{2}\times11\times4+\dfrac{1}{2}\times11\times6=5.5\times(3+4+6)=5.5\times13=$**71.5**

(3)　与式＝$99\times(100\times101\times\dfrac{101}{100}-100\times101\times\dfrac{102}{101})=99\times(\underline{101\times101-100\times102})$

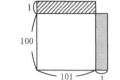

ここで，下線部の計算は，右の面積図で斜線の長方形の面積から色がついた長方形の

面積を引くと求められるので，$99\times(\underline{101\times101-100\times102})=99\times(101-100)=$**99**

(4)　与式＝$2024\times(2024\times2024-2023\times2025)$

(3)より，$a\times a-(a-1)\times(a+1)=1$ となるから，$2024\times(2024\times2024-2023\times2025)=2024\times1=$**2024**

(5)　与式＝$(36.2\times一万)\times百万\div(80\times一億)=(36.2\times百億)\div(80\times一億)=(3620\times一億)\div(80\times一億)=$**45.25**

$\boxed{2}$　東京から新横浜までの距離は $7+19=26$(km)，東京から名古屋までの距離は 342 km，名古屋から新大阪までの距離は 173 km だから，新横浜から新大阪までの距離は $342+173-26=$**489**(km) である。

$\boxed{3}$　【解き方】お父さんが食べる量を③とすると，お母さんが食べる量は③，花子さんと太郎くんが食べる量はそれぞれ②となる。

お父さんが食べる量は，$3\times\dfrac{③}{③+③+②+②}=\dfrac{9}{10}$(パック) である。

$\boxed{4}$　【解き方】同じ道のりを進むのにかかる時間の比は，進む速さの比の逆比になることを利用する。

再び家を出発してから学校に着くまでにかかる時間は $1000\div80=12.5$(分) だから，8時に家を出発してから家にもどるまでの時間が $30-12.5=17.5$(分) 以内であれば遅刻をしない。忘れ物に気づいた地点までの速さと，家にもどる速さの比は $60:80=3:4$ だから，かかった時間の比は $3:4$ の逆比の $4:3$ である。よって，忘れ物に気づいたのが出発してから $17.5\times\dfrac{4}{4+3}=10$(分) 以内であればよいので，8時から8時10分の間である。

$\boxed{5}$　【解き方】3日間とも来場した人数を①とすると，2日間だけ来場した人数は $①\times2=②$，1日だけ来場した人数は $②\times4=⑧$ となる。

3日間ののべ人数が 135000 人だから，$①\times3+②\times2+⑧=135000$　　⑮$=135000$ となる。来場した実人数は $①+②+⑧=⑪$ だから，$135000\times\dfrac{⑪}{⑮}=$**99000**(人) である。

$\boxed{6}$　【解き方】7を足すごとに金曜日の日付ができるので，金曜日の日付は偶数と奇数が交互に現れる。よって，金曜日が4日しかないと日付の合計が偶数になるので，この月の金曜日は5日ある。

3回目の金曜日の日付は $85\div5=17$(日) である。この2日後の日曜日は $17+2=19$(日) であり，3回目の日曜日だから，求める日付は **19** 日である。

$\boxed{7}$　【解き方】一番上の横の列に左から順に１２３と入れた場合の入れ方が何通りあるかを考える。

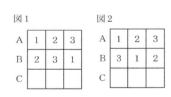

右図のA列に１２３と入れるとき，B列は図1と図2の2通りがあり，B列が決まればC列は1通りに決まる。A列の数字の入れ方は $3\times2\times1=6$(通り)あるから，入れ方は全部で，$6\times2=$**12**(通り)ある。

$\boxed{8}$　$Ⓐ\times Ⓐ=91\times91-84\times84=13\times7\times13\times7-12\times7\times12\times7=(13\times13-12\times12)\times7\times7=(169-144)\times7\times7=25\times7\times7=5\times7\times5\times7=35\times35$ だから，$Ⓐ=$**35**

$\boxed{9}$　⒀　【解き方】4マス先がゴールだった場合，サイコロの出た目の和が4になる。サイコロを振った回数について場合分けして考える。

サイコロを1回ふってゴールする場合，サイコロの目の出方は4が出ればよいので，1通りある。

サイコロを2回ふってゴールする場合，サイコロの目の出方は(1回目，2回目)＝(3，1)(2，2)(1，3)の3通りある。

サイコロを3回ふってゴールする場合，サイコロの目の出方は(1回目，2回目，3回目)＝(2，1，1)(1，2，1)(1，1，2)の3通りある。

サイコロを4回ふってゴールする場合，サイコロの目の出方はすべて1が出ればよいので1通りある。

以上より，ちょうどゴールする進み方は1＋3＋3＋1＝**8**(通り)ある。

(14)　【解き方】ちょうどゴールする進み方は，7を1から6までの整数の和で表す方法の数に等しい(ただし，1＋6と6＋1のように順番を入れかえたものは別の表し方として数える)。よって，以下の6つの☆の位置に∣を入れて，□を分ける方法を考える。□☆□☆□☆□☆□☆□☆□

例えば，□□∣□□□□∣□と分けると，サイコロが2→4→1と出た場合を表す。□∣□□□□□□は1→6，□∣□∣□∣□∣□∣□∣□は1→1→1→1→1→1→1である。したがって，☆1つにつき∣を入れるか入れないかの2通りの方法があるから，☆への∣の入れ方は，2×2×2×2×2×2＝64(通り)ある。

ただし，∣を1つも入れない場合はサイコロで7が出たことになってしまうので，この1通りを除く。

よって，求める進み方の数は，64－1＝**63**(通り)である。

[10]　【解き方】右図のように補助線(点線部分)を引き，三角形IBGの3つの内角の大きさを求める。

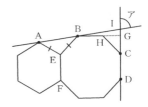

正六角形の1つの内角の大きさは，$\frac{180° \times (6-2)}{6} = 120°$，正八角形の1つの内角の大きさは$\frac{180° \times (8-2)}{8} = 135°$である。この正六角形と正八角形は1辺の長さが等しいから，三角形AEBはEA＝EBの二等辺三角形であり，

角AEB＝360°－(120°＋135°)＝105°より，角EBA＝(180°－105°)÷2＝37.5°となる。

よって，角IBG＝180°－(37.5°＋135°)＝7.5°

角GHC＝角GCH＝180°－135°＝45°だから，角BGI＝45°＋45°＝90°

向かい合う角は等しいから，三角形IBGの内角の和について，角ア＝180°－7.5°－90°＝**82.5**°

[11]　【解き方】右図の太線部のように，四角形FGCDを三角形FCDと三角形FGCに分けて面積を求める。また，FEとBCをそれぞれ延長して交わる点をHとする。

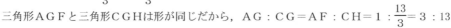

(三角形FCDの面積)＝3×4÷2＝6(cm²)

ADとBCは平行なので，三角形AEFと三角形BEHは形が同じだから，

AF：BH＝AE：BE＝3：1である。よって，BH＝1×$\frac{1}{3}$＝$\frac{1}{3}$(cm)なので，

CH＝BH＋BC＝$\frac{1}{3}$＋4＝$\frac{13}{3}$(cm)

三角形AGFと三角形CGHは形が同じだから，AG：CG＝AF：CH＝1：$\frac{13}{3}$＝3：13

(三角形FGCの面積)＝(三角形FACの面積)×$\frac{13}{3+13}$＝(1×4÷2)×$\frac{13}{16}$＝$\frac{13}{8}$(cm²)

したがって，(四角形FGCDの面積)＝(三角形FCDの面積)＋(三角形FGCの面積)＝6＋$\frac{13}{8}$＝**7$\frac{5}{8}$**(cm²)

[12]　【解き方】右図のように補助線DEを引く。

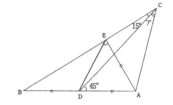

三角形BDCにおいて，三角形の1つの外角は，これととなり合わない2つの内角の和に等しいから，角CBD＝角CDA－角DCB＝45°－15°＝30°

三角形BAEの内角の和より，角BAE＝180°－(30°＋90°)＝60°

AD＝AEより，三角形AEDは二等辺三角形であり，角BAE＝60°だか

ら，三角形ＡＥＤは正三角形である。よって，角ＥＤＡ＝60°であり，角ＥＤＣ＝60°－45°＝15°

角ＥＤＣ＝角ＥＣＤ＝15°だから，三角形ＥＤＣはＥＤ＝ＥＣの二等辺三角形なので，ＥＡ＝ＥＣ，角ＡＥＣ＝

90°より，三角形ＥＡＣは直角二等辺三角形である。よって，角ア＝45°－15°＝30°

13 【解き方】分けた後の2つの直方体の表面積比が1：2だから，立方体の1つの面の面積を1と2の和の③とおき，2つの直方体の側面の長方形の面積を，丸数字で表す。

2つの直方体の面積の和は，③×6＋③×2＝⑳だから，小さい直方体の表面積は⑳×$\frac{1}{1+2}$＝⑧，大きい直方体の表面積は⑳×$\frac{2}{1+2}$＝⑯となる。よって，小さい直方体の側面の長方形の面積は，（⑧－③×2）÷4＝$\left(\frac{1}{2}\right)$，大きい直方体の側面の長方形の面積は，（⑯－③×2）÷4＝$\left(\frac{5}{2}\right)$となり，これら2つの長方形の横の長さは等しい。したがって，小さい長方形と大きい長方形の縦の長さの比は，面積比に等しく，$\left(\frac{1}{2}\right)$：$\left(\frac{5}{2}\right)$＝1：5となるので，立方体の1辺の長さは，小さい直方体の高さの（1＋5）÷1＝6（倍）である。

14 (19) 【解き方】右図のように記号をおき，直角三角形ＡＢＣの面積を求める。

三角形ＡＢＣと三角形ＣＤＥは合同だから，ＡＢ＝ＣＤである。

よって，ＢＤ＝ＢＣ＋ＣＤ＝ＢＣ＋ＡＢ＝23（cm）となるので，三角形ＡＢＣの面積は，1辺の長さが23cmの正方形の面積から，1辺の長さが17cmの正方形の面積を引いて4で割った値に等しい。したがって，（23×23－17×17）÷4＝**60**（cm²）

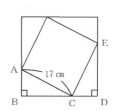

(20) 【解き方】右図のような，正方形ＰＱＲＳの1辺の長さを求める。

正方形ＰＱＲＳの面積は，1辺の長さが17cmの正方形の面積から，三角形ＡＢＣの面積4つ分を引いた値に等しいから，17×17－60×4＝49（cm²）である。

49＝7×7より，正方形ＰＱＲＳの1辺の長さは7cmなので，ＡＢ＝ＡＱ＝（ＢＤ－ＱＲ）÷2＝（23－7）÷2＝8（cm）だから，ＢＣ＝23－8＝**15**（cm）である。

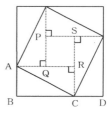

15 2つの円の半径が等しいとき，四角形ＡＯＢＰは4つの辺の長さがすべて等しいのでひし形である。ひし形の向かい合う辺は平行だから，直線ＯＡと直線ＰＢは平行である。

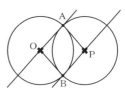

― 《2024 理科 解説》 ―

1 [2] 川の曲がったところの内側では，流れがおそく，土砂を積もらせるはたらき（たい積作用）が大きいため，川原ができやすい。これに対し，外側では，流れが速く，しん食作用が大きいため，川底や川岸が大きくけずられてがけになりやすい。

[3] 内側では，流れがおそくなることで小さな石がたい積するようになり，外側では，流れが速いため小さな石がたい積しない。

[5] う×…川の幅が広く，川底が深い川は，多くの雨が降っても水面の高さが上がりにくい。 え×…上流に森林が多いと，上流で多くの雨が降っても雨水が森林にたくわえられ，一気に下流に流れてくるようなことがない。

[6] 「あ」は地球温暖化の原因の1つと考えられている。「い」では，排熱によって空気が温められる。

[9] 底面から口までが同じ形の容器であれば，筒の形にかかわらず，たまる雨水の高さは同じである。降水量はこのようにしてためられた雨水の高さで表される。

2 [10]① それぞれの葉形指数は，「あ」が110÷130＝0.84…，「い」が105÷35＝3，「う」が115÷7＝16.4…，「え」が160÷5＝32，「お」が20÷3＝6.6…，「か」が40÷25＝1.6である。よって，小さい方から順に，「あ」＜「か」

＜「い」＜「お」＜「う」＜「え」となる。　　②　葉形指数を求める式より，葉の長さに対して葉の幅の割合が大きいものほど葉形指数の値が小さくなる。よって，小さい方から順に，「け」＜「く」＜「き」＜「こ」となる。

[11]　葉形指数が小さいものほど流れる水から力を受けやすいと考えられる。

[17]　あ×…倍率が低いときほど視野が広く，観察物を見つけやすいので，対物レンズをいちばん低い倍率にして観察を始める。　う，え×…横から見ながら対物レンズとプレパラートをできるだけ近づけ，その後，接眼レンズをのぞきながら調節ねじを回し，対物レンズとプレパラートを遠ざけていき，はっきり見えたところで止める。お×…観察物が小さく見えるときは，レボルバーを回して倍率の高い対物レンズにかえる。

[19]　「あ」～「え」と「き」は，問題にある情報からは正しいかどうか判断できない。また，「く」は誤りだと判断できる。

[20]　クモの体は，頭胸部と腹部の２つに分かれていて，４対（８本）のあしがすべて頭胸部についている。しょくしがあるのが頭胸部である。

③　[21]　ＬＥＤは正しい向きに電流が流れると光る。手回し発電機は，ハンドルを回す向きを反対にすると，電流の向きが反対になる。

[22]　手回し発電機は，大きな電流を流すときほど手ごたえが重くなる。豆電球とＬＥＤでは，豆電球を光らせるときの方が大きな電流が必要である。

[23]　手回し発電機のハンドルを同じ速さで同じ回数回したときにコンデンサーにためることができる電気の量は等しい。同じ量の電気をためたコンデンサーを豆電球とＬＥＤにつなぐと，ＬＥＤの方が明かりのついている時間が長かったから，ＬＥＤの方が電気の使用量が少なくなると考えられる。

[24][25]　はさみでは，指を入れて力を加える点が力点，２枚の刃をまとめている点が支点，ものを切る点が作用点である。厚紙を切るときのように切るのに大きな力が必要な場合には，作用点から支点までの距離（きょり）を短くする（刃の支点に近い部分で切る）ことで，力点に加えた力よりも大きな力を作用点にはたらかせることができる。これに対し，うすい紙を思い通りに切るときには，作用点から支点までの距離を長くする（刃の支点から通り部分で切る）ことで，力点での動きを小さくすることができる。

[26]　「あ」は作用点が支点と力点の間にあるてこ，「う」と「お」は力点が支点と作用点の間にあるてこ，「え」は支点を力点と作用点の間にしたり，作用点を支点と力点の間にしたりすることができるてこである。

[28]　ブルーベリーにふくまれる色素が緑色になるのは，アルカリ性のときである。これは，炭酸水素ナトリウムの加熱によってできる炭酸ナトリウムによるものである。よって，酸性を示す「え」を加えると，酸性とアルカリ性が打ち消し合う反応（中和）が起こり，中性（紫（むらさき）色）になる。

④　[29]　ある条件についてその影響（えいきょう）を調べるときには，その条件だけを変えた実験を行い，結果を比べればよい。予想１はふりこの長さだけを変えている表Ｃ，予想２はおもりの重さだけを変えている表Ｂ，予想３はふれ幅だけを変えている表Ａの結果から，正しいかどうか判断できる。なお，実験の結果から，ふりこの周期はふりこの重さやふれ幅にはほとんど関係しておらず，ふりこの長さに関係している（ふりこの長さが短いほど周期が短くなる）ことがわかる。

[30]　表の時間は10往復した時間だから，周期（１往復する時間）はそれぞれの値を10で割って求めることができる。

[31]　表Ｃより，ふりこの長さが10cmから４倍の40cmになると，10往復した時間は6.34秒から２倍の12.68秒になることがわかる。10往復した時間が２倍になるのであれば，それを10で割って求める周期も２倍になる。なお，ふりこの長さが20cmと80cmのときを比べても同様の関係になっている。

[32] [31]より，160cmは40cmの4倍だから，10往復する時間は12.68×2＝25.36(秒)になる。よって，周期は25.36÷10＝2.536→2.54秒である。

[33] ふりこの長さは支点からおもりの重さがかかる点(重心)までの長さである。「い」や「う」のようにおもりをつるすと，おもりが1つのときよりも重心が下に移動し，ふりこの長さが長くなる(ふりこの長さが変わる)ので，表Bにおいて，ふれ幅と周期の関係を正確に調べることができなくなってしまう。

[34] おもりは支点の真下を通るときに速さが最も速く，「あ」や「お」では速さが最もおそい(一瞬止まる)。

[35] 座った状態から立った状態になると重心が上に移動するので，ブランコに立って乗ったときの方がふりこの長さが短くなる。よって，周期も短くなる。

[36] 重さ20g，体積18cm³の物体の1cm³あたりの重さは20÷18＝1.11…→1.1(g)である。

[37] [36]と同様にそれぞれのおもりの1cm³あたりの重さを求めると，「あ」は5÷8＝0.625(g)，「い」は20÷8＝2.5(g)，「う」は30÷18＝1.66…(g)，「え」は20÷5＝4(g)，「お」は20÷18＝1.11…(g)，「か」は20÷25＝0.8(g)である。水に浮いたか沈んだかは，1cm³の重さが水(1g)より小さいか大きいかのちがいであることがわかる。

[38] 図で，液面の中央部分の目盛りを読み取ると，20gの食塩水の体積は17.5mL(17.5cm³)である。よって，この食塩水1cm³あたりの重さは20÷17.5＝1.14…→1.1gである。

[39] [37]と同様に，物体の1cm³あたりの重さが食塩水より小さいと浮くと考えればよい。よって，水に浮いた「あ」と「か」の他に浮いたのは，1cm³あたりの重さが約1.14gの食塩水よりも小さい「お」である。

═《2024 社会 解説》═

1 問2 上川町＝ウ 紋別市＝エ 「日本で最も早いといわれる紅葉」から標高が高い山地が広がる内陸部と判断する。紋別市の前に広がるオホーツク海は，流氷の南限になっている。アは釧路市，イは函館市。

問3(1) エ 日清戦争の下関条約で獲得した賠償金の一部を使って，北九州に八幡製鉄所が建設され，1901年に操業を開始した。「深刻な公害問題を経験し，独自の方法でその問題を克服したまち」＝子どもの健康を心配した母親たちの市民運動，企業の環境改善に対する努力，行政による公害対策組織の整備などによって，北九州市は，青い空と魚の住む海を取り戻すことができた。 (2) ア いちごの旬は，春から初夏(4月～6月)である。

問4(1) 白川郷では，南北に伸びる谷あいの川に沿って，北側から強い冬の季節風が吹くため，風の抵抗を最小限にとどめるために，合掌造りの屋根面は東西を向いている。また，屋根面が南北に面していると，北側の屋根だけ日が当たりにくく，積もった雪がとけにくくなる。 (2) カ 富山県の氷見のブリが特産物として知られている。ホタルイカは，春に生まれ，ふだんは水深200～600mの深海に生息している。春になると産卵のために岸近くまで上がってきて，約1年で一生を終える。 (3) エ フォッサマグナの西の縁には，糸魚川－静岡構造線という大きな断層帯があり，日本列島を地質的に東西に分けている。

(4) 天竜 諏訪湖を水源とする河川は，天竜川だけである。

問5(1) A＝カ B＝ウ C＝エ D＝ア E＝オ F＝イ 砂のある場所を読み取ると，中国山地→A→日本海→岸→Bとなっていることから，A，Bにあてはまる条件を考える。Dは，市民，企業，行政のどれにもあてはまる内容だからアを選ぶ。Eは行政のおこなう内容だから，地方公共団体がおこなう内容のオを選ぶ。Fは企業のおこなう内容だから，イを選ぶ。 (2) イ 「風紋と呼ばれる模様」「除草」などから，美観が最も適当と判断する。

問6(1)　オ　　①屋根付きの商店街＝アーケード街は駅前につくられることが多い。②リゾートホテルや所得の高い人向けのリゾートマンションなどは，海沿いにつくられることが多い。③「海を一望できる静かな高台」から内陸部のXと判断する。　　(2)　災害の名称…津波　記号…シ　　津波が発生した場合には，高台に向かって自動車などを使わないで逃げるのがよい。

2　問1　A＝イスラエル　記号…カ　B＝ミャンマー　記号…イ　C＝ウクライナ　記号…エ　　ヨルダン川西岸地区と，地中海沿岸のガザ地区がパレスチナ自治区である。アウンサンスーチー氏は，ミャンマーの民主化を指導した人物で，国軍のクーデターで発足した現政権では，犯罪者として捕らえられている。アはベトナム，ウはカザフスタン，オはイラク。

問2　現在でも地雷が埋められたままになっている国が，約60か国あるといわれている。

問3　稲作が広まると，土地や水をめぐってムラとムラが争うようになり，ムラを囲む濠や柵がつくられた。

問4　イ　　X．正しい。東北地方に住む蝦夷を征討するために，多賀城などが築かれた。Y．誤り。聖武天皇が大仏を造立したのは8世紀中ごろのことであり，813年以降の東北への軍事遠征とは関係ない。

問5(1)　ア　　鎌倉時代，将軍と御家人は，土地を仲立ちとしたご恩と奉公による主従関係を結んでいた。元寇は防衛戦であったため，鎌倉幕府は，命をかけて戦った御家人たちに十分な恩賞を与えることができなかった。

(4)　エ　　浦賀に現れた黒船に対して砲撃は行われていない。薩摩藩は生麦事件をきっかけとした薩英戦争，長州藩は下関戦争で，外国との力の差を痛感し，攘夷をあきらめて倒幕へと傾いていった。

問6　綿花　　1885年には製品である綿糸や綿織物を輸入していたが，紡績業が発達したことで，綿花を輸入して綿糸や綿織物を輸出するようになった。

問7　エ　　日露戦争の講和条約であるポーツマス条約では，朝鮮に対する日本の優越権，北緯50度以南の樺太の譲渡，旅順・大連の租借権と長春以南の鉄道とその付属の利権の譲渡，沿海州とカムチャツカの日本の漁業権を，ロシアに認めさせた。

問8　エ　　関東大震災後，「朝鮮人が井戸水に毒を入れた」「朝鮮人が放火した」などのデマを信じた官憲や自警団などによって，多くの朝鮮の人々が虐殺された。

問10　ウ，オ　　ウ・オは1941年のことである。アメリカなどから資源の輸出規制がおこなわれ，資源を得るために東南アジアに軍隊を進めた。東条英機が首相になると，12月8日，陸軍はイギリス領のマレー半島に奇襲上陸し，海軍はハワイの真珠湾にあるアメリカ軍基地を奇襲攻撃した。アは1932年，イは1937年，エは1935年(脱退の通告は1933年)。

問11　ウ　　ベトナム戦争に勝利したのは，北ベトナムである。

問12　ア　　日本はアメリカの核の傘の下にあり，すべての核保有国が参加していないことから，日本は核兵器禁止条約に参加していない。

3　問1　エ　　ア．誤り。福沢諭吉や中江兆民が欧米の人権思想を伝えたのは明治時代である。イ．誤り。自由民権運動は明治時代の前半に起きた。ウ．誤り。大日本帝国憲法では主権は天皇にあった。

問2　ア　　勤労の権利と関係がある文章である。イとエは自由権(精神の自由)，ウは平等権に関係がある。

問3　イ　　ODAには二国間援助と多国間援助があり，二国間援助には技術協力，有償資金協力，無償資金協力がある。JICAは特に技術協力で日本のODAを支えている。ア．NGO(非政府組織)の活動である。ウ．PKOの活動である。エ．私企業の経済活動である。

問4(1)　民主　　特に，代表者が議会に集まってさまざまな決定をおこなう形式を議会制民主主義という。

問5(1) 立法 日本では，国会が立法権，内閣が行政権，裁判所が司法権をもち，三つの権力が互いに抑制し，均衡を保つことで，国民の権利と自由を保障している。

問6 ウ くじで選ばれた 18 歳以上の裁判員 6 名と裁判官 3 名で，裁判員裁判が行われる。ア．誤り。すべての人の権利は保障されるので，権利を奪われた場合には，保護者が裁判を起こすことができる。イ．誤り。国の政策が関わり起こった公害で健康被害が出た場合，国家賠償請求訴訟を起こすことができる。エ．誤り。最高裁判所の裁判官をやめさせるかどうかの判断をおこなうことができるのは，国民審査と弾劾裁判であり，最高裁判所にその権限はない。

問7(2) ウ 令和 4 年度を例にすると，寄付金額を多く集めた自治体の上位 10 位の中で三大都市圏の自治体は，大阪府泉佐野市，京都府京都市の 2 都市だけであった。

=== 《国 語》 ===

【一】問一．A．エ　B．ウ　C．ア　　問二．エ　　問三．オ　　問四．ウ，オ　　問五．暴力をふるったり、泣きさけんだり、閉じこもったり　　問六．エ→オ→ア→イ→ウ　　問七．そのために　　問八．イ　　問九．明確にはわからなくても、あいまいなままで、ただ了解する／情報に還元し、感性の部分を無視して、知能だけで捉える

【二】問一．A．ウ　B．ア　C．オ　　問二．イ　　問三．ア　　問四．エ　　問五．オ　　問六．イ　　問七．大輝が心配してわざわざ友達まで連れて来てくれたことをありがたいと思うのが当然であり、そのことを茂三が嬉しかったと言ったのを聞いて、学校に行けない自分のことをずっと心配してくれていたのだと気付いたから。
　　問八．（Ⅰ）イ，カ　（Ⅱ）俳句　（Ⅲ）ウ

【三】①一糸　　②前兆　　③集大成　　④師事　　⑤口笛　　⑥交

=== 《算 数》 ===

1　(1) 9　　(2) $\frac{3}{152}$　　(3) 4　　(4) 377000　　(5) 17

2　(6)ア．3　イ．2　ウ．5　　(7)エ．2　オ．2

3　(8) $\frac{1}{9}$　　(9) $1\frac{7}{33}$

4　2, 3

5　17

6　600

7　(13) 144　　(14) 240

8　(15) 4　　(16) 6

9　30

10　84

11　①右図から1つ　②右図から1つ

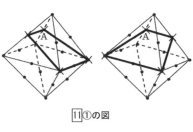

11①の図

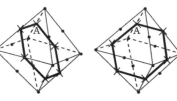

11②の図

12　43546

13　右図／説明…ADの長さをコンパスではかり，Aに針をさし，その長さの円の一部をかくことでEをとる。次にDEの長さをコンパスではかり，Aに針をさし，その長さの円の一部をかくことで2点B，Gをとる。最後にBDまたはGEの長さをコンパスではかり，Aに針をさし，その長さの円の一部をかくことで2点C，Fをとる。

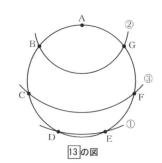

13の図

===《理　科》===

1 ［1］①酸素　②い　　［2］①お　②え　③き　④く　⑤い　⑥か　⑦あ　　［3］たたら　　［4］加熱する前の水の
温度を同じにするため。　　［5］ビーカーの底の温度と水の温度は異なるから。　　［6］①47.2〔別解〕47
②液だめ　　［7］加える熱の量を同じにするため。　　［8］長くなる　　［9］う
[10]あ，お，か，き　　[11]い

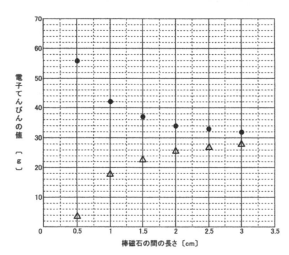

2 [12]右図　　[13]い　　[14]111　　[15]う，え　　[16]あ　　[17]①消化液　②小腸　③血液
④大腸　⑤便　　[18]②う　④え　　[19]え　　[20]あ

3 [21]太陽の光を反射しているから。　　[22]⑤→④→⑧→⑥→③→⑦→②　　[23]①あ　②く
[24]い　　[25]クレーター　　[26]え
[27]A．30　B．2.7

4 [28]え，お　　[29]①北　②南　　[30]S
[31]S　　[32]あ　　[33]右グラフ
[34]あ，う，お，く　　[35]①く　②あ　③か

===《社　会》===

1 問1．(1)A．オ　B．エ　C．イ　(2)ア　　問2．(1)右図　(2)エ
問3．(1)エ　(2)オ　　問4．(1)オ　(2)エ
問5．(1)オ　(2)ウ　(3)イ　　問6．オ

2 問1．イ　　問2．イ　　問3．メディア　　問4．ア　　問5．ア
問6．ウ　　問7．奈良市　　問8．種子島　　問9．江戸幕府の禁教令
によって，宣教師が国外退去させられたから。　　問10．ア　　問11．イ
問12．北里柴三郎　　問13．イ→ウ→エ→オ→ア　　問14．法
問15．(1)1)政府が地主の土地を買い上げ，小作人に安く売り渡すことで，
自作農を増やす改革。　　2)小作人が高い小作料を負担する制度が軍国主義
の基ばんとなっていたから。　　(2)ア→オ→イ→ウ→エ　　問16．イ

3 問1．(1)①○　②○　③×　④○　⑤×　(2)一票の格差　　問2．(1)A．エ　B．保育園〔別解〕こども園
(2)少子化　(3)安心／整備されていない　　問3．(1)①ウ　②イ　③ア　(2)カーボンニュートラル
問4．④ドローン　⑤線状降水帯　　問5．(1)⑥広島　⑦長崎　(2)核兵器

═《2023 国語 解説》═

【一】問二　「海の魚」も、同じ段落で述べてきた「その予測は、まず栽培植物と家畜という形で現実になりました」<ruby>栽培<rt>さいばい</rt></ruby><ruby>家畜<rt>かちく</rt></ruby>ということと同類のものといえる。つまり、その前の段落で述べた「遺伝情報～をいじれば～人間の抱えている<ruby>抱<rt>かか</rt></ruby>問題は解決でき、身体や性格さえも意のままに変えられるという予測」に基づくものである。ここから、問題を解決するために海の魚に手を加えるということが読みとれるので、エが適する。

問三　──線②の前後から、「意識に従順」であった「かつて」は、「悩む必要」がなかったことだとわかる。「意<ruby>悩<rt>なや</rt></ruby>識に従順」でなくなったとはどういうことか。それは、直前の段落の「意識の部分は切り捨て」てしまったということ、つまり、「人間は、感情や意識を忘れ知能に偏り始めたことで、本来、決してわかるはずのない～感情<ruby>偏<rt>かたよ</rt></ruby>を、情報として『理解』しようとするようになりました」ということ。この内容に、オが適する。

問四　本文最後の２段落で「現実の世界と身体を使ったリアルな付き合いをする必要があります～会って、作業<ruby>芽<rt>め</rt></ruby>をともにして～ときにギクシャクしてみる。そうすると、いろいろな感情が芽生えます～こうしたことを繰り返<ruby>繰<rt>く</rt></ruby><ruby>返<rt>かえ</rt></ruby>して、人間と人間が付き合うということはこういうことなのだと（＝社会性を）学んでいく～自分の価値が～さまざまに受け取られるものであることがわかっていく～いろいろな人間関係があるからこそ、自分が存続できます～だから、いろいろな自分をつくっておかないと～自分に期待をしてくれる人がいろいろいるからこそ、どこかで～生きられるのです」と述べていることに、ア、イ、エ、カは適する。筆者は、「ネットの中だけでつながっているのは危険です」「（インターネットの）フィクションの世界での経験だけを積み重ねていると～リアルな世界とすり合わせることができなくなります」と述べているので、ウは適さない。また、筆者は「感情」を「本来、決してわかるはずのない」ものとし、「相手の心を明確に知ることはできないけれど、了解できるものはある～身<ruby>了<rt>りょうかい</rt></ruby>体が感じた『あいまいなもの』はあいまいなままにしておいていいのです」と述べているので、オも適さない。

問五　──線④のある段落で取り上げている問題のもととなる「その不安」とは、その直前で述べた「～ということがわからない」「～こともわからない」「～も判断できない」といった不安のことである。つまり、「共感」と「理解」のちがいがわからない、そもそもわからないはずの感情に関わる部分まで情報化してわかろうとし、わからなくて悩んだり、わけがわからなくなったりして問題行動をするということ。これと同様のことを述べているのは〔　　⑤　　〕の直後の段落。最後の一文の「そして、わけがわからなくなって<u>暴力をふるったり、泣きさけんだり、閉じこもったり</u>してしまいます」より、下線部を抜き出す。<ruby>抜<rt>ぬ</rt></ruby>

問六　「ひと昔前までは」と対照的に取り上げているので、「ところが、今は」とあるエ。エの内容を具体的に述べたのがオ。その「ひと昔前」と「今」では順序が逆だと述べたア。「今」の「先に存在するフィクションとしての世界」について取り上げたイ。その「フィクションとしての世界」についての現状を述べたウ。

問七　本文後ろから２段落目の最初に「そのためには」とあるが、「その」が指す内容がないことに気付きたい。

問八　本文最後の段落で「自分の価値が～さまざまに受け取られるものであることがわかっていく～いろいろな人間関係があるからこそ、自分が存続できます～だから、いろいろな自分をつくっておかないと～なくなってしまいます。自分を支え、自分に期待をしてくれる人がいろいろいるからこそ、どこかで～生きられるのです」と述べていることに、イが適する。

問九　X．まず、次の行に「『理解』するのではなく、ただ『了解』する」とある。この「了解」について、筆者は、感情は知能でわかるものではないということをふまえて、「相手の心を明確に知ることはできないけれど、了

解できるものはある」「『あいまいなもの』はあいまいなままにしておいていい」と述べている。　Ｙ．ここでの「理解」は、直前の段落で述べているように、すべてを情報化して(情報に還元して)「理解」しようとすること。このことについて、「人間は、感情や意識を忘れ知能に偏り始めたことで、本来、決してわかるはずのない～感情を、情報として『理解』しようとするようになりました」と述べていることに着目する。

【二】問二　「しっぽを巻く」は、降参するという意味。

問四　雪乃は、大輝が信頼を裏切って友だちを連れてきたことに腹を立てているが、特に、──線③の直前で「特に仲のいい、気心の知れた友だちだけ～その中に女子がいるのだって、べつにどうってことはない。なのに、それがどうしてこうも引っかかるんだろう」と思っているとおり、女子がいることに関して、思うところがあるのである。それは、「男子より女子のほうが、嫌な記憶に直結している」と感じることや、「ああいう子と友だちになったら楽しいだろう～でも、今日みたいなかたちで知り合いたくなかった。大輝がわざわざ選んで連れてきた子が、よりによってあんなに可愛くて気立ての良さそうな～自分とは正反対の子だなんて」という気持ちになることなどから読みとれる。この内容に、エが適する。

問五　「お国言葉」について、雪乃は「それがいいのだ」と思っている。「体温を持たない言葉のように思える」標準語と比べて、その土地に生きる人々が自然に使っている言葉には「体温」があると感じるということ。「体温」とは人の持つ温かみ、それと対照的なのは「機械的で味気ない」ということになる。よって、オが適する。

問六　大輝から謝られる気まずさとは何か。それは、大輝が納屋に来た時に雪乃が思っていたのと同じ気持ちだと考えられる。つまり「ほんとうは何も悪いことなどしていない大輝のほうから謝られたりしたら、こちらの身の置きどころがなくなって(はずかしくていられなくなって)しまう」という気持ち。よって、イが適する。

問七　茂三は、大輝たちを家に上げた理由を「嬉しかったからだわ」と言った。この「嬉しかった」という言葉に、雪乃は驚いたのである。茂三は、「なんでって、雪乃。そんなこともわかんねえだか」と言っているとおり、大輝が学校に来ない雪乃のことを心配し、わざわざ友だちを連れて来てくれたのだから、感謝して家に上げるのは当然だろうと思っている。雪乃自身も、「大輝が～心配してくれているのはわかる～きっとありがたいと思わなくちゃいけないんだろう」「ほんとうは何も悪いことなどしていない大輝のほうから謝られたりしたら～身の置きどころがなくなってしまう」と思っているとおり、大輝は悪くなく、感謝すべきだということはわかっている。「だけど、嫌だ、って言ったのに～信頼を裏切った」という気持ちが強く、「都合なんか訊かれてない」「友だち連れてくるなんてひと言も言わなかったじゃん」といった不満を茂三に話しているのである。自分の言いぶんをわかってくれると思って話していたが、「よけいな、こと？」と眉を寄せた茂三の反応を見て、自分のわがままを指摘されるのではないか、と思っただろう。そのうえ茂三が、大輝の行動を好意的に受け止めて「嬉しかった」と言ったので驚いたということ。嬉しいということは、茂三も雪乃が学校に行っていないのを心配していたということだ、とここで気が付いたのだと考えられる。

問八（Ｉ）　雪乃は大輝と友だちになり、「こちらが意思表示すれば、無理強いはしないと思って安心していたし、信頼もしていた」とあるので、イの「人を信じることができず」は適さない。家から出て来た雪乃を見て、茂三が「あれ、どしたぁ」と驚いた様子で声をかけていること、納屋から戻る大輝の様子を見て「せっかく心配して来てくれた友だちを、追い返しちまっただかい」と言っていること、外の縁側で待つと言った大輝たちを家に上げたことなどから、雪乃のことを気にかけていることがわかるので、カの「茂三は、雪乃にあまり関心がない」は適さない。　（Ⅱ）　「待ちのぞむ～」という詩は、五・七・五。　（Ⅲ）　うっとうしい梅雨が明けて夏空になることと、雪乃が明るい気持ちで学校に行けるようになることを重ねていると考えられるので、ウが適する。

1 (1) 　与式$= 7 - \{3 \times (5 + 8 - 1) \div 6\} + 8 = 7 - (3 \times 12 \div 6) + 8 = 7 - 6 + 8 = \textbf{9}$

(2) 　与式$= \dfrac{4}{152} - \dfrac{2}{152} + \dfrac{1}{152} = \dfrac{\textbf{3}}{\textbf{152}}$

(3) 　与式$= \dfrac{294}{100} \times \dfrac{200}{21} + 294 \times \dfrac{3}{49} - \dfrac{294}{10} \times \dfrac{10}{7} = 28 + 18 - 42 = \textbf{4}$

(4) 　与式$= \dfrac{2827500000000}{7500000} = \dfrac{28275000}{75} = \textbf{377000}$

(5) 　与式$= \dfrac{5}{2} \div \{\dfrac{18}{17} \times \{\dfrac{7}{5} \div (\dfrac{8}{5} \times \dfrac{7}{3}) - \dfrac{1}{8}\} - \dfrac{2}{17}\} = \dfrac{5}{2} \div \{\dfrac{18}{17} \times (\dfrac{7}{5} \times \dfrac{5}{8} \times \dfrac{3}{7} - \dfrac{1}{8}) - \dfrac{2}{17}\} = \dfrac{5}{2} \div \{\dfrac{18}{17} \times (\dfrac{3}{8} - \dfrac{1}{8}) - \dfrac{2}{17}\} =$

$\dfrac{5}{2} \div (\dfrac{18}{17} \times \dfrac{2}{8} - \dfrac{2}{17}) = \dfrac{5}{2} \div (\dfrac{9}{34} - \dfrac{4}{34}) = \dfrac{5}{2} \div \dfrac{5}{34} = \dfrac{5}{2} \times \dfrac{34}{5} = \textbf{17}$

2 (6) 　$\dfrac{22}{17} = 1 + \dfrac{5}{17} = 1 + \dfrac{5 \div 5}{17 \div 5} = 1 + \dfrac{1}{\dfrac{17}{5}} = 1 + \dfrac{1}{3 + \dfrac{2}{5}}$　　　よって，ア$= \textbf{3}$，イ$= \textbf{2}$，ウ$= \textbf{5}$

(7) 　$\dfrac{22}{17} = 1 + \dfrac{1}{3 + \dfrac{2}{5}} = 1 + \dfrac{1}{3 + \dfrac{1}{\dfrac{5}{2}}} = 1 + \dfrac{1}{3 + \dfrac{1}{2 + \dfrac{1}{2}}}$　　　よって，エ$= \textbf{2}$，オ$= \textbf{2}$

3 (8) 　$\bigcirc \!\!\!\!\!\diagup \times 10 = 0.11 \cdots \times 10 = 1.11 \cdots$だから，$\bigcirc \!\!\!\!\!\diagup \times 10 - \bigcirc \!\!\!\!\!\diagup = \bigcirc \!\!\!\!\!\diagup \times (10 - 1) = \bigcirc \!\!\!\!\!\diagup \times 9$は，$(1.11 \cdots) - (0.11 \cdots) = 1$となる。よって，$\bigcirc \!\!\!\!\!\diagup = 0.11 \cdots$を分数で表すと，$1 \div 9 = \dfrac{1}{9}$になる。

(9) 　$A = 1.2121 \cdots$とすると，$A \times 100 = 121.2121 \cdots$となるので，$A \times 100 - A = A \times (100 - 1) = A \times 99$は，$(121.2121 \cdots) - (1.2121 \cdots) = 120$となる。よって，$A = 1.2121 \cdots$を分数で表すと，$120 \div 99 = \dfrac{120}{99} = \dfrac{40}{33} = 1\dfrac{7}{33}$になる。

4 　【解き方】ア×ア－3が12の約数になればよい。

ア$= 2$のとき，ア×ア$- 3 = 2 \times 2 - 3 = 1$は12の約数なので，条件に合う。

ア$= 3$のとき，ア×ア$- 3 = 3 \times 3 - 3 = 6$は12の約数なので，条件に合う。

ア$= 4$のとき，ア×ア$- 3 = 4 \times 4 - 3 = 13$だから，アが4以上のときは，ア×ア－3の値が常に12より大きくなり，条件に合わない。よって，条件に合う整数アは，**2と3**である。

5 　【解き方】5年後も，お母さんとお兄さんの年令の差はいまと変わらず22才である。

5年後，お母さんの年令は花子さんとお兄さんの年令の和と同じになるから，5年後の花子さんの年令は22才である。よって，いまの花子さんの年令は，$22 - 5 = \textbf{17}$(才)

6 　【解き方】水の高さから面の縦と横の長さをしぼり込む。

水の高さが12cmになるときの底面を面Aとすると，面Aの底面積は，$360 \div 12 = 30$(cm²)

水の高さが9cmになるときの底面を面Bとすると，面Bの底面積は，$360 \div 9 = 40$(cm²)

面Aを底面としたときの高さが12cmだから，面Bの縦または横の長さは12cmより長い。

40の約数は1と40，2と20，4と10，5と8だから，面Bは1cm×40cmか2cm×20cmの長方形である。

面Bを底面としたときの高さが9cmだから，面Aの縦または横の長さは12cmより長い。

30の約数は1と30，2と15，3と10だから，面Aは1cm×30cmか2cm×15cmの長方形である。

よって，長方形の辺の長さの組み合わせは，（1cm，40cm，30cm)か（2cm，20cm，15cm)の2通りあり，容積はそれぞれ$1 \times 40 \times 30 = 1200$(cm³)，$2 \times 20 \times 15 = 600$(cm³)となるので，最も小さい容積は**600cm³**である。

7 (13) 　図1で，三角形EABと三角形ECDは底辺をそれぞれAB，CDとすると，高さの和がADとなるので，面積の和はAB×AD÷2で求められる。同様に，三角形EDAと三角形EBCの面積の和はAD×AB÷2で求められる。よって，⑦三角形EABと三角形ECDの面積の和と，⑦三角形EDAと三角形EBCの面積の和は等

しく，⑦は 64＋128＝192(cm²)だから，三角形ＥＢＣの面積は，192－（三角形ＥＤＡの面積）＝192－48＝**144**(cm²)

⑭ 図1と図2の三角形ＥＡＢ，三角形ＥＣＤの面積は等しいので，図2の五角形ＡＢＣＤＥの面積が

192×2＋48＝432(cm²)だから，三角形ＥＢＣの面積は，432－192＝**240**(cm²)

⑧ ⑮ 全勝の生徒は，1回戦後が 16÷2＝8(人)，2回戦後が 8÷2＝4(人)，

3回戦後が 4÷2＝2(人)，4回戦後が 2÷2＝1(人)となるので，**4回戦まで**行う。

⑯ 【解き方】図にまとめて考える。

勝ち数が同じ人どうしが対戦することに注意すると，各回戦後の人数は右図の
ように表せる(上にある方が勝ち数が多い人で，○で囲まれた人の勝ち数は同じ)。

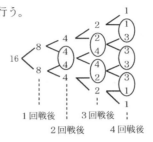

よって，大会が終了したとき，ちょうど2敗した人は 3＋3＝**6**(人)いる。

⑨ 【解き方】グラフから，学校から公園までは 1500－1000＝500(m)，家から公園
まで 1000m あるとわかる。

ひかりさんは 3時10分－3時＝10分で 500m 進むから，速さは分速(500÷10)m＝分速 50m である。

よって，のぞみさんの速さは，分速(50×2)m＝分速 **100**m

ひかりさんは公園から家までを 1000÷50＝20(分)で進むので，公園から家に向かって出発するのは，4時－20分＝
3時40分である。のぞみさんは家から公園までを 1000÷100＝10(分)で進むので，公園でひかりさんに会うため
には，遅くても 3時40分－10分＝**3時30分**に家を出なければならない。

⑩ 【解き方】右のように作図する。

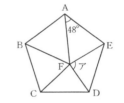

正五角形の1つの内角の大きさは 180°×(5－2)÷5＝108° である。

角ＢＡＦ＝108°－48°＝60° で，ＡＢ＝ＡＦ だから，三角形ＡＢＦは正三角形である。

よって，角ＥＡＦ＝角ＣＢＦ＝48°，ＡＥ＝ＢＣ，ＡＦ＝ＢＦ がわかるので，

三角形ＡＥＦと三角形ＢＣＦは合同である。

これより，ＥＦ＝ＣＦで，ＥＤ＝ＣＤ，ＤＦ＝ＤＦ だから，三角形ＥＤＦと三角形ＣＤＦは合同である。

角ア＝角ＣＦＤ だから，角ア＝角ＥＦＣ÷2 で求められる。

三角形ＡＦＥはＡＥ＝ＡＦの二等辺三角形だから，角ＡＦＥ＝(180°－48°)÷2＝66°

よって，角ＥＦＣ＝360°－(66°＋60°＋66°)＝168° だから，角ア＝168°÷2＝**84°**

⑪ 向かい合う面の切り口は平行であることから，解答例のような切り口ができるとわかる。

①は平行四辺形になる切り口をかかないように注意する。

⑫ 【解き方】地球の中心をＯとすると，半径がＯＡの円の周の長さを求めればよい。図4より，おうぎ形ＯＡＢの
曲線部分の長さは 955.6km だから，角ＡＯＢの大きさが分かれば，半径がＯＡの円の周の長さがわかる。

図3について，右のように作図する。角ア＝70.4°，角イ＝78.3°

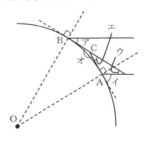

太陽光は平行なので，角ウ＝角ア＝70.4°

三角形の外角の性質より，角エ＝78.3°－70.4°＝7.9°　　角オ＝180°－7.9°＝172.1°

四角形ＯＡＣＢの内角の和より，角ＡＯＢ＝360°－90°－90°－172.1°＝7.9°

おうぎ形ＯＡＢは曲線部分の長さが 955.6km，中心角が 7.9° なので，求める長さ
は，$955.6 \times \frac{360°}{7.9°} = 43546.3\cdots$ より，**43546** km である。

[13] 右図のように，正七角形ＡＢＣＤＥＦＧは，Ａと円の中心を通る直線(ℓ)に対して
対称な図形になることを利用すると，解答例のように作図できる。

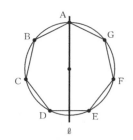

═《2023　理科　解説》═

1　[1]②　図3と図4で共通しているのは炎の温度である。よって「い」が正答となる。

　　[4]　先生がリカさんに聞いた「加熱前の水の温度は同じですか」がヒントになる。

　　[5]　温度計をビーカーの底につけると，温度計がビーカーの底の温度をはかることになる。ビーカーの底は実験
用ガスコンロの炎の影響を受けやすいので，水の温度を正確に測ることができない。

　　[6]①　温度計のめもりを読むときは，最小目盛りの10分の1の位まで目分量で読み取る。

　　[9]　ガスボンベは非常に熱くなっていることがあるので，冷えてから外す。また，ガスコンロ内にガスが残って
いることがあるので，ガスボンベを外した後にもう一度つまみを点火まで回し，再び消の方へ回す。

　　[10]　すすは燃えるときに明るく光るので，炎の中にすすが多くふくまれていると，明るい炎になる。

2　[13]　ご飯の方が米よりも水分の割合が大きいので，100ｇの米について表しているグラフは「い」である。

　　[14]　100ｇの米にふくまれる水分は15ｇ，炭水化物は78ｇ，100ｇのご飯にふくまれる水分は60ｇ，炭水化物は
37ｇである。米がご飯になっても炭水化物の重さは変わらないので，ご飯にふくまれる炭水化物が78ｇのとき，ご
飯にふくまれる水分は $60×\dfrac{78}{37}＝126.4…→126ｇ$ である。よって，100ｇの米を炊いてご飯にすると，126−15＝
111（ｇ）の水分を吸収することになる。

　　[15]　だ液は体温(36℃)くらいで最もよくはたらく。また，だ液のかわりに少量の水を用いてもご飯が別のものに
変わらないことを確かめる必要がある。よって，「う」と「え」が正答となる。

　　[16]　ご飯とだ液が混ざると麦芽糖という物質ができる。水あめの主成分は麦芽糖である。

　　[18]　「あ」は食道，「い」は胃，「う」は小腸，「え」は大腸である。口からこう門までの一続きの管を消化管と
いう。

　　[19]　消化管はヒトの身長のおよそ6倍の長さである。

　　[20]　かん臓は養分をたくわえたり，必要なときに全身に送ったりする働きをする。

3　[22][23]　①新月→⑤三日月(約3日後)→④上弦の月(約7日後)→⑧十三夜月(約13日後)→⑥満月(約15日後)→③
立待月(約17日後)→⑦下弦の月(約22日後)→②(約26日後)→①新月(約29.5日後)の順に満ち欠けする。満月から
新月になる間の，夜が明けても見える月を有明の月という。

　　[24]　上弦の月は日没直後の真南の空に見える。よって，「い」が正答となる。

　　[26]　⑥の月の表面のようすが，ほぼ変化がなく同じように見えることから，月は満月のときに同じ面を地球に向
けていることになる。月は1か月で①～⑧のように満ち欠けしているので，地球のまわりを1か月で1回転してい
る。よって，月が1か月で自ら整数回，回転するならば，満月のときの月が地球に向ける面も常に同じになる。

　　[27]　A．図1のように太陽と地球を固定して考えると，観測者から見ると月がもとの形にもどる日数は，月が1
周する日数である30日である。　　B．地球が太陽のまわりを365日で360度回転すると考えると，図2のように
30日後の地球は $360×\dfrac{30}{365}＝\dfrac{360×30}{365}$（度）回転する。よって，30日での月と地球の回転角度の差は $360−\dfrac{360×30}{365}$

$$\frac{360 \times 365 - 360 \times 30}{365} = \frac{360 \times 335}{365}(度)だから，差が360度になるのは30 \times 360 \div \frac{360 \times 335}{365} = 32.68 \cdots \rightarrow 32.7日となる。$$

よって，2.7日たりないことになる。

4 [28] 磁石に引き付けられるのは，鉄などのわずかな金属だけである。1円玉はアルミニウム，10円玉はおもに銅でできているので，磁石につかない。使用前の使い捨てカイロには鉄がふくまれているので，磁石につく。

[29] 磁石からはずしたあとの鉄くぎAは，頭がN極，先がS極の磁石の性質をもっているので，発泡スチロールの板の上にのせて水面にうかせると，方位磁針のようにN極(頭)が北を向く。よって，①は北，②は南が入る。

[30] 方位磁針のN極が北を指すことから，地球内部には北がS極，南がN極の磁石があると考えることができる。

[31] 図1では，3本のくぎすべてで，とがった部分はS極になる。

[32] 磁石のまわりにおいた方位磁針のN極の向きは，図iのように磁石のN極から出てS極に向かう矢印の向きである。

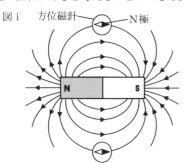

図i 方位磁針 N極

[34] あ○，い×…図3と表2より，棒磁石の間の長さが短いほど，磁石が引きあう力が強くなって，電子てんびんの値が小さくなることがわかる。　う○，え×…図2と表1より，棒磁石の間の長さが短いほど，磁石のしりぞけあう力が強くなって，電子てんびんの値が大きくなることがわかる。　お○，か×…[33]のグラフより，棒磁石の間の長さを0.25cmにしたときの電子てんびんの値は60gより大きくなると考えられる。　き×，く○…[33]のグラフより，棒磁石の間の長さを0.75cmにしたときの電子てんびんの値は10gより小さくはならないと考えられる。

[35] 表1で棒磁石の間の長さが2.0cmのとき，電子てんびんの値は34gになっているので，表3より，鉄の板を間に入れると磁石のしりぞけあう力が弱くなり，プラスチックの板と厚紙を入れてもしりぞけあう力の大きさは変わらない。また，表2で棒磁石の間の長さが2.0cmのとき，電子てんびんの値は26gになっているので，表4より，鉄の板を間に入れると磁石の引きあう力が弱くなり，プラスチックの板と厚紙を入れても引きあう力の大きさは変わらない。よって，①は「く」，②は「あ」，③は「か」が正答である。

=《2023 社会 解説》=

1 問1(1) A＝オ　B＝エ　C＝イ　Aは竿灯まつり，Bはねぶた祭，Cは七夕まつりである。

(2) ア　東北地方の夏の気温は，太平洋側が低く，日本海側が高くなる傾向にある。太平洋側では，やませの影響で夏の気温が上がらず，霧やくもりの日が多くなり，日照時間が少なくなる。

問2(1) 山口県をまわって，瀬戸内海から大阪に至る経路が書かれていればよい。西廻り航路や東廻り航路は，河村瑞賢によって整備された。　(2) エ　紅花は赤の染料，藍玉は藍色の染料に用いられた。

問3(1) エ　山形県では，米とさくらんぼが盛んに栽培されているからエを選ぶ。アは鹿児島県，イは新潟県，ウは茨城県，オは青森県。　(2) オ　雪深い東北地方では，夏に米づくりを営み，冬に出稼ぎにいく兼業農家の割合が高い。Rは60才以上，Tは16～29才である。

問4(1) オ　X．カルスト地形の山口・福岡にセメント工場は立地する。Y．太平洋ベルトと東北自動車道沿いの関東内陸に自動車工場は立地する。Z．静岡県の富士市・富士宮市，愛媛県の四国中央市，北海道の苫小牧市に製紙工場は多い。　(2) エ　小型軽量で単価の高い半導体は，輸送費の高い航空機でも採算がとれる。

問5(1) オ　海岸沿いには，海から内陸への潮風や飛砂などをおさえるために，針葉樹林が海岸防災林としてよく植えられる。△の印の標高が10～60mと高いこと，■の印の標高が9mと低いことから，水を引きやすい低地の

■に田が発達したと判断する。　(2)　ウ　　冬の北西季節風から家屋などを守るために，家屋の西と北の面に屋敷林が植えられている。　(3)　イ　　山頂を正面に見たとき，右側に2つの谷があることに着目する。

問6　オ　　工業は，酒田市・鶴岡市・山形市・米沢市で盛んだからZが「市町村の製造品出荷額の県全体に占める割合」である。鉄道や道路が発達した地域では，都市部への移動が容易になるので，工業が盛んな4都市の周辺で道路・鉄道沿いの地域の割合が高いYが，「県内における他市町村への通勤通学者の割合」である。工業が盛んな4都市から離れた地域の割合が高いXが，「65才以上の老年人口割合」である。

2 問1　イ　　アメリカのオバマ大統領が広島を訪れたのは2016年である。アは2019年，ウは2018年，エは2017年，オは2019年。

問2　イ　　原始時代の平均寿命は約30年ほどだから，15歳以上の残りの人生は約15年程度である。

問3　メディア　　情報を伝達する手段全体をメディア，テレビ・ラジオ・インターネットなど不特定多数に伝達する手段をマスメディアという。

問4　ア　　イ.聖徳太子は，蘇我馬子とともに天皇中心の国づくりを進めたから誤り。ウ.冠位十二階の制度は，家がらに関係なく能力に応じて豪族を役人に取り立てるため，十七条の憲法は，役人となった豪族に役人としての心構えを示すためにつくられたから誤り。エ.小野妹子は，隋の煬帝に謁見したあと，帰国したから誤り。

問5　ア　　聖武天皇は，仏教の力で国を安定させようとして，全国に国分寺，奈良の都に東大寺と大仏をつくったから誤り。また，聖武天皇は，平城京(奈良)，恭仁京(京都)，難波宮(大阪)，紫香楽宮(滋賀)などに遷都したが，京都の東山に移ったことはない。

問6　ウ　　ア.源頼朝の死は，落馬後の体調不良が原因とされる説が有力で，北条時政による暗殺ではないから誤り。イ.源義経は，奥州で奥州藤原氏によって殺されたから誤り。エ.北条氏は，将軍職ではなく，将軍を補佐する執権に就いたから誤り。源氏の将軍が滅んだ後は，藤原将軍や皇族将軍が就任していた。

問8　種子島　　火縄銃のことを「種子島」と呼ぶこともあった。

問9　フランシスコ＝ザビエルが日本に上陸したのが1549年，徳川家康が禁教令を出したのが1612年のことである。江戸幕府の第三代将軍徳川家光の頃には，鎖国体制は強化され，宣教師たちは国外からいなくなった。

問10　ア　　地方の藩の下級武士が江戸城下に住むことはなかったから誤り。

問11　イ　　ア(1871年)→ウ(1873年)→イ(1881年)→エ(1889年)

問12　北里柴三郎　　北里柴三郎は，2024年から発行される千円紙幣の肖像になっている。

問13　イ→ウ→エ→オ→ア　　イ(1931年)→ウ(脱退の通告1933年・正式脱退1935年)→エ(日中戦争開始・1937年7月)→オ(南京事件・1937年12旦)→ア(太平洋戦争開始・1941年)

問15(2)　ア→オ→イ→ウ→エ　　ア(1951年)→オ(1956年)→イ(1968年)→ウ(1972年)→エ(1978年)

問16　イ　　EU(ヨーロッパ連合)の発足は，1993年である。21世紀は2001年から2100年の期間になる。アは2001年，ウは2002年，エは2011年，オは2003年。

3 問1(1)　①＝○　②＝○　③＝×　④＝○　⑤＝×　　③2022年に3人増えて248人になった。⑤これまでに日本国憲法が改正されたことはない。　(2)　一票の格差　　地域によって，(有権者数)÷(議員の定数)の値に差があること。一般に2倍以上の差があると，違憲または違憲状態と判断される。

問3(1)　①＝ウ　②＝イ　③＝ア　　二酸化炭素の排出量が多い順は，ガソリン車＞ハイブリッド車＞電気自動車。これ以外にも水素と酸素の化学反応から電気を取り出し，その電気でモーターを動かす燃料電池車もある。

(2)　カーボンニュートラル　　二酸化炭素の排出量と吸収量の差をなくし，実質ゼロにするのがカーボンニュート

ラルである。削減できない二酸化炭素の排出量を，他の場所での吸収・削減により埋め合わせをするカーボンオフセットとの違いを覚えておきたい。

問4　④＝ドローン　⑤＝線状降水帯　　④「上空から確認」「遠隔確認」などからドローンと判断する。

問5(1)　⑥＝広島　⑦＝長崎　　1945年8月6日午前8時15分に広島に，同年8月9日午前11時2分に長崎に原子爆弾が投下され，多くの命が奪われた。　　**(2)**　核兵器　　ロシアは安全保障理事会の常任理事国の1つだから，拒否権があるため，ロシアの反対によってNPTは合意できていない。

━━━━━━━━ 《国　語》 ━━━━━━━━

【一】 問一. イ　　問二. ア　　問三. オ　　問四. ウ　　問五. オ　　問六. その人　　問七. エ

問八. 自分以外　　問九. オ　　問十. 自分以外のことを考えずに目の前にあるものや人だけを見ている状態から、失われたかけがえのないものを通してものごとを見られるようになること。　　問十一. ア

【二】 問一. イ　　問二. オ　　問三. イ　　問四. エ　　問五. オ　　問六. ア　　問七. ウ

問八. 親子で過ごす、楽しくて幸せないまの時間が、終わることなく永遠に続いてほしいと願う気持ち。

問九. イ　　問十. イ, オ

【三】 ①一堂　　②測　　③収納　　④圧巻　　⑤努　　⑥理路整然

━━━━━━━━ 《算　数》 ━━━━━━━━

1 (1)18　　(2)849　　(3)1　　(4)$\frac{6}{7}$　　(5)5.2

2 (6)48　　(7)①ア　②イ　③エ　④ウ

3 (8)14　　(9)5

4 (10)15, 21　　(11)43

5 (12)120000　　(13)6.5

6 (14)ウ　　(15)15.7

7 (16)$\frac{15}{16}$　　(17)ア

8 1400

9 ①カ　　②キ　　③キ　　④ケ

10 作図…右図　　説明…円周上に点をとり，そこから円の中心までの長さをはかり，円周上で２か所交わるように円の一部をかく。次に，最初にとった点，円と円の一部が交わった点それぞれから，円の中心を通るように，直線を３本ひく。この３本の直線と円の交わる点を頂点として，正六角形をかく。

《理　科》

1　[1]①う　②え　　[2]え，か　　[3]あ　　[4]養分
　　[5]あ　　[6]たいばん　　[7]肺　　[8]水蒸気
　　[9]①う　②い　　[10]あ，う

2　[11]でんぷん　　[12]光合成で出される酸素が呼吸で取り入れら
　　れる酸素より多いから。　　[13]右図
　　[14]吸収しやすい光…あ　反射しやすい光…う　　[15]い

3　[16]あ，え　　[17]う　　[18]え　　[19]あ，え，か，き
　　[20]酸素…364　二酸化炭素…300　　[21]148

4　[22]あ，い，う　　[23]①ろうと　②右図　　[24]あ，う，き
　　[25]①中和　②う

5　[26]押し縮めることができないから。　　[27]あ　　[28]い，え
　　[29]①大きくへこんで　②水によくとける　　[30]右グラフ
　　[31]い　　[32]あ　　[33]え　　[34]い　　[35]①う　②お　③お

6　[36]①1　②3　　[37]あ　　[38]9，10　　[39]乱層雲
　　[40]大阪／名古屋

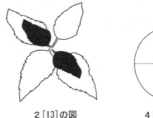

2 [13]の図　　　4 [23]②の図

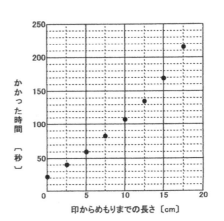

《社　会》

1　問1．(1)①オ　②カ　③エ　④イ　⑤ウ　⑥ア　(2)オ　　問2．(1)埼玉県…オ　富山県…ウ　(2)A．エ　B．ウ
　　C．ア　D．イ　(3)オ　　問3．飼料　　問4．(1)エ　(2)あ．南半球　い．季節が逆　(3)少ない人手で，広い土地
　　を使って飼育するから。　　(4)輸送距離が長くなる分，輸送の際に排出する二酸化炭素の量が増えるから。
　　問5．ア　　問6．食品ロス

2　問1．貝塚　　問2．(1)A．狩り　B．戦い　(2)(例文)稲作の発達とともにムラが形成され，水や土地をめぐって
　　ムラどうしの争いが起きたから。　　問3．防人　　問4．ア，イ　　問5．A．領地〔別解〕土地　B．矢
　　C．馬　　問6．瀬戸　　問7．肥料　　問8．琉球

3　問1．①エ　②ウ　　問2．エ　　問3．政党　　問4．20歳になった学生を学徒出陣として徴兵するため。

4　問1．25歳から20歳に選挙権年齢が引き下げられ，男性だけでなく女性にも選挙権が与えられたから。
　　問2．(1)ウ　(2)野党　(3)最高裁判所の裁判官が，その職責にふさわしいかどうかを国民が審議する制度で，ふさわ
　　しくないと思う裁判官に×印をつけ，×印の数が過半数となった裁判官がひ免される。　　問3．(1)ア　(2)エ
　　問4．(1)平等　(2)イ　　問5．(1)ウ　(2)A．健康　B．文化　　問6．イ

←解答例は前のページにありますので，そちらをご覧ください。

═《2022　国語　解説》═

【一】

問三　──線③は、子どもが「『自分以外のもの』をほとんど知らないし、知る必要もない」存在であることを、「ある意味では『幸福な』子どもであった存在」と表現している。Bの文章の最後の段落に「（子どもは、）自分の目の前にある遊び道具、目の前にいる人、目の前にある食べもの……、それらに一喜一憂する。その意味では、子どもは無邪気で単純です」とある。子どもが自分と自分の目の前のことしか考えられないため「無邪気で単純」であることは、考え方によっては「幸福」と言える。よってオが適する。

問六　1～2行前に「かけがえのないもの、それは個別性のレベル～それに対して、同じ特徴をもった他のものと交換可能なもの、それは一般性のレベル」とある。一般性については、「容姿端麗でやさしくて仕事ができるからというのであれば～同じような人がまったくいないわけではないでしょう。一般に、ある特徴をもっているから好きだというのであれば、その人以外にもその特徴をもった人が現われれば、その別の人で代わりになるわけです」と説明されている。個別性については「まさにその人がその人だからというただその一点だけで好きになったとき、それは『かけがえのない』人になります」と説明されている。一般性の「容姿端麗」（もっている特徴）に対応しているのは、個別性の「その人」である。

問七　──線⑦の「ここ」が指しているのは「同じ特徴をもってさえいれば他のものでもかまわないという一般性の態度と、これじゃなければだめなんだという個別性の態度」がまったく違うものだということを指す。「子どもは最初～一般性のレベルだけで生きている。でも（子どもは）だんだん人間のレベル（＝個別性のレベル）になってくる」とあるため、エが適する。

問八　Bの文章の「子どもがまず最初に意識するかけがえのないものというのは、自分自身」→「〈　⑧　〉のかけがえのないものと出会う」→「〈　⑧　〉のかけがえのないものと出会うだけでもまだ足りない～それはまだ『大人になる入口』」→「かけがえのない何かを失うこと、諦めることが必要」という、子どもが「一般性」から「個別性」の意識に変化し、大人になるために必要な経験を述べた部分をAの文章で探す。Aの文章の「子どもは『自分以外のもの』をほとんど知らないし、知る必要もない」→「自分とおなじくらい大切なもの、かけがえのないこと、置きかえのできないひと、そうしたなにかを知ることが～『大人』になる入口になる」「自分以外のもの、こと、ひとを考えざるをえなくなります」→「その大切ななにか、かけがえのない或るものを失うこと～諦めることが必要な気がします」より、「自分以外」が適する。

問十　最後の3段落に、かけがえのないものを喪失する経験を通して、ものの見方がどのように変化していくのかが説明されている。特に最後の3行に「重層化」の意味がまとめられている。「目の前のことで手一杯」の状態から、「その（＝失われた）かけがえのないものを通してものごとを見るように」なる、つまり、「そこにあるものを、そこにないものの不在の思いが意味づけ～その意味づけが複雑になり、重層化していく」ということ。

問十一　イとオに「ペットとイソギンチャクの違いを例に挙げて」、ウに「ペットの場合とイソギンチャクの場合とを比較して」とあるが、「ペット」と「イソギンチャク」は、個別性のレベルで生きている人間（大人）に対して、一般性のレベルだけで生きている動物の例として取り上げられたものである。つまり、ここでの「ペット」と「イソギンチャク」は同じくくりであって、その「違い」は、「擬人化」しにくいかどうかだけである。よって、「自分

以外のことを考えないこと」を説明するための対比ではなく、また、「『かけがえのない何かを失うこと』について、それがどういう感情を引き起こすのか」を説明するためのものでもない。エに「『大人になる入り口』について、それがどんなに曖昧(あいまい)なものなのか」とあるが、文章では、自分以外のかけがえのないものと出会うことを「入口」だと明確に位置づけたうえで、その先の段階について説明していて、「入り口」の「曖昧」さは取り上げていない。よって、アが適する。

【二】

問三 「……ねえ、これ、なんなの?」「これは、もう、絶対に、夢なんだ――。懸命(けんめい)に自分に言い聞かせて、無理やり納得(なっとく)させて」などから、「はじめは自分のおかれた状況(じょうきょう)を受け入れられないでいた」ことがわかる。また、――線①の直後に「戸惑(とまど)いや怖(こわ)さが、ゆっくりと薄(うす)れていくのがわかる。代わりに、悲しさとも悔(くや)しさともつかないものが胸の奥から湧いてくる」とあることから「『やえちゃん』と話しているうちに心が落ち着くの」がわかる。「悲しさとも悔しさともつかないもの」は、「やえちゃんが姿を消したあと」に弥生子が回想している子どものころの様子から、「なかなか遊園地で両親と楽しく過ごすことができなかった子どものころのこと」を思い出して湧き上がってくる思いであることがわかる。よってイが適する。

問四 「やえちゃんは、寂(さび)しそうに微笑(ほほえ)んだ。『早くおとなになりすぎちゃったよね、お父さんが死んだせいで』『……そんなことない』」「『遊園地って、ほんとうに嫌(きら)い?』やえちゃんは確かめるように訊(き)く。弥生子は、何も答えられない」、「『遊園地って、ほんとうに嫌い?』やえちゃんは、もう一度訊いた。弥生子はやえちゃんをじっと見つめ、無言のまま、小さくかぶりを振(ふ)った」というやりとりがある。やえちゃんは弥生子自身なので、弥生子の本当の気持ちを知っているが、弥生子はその気持ちをおさえこんでいて、なかなかそれを認めようとしなかった。しかし、会話を続けるうちに、ついに「心の底にある思いを表してくれた」。それが、やえちゃんが弥生子の前に現れた目的なので、「うれしそうに笑った」のである。よってエが適する。

問五 弥生子は、やえちゃんと話すうちに、だんだん幼いころの自分や当時の気持ちと向き合うようになった。そして、「やえちゃんが姿を消したあとも~その場にたたずんだままだった」。1行後に「忘れていた光景を思い出した」とあるように、「自分が子どもだったころの記憶(きおく)とつながり」つつあるのだ。そのため、弥生子が子どもだったころの「古い時代の服を着た家族のほうに」「自然と心をひかれる」のだった。よってオが適する。

問六 前書きに「母親が語った『昔の親は、家族の幸せを考えるときに自分自身を含(ふく)めていなかった』という言葉に、父親の気持ちが理解できたような気がした」とある。だから、――線④で「きっとそうだ、お父さんならきっとそうだ、と決めた」のは、「家族の幸せを第一に考え」て生きていた父親だからきっと、倒(たお)れた夜でさえも、「弥生子や母親のことを大切に」思ってくれて、「ごめんな」とつぶやいていたにちがいないと確信したのだ。よってアが適する。

問七 「しんがり」とは、隊列や順番などの最後のこと。つまり、父母の姿を後ろから見られる位置を選んだのである。よって、ウが適する。

問八 やえちゃんが子どもの気持ちを言い表した「いまの時間がずうっと、永遠に続いたらいいのになあ~同じところをぐるぐる回って~ずうっとこのままならいいのに、ずうっとこうしていたいのに~その気持ちを味わいたいから、子どもはみんな、遊園地の乗り物が好きなの」という言葉からまとめる。

問十 ア.(B)の前までは、まだ現実の世界である。 イ.「カゲロウが飛び立つように」「ふわふわとしたスポンジを踏(ふ)むような」などもイメージ豊かに文章を読むことができる比ゆ表現である。 ウ.弥生子に駆け寄り「やっと来てくれたんだね」と言っているので、弥生子を待っていたことはわかるが、「自分だけが両親に会えずさみし

い思いをしていた」かどうかはわからない。　エ．「でもわたしは死んでないよ」は、はっきりとした否定で、弥生子が「自分は幼いころに死んでいたのではないかという強い不安を感じている」といった内容は書かれていない。　オ．「ローンを返すために休みなく」働いた父親とは、このようなことが何度もあったのではないかと思われる。そのため、この日曜日のことは「それほど大きな出来事ではなかった」と考えられる。　カ．夢だとは思いつつも、やえちゃんとのやりとりを通して、この「夜の遊園地」の世界に入りこんでいるので、この時点で、かつての姿の両親を弥生子が素直に受け入れていることが「本来おかしい」とは言えない。　よってイとオが適する。

━《2022　算数　解説》━

1 (1)　与式＝ 7 ＋15－100÷(18＋ 7)＝22－100÷25＝22－ 4 ＝18

(2)　与式＝(34＋31)×13＋(62－18)÷11＝65×13＋44÷11＝845＋ 4 ＝849

(3)　与式＝$\frac{68}{21}×\frac{3}{2}÷(\frac{23}{7}-\frac{6}{7})-(\frac{9}{6}-\frac{4}{6})÷(\frac{3}{6}+\frac{2}{6})=\frac{34}{7}÷\frac{17}{7}-\frac{5}{6}÷\frac{5}{6}=\frac{34}{7}×\frac{7}{17}-\frac{5}{6}×\frac{6}{5}=2-1=1$

(4)　与式＝$\frac{3}{4}÷(0.32+0.055+\frac{1}{3}×1.5)=\frac{3}{4}÷(0.375+0.5)=\frac{3}{4}÷0.875=\frac{3}{4}÷\frac{7}{8}=\frac{3}{4}×\frac{8}{7}=\frac{6}{7}$

(5)　7 は 2 の 7 ÷ 2 ＝3.5(倍)だから，12.3＋□＝ 5 ×3.5　　□＝17.5－12.3＝5.2

2 (6)　【解き方】平均の速さは，(道のりの合計)÷(かかった時間の合計)で求める。

往復で 120× 2 ＝240(km)進むのに 120÷60＋120÷40＝ 5 (時間)かかったから，求める速さは，

時速(240÷ 5)km＝時速 48 km である。

(7)　それぞれの数量を比べるのは棒グラフが適切なので，①はアとなる。

年代別など，階級(データを整理するための区間)で分けてそれぞれの大きさを比べるのはヒストグラムが適切なので，②はイとなる。

割合を比べるのは円グラフが適切なので，③はエとなる。

変化を比べるのは折れ線グラフが適切なので，④はウとなる。

3 (8)　【解き方】ある点への行き方の数は，その点の左側の点までの行き方の数と，その点の下側の点までの行き方の数の和に等しくなる。

それぞれの点への行き方の数は右図のようになるから，Bへの行き方は 14 通りある。

(9)　五角形を三角形に分割すると，右図のように，必ずどこか 1 つの頂点だけから 2 本の直線が引かれる。頂点は 5 つあるので，分割する方法は全部で 5 通りある。

4 (10)　105 を素数の積で表すと，105＝ 3 × 5 × 7 となり，3 をふくんでいるので，2 つの数のうちどちらかは 3 の倍数である。このことと，36 が 3 の倍数であるから，2 つの数のどちらも 3 の倍数と決まる。

2 つの数は 3 ×○，3 ×□と表すことができ，和が 36 をこえないように○と□に 5 と 7 をふりわけると，3 × 5 ＝15 と 3 × 7 ＝21 になる。この 2 数の和はちょうど 36 なので，求める 2 つの数は 15 と 21 である。

(11)　【解き方】5 つの素数の和が 18 × 5 ＝90，ある 3 つの素数の和が 15 × 3 ＝45 だから，残り 2 つの素数の和は 90－45＝45 となる。和が 45 となる 2 つの素数について考える。

和が 45(奇数)になるので，2 つの素数のうち，一方は偶数でもう一方は奇数となる(奇数同士の和は偶数となるため)。偶数の素数は 2 だけなので，2 つの素数は 2 と 43 だとわかる。

和が 45 となる 3 つの素数のうち，43 より大きい素数はないので，5 つの素数のうちもっとも大きいものは 43 である。

5 (12)　病気である人は 120000000 人の 0.1％＝$\frac{0.1}{100}=\frac{1}{1000}$だから，120000000×$\frac{1}{1000}$＝120000(人)

(13)　【解き方】陽性と判断された人は，病気である人と病気でない人がいることに注意する。計算を簡単にする

ために，日本在住で病気である人を1として考える。

日本在住の人は $1\div\dfrac{1}{1000}=1000$ だから，日本在住で病気でない人は $1000-1=999$

病気である人のうち，陽性と判断された人は，$1\times\dfrac{70}{100}=0.7$

病気でない人のうち，陽性と判断された人は，$999\times\left(1-\dfrac{99}{100}\right)=9.99$

よって，陽性と判断された人は全体で $0.7+9.99=10.69$ だから，このうちの病気である人の割合は，

$\dfrac{0.7}{10.69}\times100=6.54\cdots$ より，6.5%である。

6 (14) 【解き方】図(C)を回転させると，右図のような円すいを2つ合わせたような立体ができる。

円すいの側面の展開図はおうぎ形となり，その中心角は，$360°\times\dfrac{(底面の半径)}{(母線の長さ)}$ で求められる。

展開図はおうぎ形を2つ合わせた形になるから，アかウとなる。

上のおうぎ形の中心角は，$360°\times\dfrac{1}{3}=120°$　　下のおうぎ形の中心角は，$360°\times\dfrac{1}{2}=180°$

下のおうぎ形は半円になるから，展開図はウである。

(15) 【解き方】円すいの側面積は，(底面の半径)×(母線の長さ)×3.14 で求めることができる。

$1\times3\times3.14+1\times2\times3.14=5\times3.14=15.7(㎠)$

7 (16) 【解き方】a倍に拡大(縮小)した図形の面積は a×a (倍)になることを利用する。

③について，最初の直角二等辺三角形は1個で，その面積は，$1\times1\div2=\dfrac{1}{2}(㎠)$

2番目に大きい直角二等辺三角形は2個で，そのうちの1個は最初の直角二等辺三角形の面積の $\dfrac{1}{2}\times\dfrac{1}{2}=\dfrac{1}{4}(倍)$

だから，$\dfrac{1}{2}\times\dfrac{1}{4}=\dfrac{1}{8}(㎠)$ であり，面積の和は，$\dfrac{1}{8}\times2=\dfrac{1}{4}(㎠)$

3番目に大きい直角二等辺三角形は4個で，そのうちの1個は2番目に大きい直角二等辺三角形の面積の $\dfrac{1}{4}$ 倍だか

ら，$\dfrac{1}{8}\times\dfrac{1}{4}=\dfrac{1}{32}(㎠)$ であり，面積の和は，$\dfrac{1}{32}\times4=\dfrac{1}{8}(㎠)$

同様にして，4番目に大きい直角二等辺三角形の面積の和は，$\dfrac{1}{32}\times\dfrac{1}{4}\times8=\dfrac{1}{16}(㎠)$

よって，求める面積は，$\dfrac{1}{2}+\dfrac{1}{4}+\dfrac{1}{8}+\dfrac{1}{16}=\dfrac{15}{16}(㎠)$

(17) 【解き方】(16)の解説をふまえると，この操作で新たに書き加えられる三角形の面積の合計は，そのときにす

でにある最も大きい三角形の面積の合計の半分である。

最初の直角二等辺三角形の面積は $1㎠$ に $1-\dfrac{1}{2}=\dfrac{1}{2}(㎠)$ 足りない。この足りない分は操作を1回行うごとに半分が

うめられるが，半分はうめられない。したがって，何度操作をくり返しても，$1㎠$ に足りない部分は少しずつ減っ

ていくが，0になることはない。よって，三角形の面積の合計が $1㎠$ をこえることはない。

8 【解き方】水そうを正面から見て，右のように作図する(うすいグレーは立方体，こいグレー

は立体Aを表す)。また，1秒間で入る水の量を1として考える。

⑦の部分には1分40秒＝100秒，⑦の部分には5分20秒－1分40秒＝3分40秒＝220秒，

⑦の部分には8分40秒－5分20秒＝3分20秒＝200秒だけ水が入るから，⑦，⑦，⑦の部分に入る水の量は

それぞれ，100，220，200となる。

⑦＋⑦と⑦の部分は底面積が同じで，高さが $(10-4):(15-10)=6:5$ だから，⑦＋⑦の体積は，$200\times\dfrac{6}{5}=240$ と

なる。よって，$240-220=20$ が⑦の体積である $10\times10\times6=600(㎤)$ にあたるから，1が $600\div20=30(㎤)$ にあたる。

よって，⑦の部分には $30\times200=6000(㎤)$ の水が入るので，水そうの底面積は，$6000\div5=1200(㎠)$

水そうの高さ4㎝分の容積は $1200\times4=4800(㎠)$ で，これから⑦と⑦の体積を引くと立体Aの体積になるから，

立体Aの体積は，$4800-30\times100-10\times10\times4=1400(㎤)$

同一平面上にある切り口の頂点は直線で結ぶこと，向かい合う面上の切り口の線は平行になることに注意して切り口をかくと，右図のようになる。

④について，ＡＢ，ＢＣ，ＣＡはそれぞれ，

直角をはさむ２辺が３㎝と３㎝，３㎝と２㎝，３㎝と１㎝の直角三角形のもう一方の辺だから，長さが異なる。

[10] 右図のように，正六角形は対角線によって，６個の正三角形にわけられることを利用する。

――《2022 理科 解説》――――――――――――

[1] ［２］ え×…水がよごれるのを防ぐため，えさは食べ残さないぐらいの量をあたえる。 か×…水温が上がりすぎるのを防ぐため，直射日光が当たらない明るい場所に置く。

［３］ ３日目は「う」，５日目は「あ」，７日目は「い」があてはまる。

［６］ たいばんでは，母親と子の間で，血液が混ざり合うことなく，酸素や養分，不要物などの受けわたしが行われる。

［９］ 吸い込む空気には酸素が約21％，二酸化炭素が約0.04％ふくまれている。また，はき出す息には酸素が約17％，二酸化炭素が約４％ふくまれている。

［10］ 血液が，心臓→う→Ｂ（肺）→あ→心臓と流れるのは，肺で二酸化炭素を排出し，酸素をとり込むためである。母親の子宮の中は羊水で満たされているため，子宮の中の子は肺で呼吸をすることができない。酸素と二酸化炭素の交換はへそのおを通して行う。

[2] ［13］ 上から見たとき，５枚目と６枚目の本葉は，１枚目と２枚目の本葉と重なる位置につく。なお，解答例の図では，葉柄が最も長く見える右下の葉とその反対方向にある左上の葉を１枚目と２枚目の本葉と考えた。

［15］ ここでは，屋外でアサガオを育てた場合に花を咲かせる時期から考えて，夜の長さを決めている。アサガオが花を咲かせる時期は７月から９月ごろで，夜の長さが10時間よりも短い夏至の日から，夜の長さが約12時間になる秋分の日に向けて，夜の長さがだんだん長くなっていく（昼の長さがだんだん短くなっていく）ときだから，夜の長さを10時間にしたと考えられる。

[3] ［16］ 液体が管の中を上がっていく現象で，毛細管現象とよばれる。

［17］ ものが燃えるには，燃えるもの（ここでは気体のろう），酸素，温度の３つの条件が必要である。しんをピンセットで強くはさむことによって，液体のろうがしんをのぼっていくことができず，燃えるもの（気体のろう）が不足して，火が消える。

［18］ 図１のＡの部分を外炎，Ｂの部分を内炎，Ｃの部分を炎心という。Ａの部分は，周りに酸素が十分にあるため完全燃焼が起こり，温度が最も高い。Ｂの部分は，酸素が十分にないため不完全燃焼が起こり，黒いすすが発生する。すすが熱せられることで，最も明るく輝いている。Ｃの部分は，気体のろうがほとんど燃えておらず，最も温度が低い。よって，Ｂの部分からはすすが，Ｃの部分からは気体のろうが出てくる（ガラス管から出た気体のろうは冷やされて液体や固体に変化し，白いけむりのようになって目に見える）。

［19］ 写真の最も白くなっている部分が最も明るい内炎だと考えればよい。Ｄでは外炎にあたったところがこげる。ＥとＦでは外炎にあたったところはこげ，内炎にあたったところにはすすがつく。Ｇでは炎心の外側に外炎があるため，外炎にあたったところがこげる。

[20]　反応にかかわる重さの比が，プロパン：酸素：二酸化炭素＝11：40：33だから，100 g のプロパンと結びつく酸素は$100 \times \frac{40}{11} = 363.6 \cdots \rightarrow 364$ g，100 g のプロパンが反応したときにできる二酸化炭素は$100 \times \frac{33}{11} = 300$（g）である。

[21]　密閉した容器の中で反応が起こった場合，反応の前後で物質全体の質量は変化しない。よって，$27.5 + 120 = 147.5 \rightarrow 148$ g である。

4 [22]　うすい塩酸に金属を入れて発生する気体は水素である。水素は燃える気体であり，最も軽い気体である。

[23]②　ろ紙は四つ折りにし，となり合う2面で泥のまざった水を受け止めるようにする。となり合う2面に斜線がかかれていればよい。なお，液体を注ぐとき，ガラス棒の先は3面が重なった方につける。

[24]　うすい塩酸にアルミニウムはくがとけると，塩化アルミニウムというアルミニウムとは異なる物質ができる。この物質は水にとけるので，（水をふくむ）うすい塩酸にもとけるが，うすい塩酸にとけても気体は発生せず，金属ではないので電気を通さない。また，磁石につくのは鉄やニッケルなどの一部の金属の性質であり，塩化アルミニウムはもちろん，金属であるアルミニウムも磁石にはつかない。

[25]①　例えば，酸性のうすい塩酸とアルカリ性のうすい水酸化ナトリウム水溶液を混ぜると，たがいの性質を打ち消し合い，過不足なく反応すると中性の食塩水になる。　②　草津温泉から流れ出す湯川の水は強い酸性を示す。これを，石灰石の粉を混ぜた水によって酸性を弱め，中性に近づけている。

5 [26]　実験1で，空気は押し縮めることができ，押し縮められると元にもどろうとする力が生じる。この力によって前玉が勢いよく飛び出す。

[27]　空気によって押し出される前玉は勢いよく飛び出すが，水によって押し出される前玉は勢いなく飛び出す。

[29]　実験5と6では，二酸化炭素が水にとけることでペットボトル内の気圧が低くなるため，ペットボトルがへこむ。砂糖やミョウバンなどの固体は水の温度が高くなるととける量が多くなるが，二酸化炭素などの気体は水の温度が低くなるととける量が多くなる。

[31]　表1より，めもりが2.5cm小さくなるのにかかる時間がだんだん長くなっていることがわかる。穴Aの大きさは変化しないから，同じ量の水が出ていくのにかかる時間が長いほど勢いが弱いと考えられる。これは，穴の上にある水の重さのちがいによるもので，穴の上にある水の量が多いほど穴にかかる力（水圧）が大きくなり，水が勢いよく出ていく。

[32]　ふたをしめた状態では，ペットボトルの外側から穴にかかる力（大気圧）が，内側から穴にかかる水圧より大きくなっているため水が流れ出てこないが，ふたを開けると，水面が受ける大気圧と穴にかかる大気圧が等しくなるため，水圧の分だけ内側からの力が大きくなり，水が流れ出る。

[33]　[31]解説と同様に，穴の上にある水の量が多いほど，穴にかかる水圧が大きくなると考えればよい。

[34]　水圧が大きい下の穴から水が流れ出て，流れ出た水の分だけ上の穴から空気が入ってくる。

6 [36]　晴れの日は，1日の中で気温が大きく変化する。正午ごろに太陽が最も高くなった後，13時ごろに地温が最も高くなり，14時ごろに気温が最も高くなる。また，上空に雲があるときは，気温が変化しにくく，雨が降ることがある。

[37]　い，う×…晴れ（雲量が0から8）のうち雲量が0から1のときをとくに快晴という。図4には雲量の情報がないので，快晴かどうか判断できない。　え×…11時ごろに棒グラフは見られないので，雨は降らなかったと考えられる。

[39]　雨を降らせる雲は，積乱雲か乱層雲である。雲の種類が，巻雲→巻層雲→巻積雲→高積雲→高層雲と変化するのは温暖前線が近づいてくるときであり，温暖前線付近では，暖気が寒気の上をはい上がることで乱層雲が生じている。

[40]　日本付近の上空には，西から東へ向かって偏西風がふいている。雲は偏西風によって西から東へ（大阪から

名古屋へ)向かって移動する。文章中の雨が，同じ雨雲によるものだとすると，速さが速い汽車が先に次の駅に到着し，おくれて雨雲が到着する，つまり，汽車と雨雲は同じ方向に移動していることになる。

― 《2022 社会 解説》 ―

1 問1(1)ア ⑥「太陽の恵みをいっぱいに受けた夏の野菜」から，太平洋側の気候の宮崎県である。近くを流れる黒潮(暖流)の影響で冬でも暖かいため，一般的に夏が旬であるきゅうりを時期をずらして栽培している(促成栽培)。

イ ④「江戸時代に活躍した北前船の寄港地」から，日本海側の福井県である。江戸時代に北前船を使い，下関から瀬戸内海を通る西廻り航路で，蝦夷地から京都・大阪まで昆布を運んだ。この道すじを「昆布ロード」と言う。

ウ ⑤「年間を通して降水量が少ない気候」「うどん」から，瀬戸内の気候の香川県である。 エ ③「険しい山が多く寒冷な地域」から，日本アルプス(飛騨山脈，木曽山脈，赤石山脈)があり，内陸の気候の長野県である。

オ ①「サンマは…親潮にのって南下して」から，寒流である千島海流(親潮)沿いの宮城県である。

カ ②「埋め立て前の沿岸は干潟が広がる遠浅の海」から，東京湾のある東京都である。 (2) オ．Aは「ケバブ」「宗教上の理由から豚肉や酒などの食材は使用しない」からイスラム教徒(ムスリム)の多いトルコ，Bは「辛みや香りの強い野菜」からキムチなどを食べる韓国，Cは「フォー」「フランスに統治されていた」からベトナムと判断する。

問2(1) 埼玉県は近郊農業が盛んだから野菜の割合が高いオ，富山県は水田単作地帯が広がるから米の割合が高いウと判断する。アは宮崎県，イは山梨県，エは新潟県。 (2)A エ．標高150mで茶畑(∴)，標高108mで水田(II)がみられる。 B ウ．針葉樹林(∧)が一列に並んでいる。 C ア．南向きの斜面に果樹園(◌)がみられる。 D イ．-1.3mの三角点で水田がみられる。 (3) オ．Aは「海底にすむ」から底びき網漁業の③，Bは「泳ぎ回る…群れごとねらう」からまき網漁業の①，Cは「潮の流れなどを読む『待ち』の漁法」から定置網漁業の②を選ぶ。

問3 日本では，家畜の飼料であるとうもろこしを100%輸入している。

問4(1) エ．Aはサケの養殖が盛んなチリ，Bはコーヒー豆のプランテーション農業が盛んなブラジル，Cは地中海式農業(乾燥する夏にオリーブ，まとまった雨が降る冬に小麦を栽培する農業)が盛んなイタリアを選ぶ。

(2) 日本では，国内産の出荷量が少なくなる1月～5月に，南半球のニュージーランド・トンガや温暖なメキシコからカボチャを輸入している。 (3) 人件費が安く済むために，商品の値段を安くできる。オーストラリアの肉牛は，降水量の多い南東部では肥育場(フィードロット)，乾燥している内陸部では放牧で飼育されており，オーストラリア産の牛肉は「オージービーフ」と呼ばれている。 (4) 距離が遠いメキシコやペルーから輸入していることに着目する。日本は，食料の大半を海外からの輸入に頼っているため，フードマイレージが高いという課題を抱えている。また，農畜産物を多く輸入すれば，間接的に海外の水資源(バーチャルウォーター)も多く輸入していることになる。

問5 ア．Xは人口最多のアジア，Yは発展途上国の多いアフリカと判断する。

問6 資料Aは賞味(消費)期限の近い食品，資料Bは必要な分だけの食品を食べるための工夫である。食品ロスとは，まだ食べられるのに廃棄される食品や，廃棄することである。食品を無駄にせず使い切るため，ばら売りや量り売りを活用することなどもすすめられている。

2 問2 縄文時代の矢じり(石鏃)が狩猟用として動物に使われていたのに対し，弥生時代は戦闘用として人間に使われた。また，弥生時代は稲作が発達したことで，支配する者と支配される者の身分の差がはっきりとしていた。

問3　防人は3年間北九州の防衛をするため，防人の歌には愛する人との別れを詠んだものが多かった。

問4　アとイは室町時代の東山文化なので誤り。他は平安時代の国風文化である。

問5　鎌倉時代，御家人は奉公として京都や幕府の警備につき命をかけて戦い，将軍は御恩として御家人の以前からの領地を保護したり，新たな領地を与えたりした(封建制度)。御家人は，「いざ，鎌倉」に備えて，流鏑馬・犬追物・笠懸などの武芸にはげんだ。

問6　焼き物は愛知県の瀬戸焼，岐阜県の美濃焼，山口県の萩焼，佐賀県の有田焼(伊万里焼)などが知られている。

問7　江戸時代，イワシやニシンを干して作った干鰯や，菜種油をしぼって作った油粕が肥料として利用されていた。

問8　資料は琉球王国の国王の居城の首里城である。琉球王国は，中国の陶磁器や日本の刀剣などを東南アジアに運んだり，こしょうや染料などの南方の珍しい産物を東アジアに運んだりする中継貿易で栄えた。

③ 問1　日清戦争開始は1894年，日露戦争開始は1904年，第一次世界大戦開始は1914年，第二次世界大戦開始は1939年。よって，①の三・一独立運動(1919年)はエ，②の韓国併合(1910年)はウを選ぶ。

問2　エの南京事件を選ぶ。1937年の盧溝橋事件をきっかけに日中戦争が始まり，その中で南京事件が起きた。アは1945年，イは1931年，ウは1941年。

問3　1940年に政党を解散して大政翼賛会を結成することで，政府が国民の言論や思想などを統制した。

問4　20歳で戦争に徴兵するため，2年早く卒業させようとした。学徒出陣では，兵役が免除されていた大学や高等専門学校の学生が召集されるようになった。

④ 問1　1946年の衆議院議員総選挙は戦後初の総選挙であった。有権者の資格については右表参照。

選挙法改正年 (主なもののみ抜粋)	納税額	性別	年齢
1889年	15円以上	男子	満25歳以上
1925年	なし	男子	満25歳以上
1945年	なし	男女	満20歳以上
2015年	なし	男女	満18歳以上

問2(1)　ウを選ぶ。　ア．投票は，「義務」ではなく「権利」である。　イ．2021年時点，公職選挙においてインターネットによる投票は導入されていない。　エ．投票時間は午前7時から午後8時までなので，深夜に投票はできない。

(2)　立憲民主党・共産党・れいわ新選組・社民党などの野党が候補者を一本化して支援することで，与党と一騎打ちで競った。

問3(1)　アが正しい。イは都道府県や市区町村の議会，ウは県民，エは内閣の持つ権限である。　　(2)　エが正しい。衆議院の優越によるものであり，衆議院で内閣不信任決議案が可決されると，内閣は総辞職するか，10日以内に衆議院を解散しなければならない。ア・イ・ウについては右表参照。

	衆議院	参議院
被選挙権	満25歳以上	満30歳以上
議員数	465人	245(2022年の参院選では248人になる)
比例区の選挙方法	政党名を記入 (拘束名簿式)	政党名か候補者名を記入 (非拘束名簿式)
任期	4年	6年 (3年ごとに半数ずつ改選)
解散	あり	なし

問4(1)　日本国憲法は「基本的人権の尊重」を基本原則とし，自由権・平等権・社会権などを保障している。　　(2)　イ．違憲立法審査権はすべての裁判所が持つ権限であり，最高裁判所が最終的な判断を下す。

問5(1)　ウを選ぶ。アは生活環境の整備や自然環境の保全に関する業務，イは通信事業や地方自治制度・行政組織に関する業務，エは経済や貿易の発展に関する業務を担当している。　　(2)　生存権については，日本国憲法第25条の「健康で文化的な最低限度の生活」という文言を覚えておきたい。

問6　イ．日本国憲法の基本原則は，「国民主権」「平和主義」「基本的人権の尊重」である。主権者である国民が代表者を選挙で選び，その代表者がさまざまな物事を話し合って決めるやり方を議会制民主主義(間接民主制)と言う。

══════════════ 《国　語》 ══════════════

【一】問一. A. イ　B. キ　C. ウ　D. オ　E. ア　　問二. コンピューターの登場　　問三. エ, オ

問四. イ　　問五. 界がある。　　　問六. エ　　問七. イ, オ　　問八. 借り物の知識などをそのまま使用する

のではなく、良い知識を適量、しっかり頭に入れて、それを基に自分の頭で新しい考えをしぼり出す力を身につ

ける／それまでの知識から外れた、未知なものを処理し、解決する

【二】問一. オ　　問二. Ⅰ. ア　Ⅱ. イ　　問三. エ　　問四. ア　　問五. エ　　問六. ウ　　問七. オ

問八. ずっと言えなかった本心を口にしたことで感情があふれ、そのことで母を悲しませたのを申し訳なく思う

とともに、自分自身や両親、学校生活や友達との関係など、すべてが元には戻らないことを深く悲しんでいる気

持ち。　　問九. イ　　問十. ウ

【三】①奮起　　②関知　　③博愛　　④縦断　　⑤勤勉　　⑥指図

══════════════ 《算　数》 ══════════════

1　(1)15　　(2)361.2　　(3)6105　　(4)100　　(5)$\frac{28}{45}$

2　(6)25　　(7)$3\frac{1}{8}$

3　(8)352413　　(9)10

4　(10)③, ④　　(11)③の割った数は$(5-1)\div 7 = \frac{4}{7}$と計算できるが、これだと割った数よりあまりの方が大きくなっ

てしまうのでまちがっている。④はあまりである5が割る数である3より大きいのでまちがっている。

5　(12)258, 282　　(13)516　　(14)89

6　24

7　(16)10　　(17)32.5

8　(18)10　　(19)58　　(20)153.5

9　右図

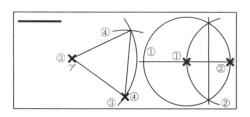

===== 《理 科》 =====

1 [1]△△…蒸発　○○…蒸散　　[2]あ，い，え，け　　[3]あせをかく。

2 [4]①6　②右図　　[5]①バッタ　②はね　　[6]B．背びれ　C．メス

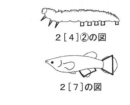

2[4]②の図

[7]右図　　[8]①い，う，お　②い，え　　[9]10　　[10]空気　　[11]あ

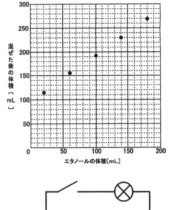

2[7]の図

3 [12]①しん食　②運ぱん　③たい積　　[13]上流…う　下流…い

[14]④う　⑤え　⑥あ　　[15]大量の雪解け水が川に流れこむから。

4 [16]問1．A．東　B．南　C．西　問2．ち　　[17]問1．に　問2．と

[18]せ　　[19]問1．い　問2．と

[20]問1．か　問2．へ　〔別解〕問1．き　問2．ほ　　[21]て

5 [22]102.7　　[23]右グラフ　　[24]い　　[25]350.9

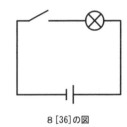

6 [26]①え　②お　　[27]ふっとう　　[28]A．お　B．あ　C．い

[29]か　　[30]い，う　　[31]お

7 [32]あ　　[33]①下の刃　②右手用　　[34]A．左　B．右　　[35]う

8 [36]右図　　[37]A．フィラメント　B．ソケット　　[38]い　　[39]36

[40]え，お

8[36]の図

===== 《社 会》 =====

1 問1．①8　②奈良　　問2．塩　　問3．ウ　　問4．長野県…ウ　宮崎県…ア　　問5．オ　　問6．⑴ウ
⑵オ　　問7．オ　　問8．①ア　②ア　③イ　　問9．土石流

2 問1．ア　　問2．オオキミ　　問3．エ　　問4．ウ　　問5．ウ　　問6．ウ　　問7．イ　　問8．ア
問9．修好通商　　問10．ウ　　問11．別姓　　問12．a）学問　b）世論　c）違憲立法審査(権)　d）エ
e）イ，オ，コ

3 問1．ア　　問2．エ　　問3．ア，エ　　問4．(ア)一　(イ)二　(ウ)イギリス　　問5．ウ　　問6．(a)エ
(b)ア，オ　　問7．a）D→C→B→A　b）ウ　　問8．もう一度一つになってふるさとに戻れる日がきてほ
しい　　問9．ウ　　問10．アメリカで起きた警察による黒人への人種差別的な暴力に抗議するため。

←解答例は前のページにありますので，そちらをご覧ください。

── 《2021　国語　解説》 ══════════

【一】

問二　本文の初めから※(中略)の５段落前までは、これまでの「『知識』、ないし情報を取りこむこと」が勉強と考えられてきた時代と、その問題点について述べられている。※(中略)の４段落前に、「ところが、今からおよそ六〇年前に～コンピューターというものが登場した。これは人類にとって大事件だった」とある。また、※(中略)の２段落前に「これまでの人間は、のんびり知識だけ溜めこんでいれば、試験に合格することができた～そんなのんきな時代は、コンピューターの登場で終わってしまったはずである」とある。字数指定より、「コンピューターの登場」をぬき出す。

問三　第４段落に、これまでの勉強法でだんだん知識が増えていくと、「新しいことが考えられない」「判断をする力がない」人間になってしまうとある。「筆者の考える人間として大事な能力」は、このような方法では身につかない。本文中に「心ある人は自分の責任で、自分の力でものを考えて行動できる人間でなければいけないと気づくことになる」「良い知識を適量、しっかり頭の中に入れて、それを基にしながら自分の頭でひとが考えないことを考える力を身につける」と述べられていることから、エとオが適する。

問五　ぬけ落ちた文の初めに「それに対して」とあることに着目する。「いくら優秀な人間でも知識をつめこむ(＝記憶する)には限界がある」に対して、「コンピューターの記憶は正確無比だ」とつながる。また、その直後の「記憶、知識に関して人間はコンピューターに勝てるわけがない」にもつながる。

問六　──線④の５行前に「よけいな知識はほどよく忘れなければならない」とある。また、──線④の４～５行後に「(ありきたりの知識を)いったん捨てて(＝忘れて)新しい考えをしぼり出す力が必要となる。そういう思考力(＝「自分の頭で考える」力)を身につけられれば～人間が存在価値を見失うことはないだろう」とある。筆者は、「良い知識を適量～頭の中に入れて～自分の頭で～考える力を身につける」ために、忘れることが大事だと考えている。よってエが適する。

問七　「知識が増えると～自分自身で考えることがついついおっくうになりがちだ」「記憶力の優れた人間が、尊重されてきた」「これまでの人間は、のんびり知識だけ溜めこんでいれば～社会の中でエリートとして生きてゆかれた」などから、イが適する。「知識というものは社会的価値を持っているという考え方が確立した。以来、教育機関はとにかく知識を身につけることを教えた。それが大体今も続いている」「学校の生徒で、勉強において『忘れてもいい』と言われたことはあるだろうか？　もちろん、今の学校教育ではそんなことは言わない。ともすれば『忘れてはいけない』と教えこむ。すくなくとも、『どうしたらうまく忘れるか』などという学校はないはずだ」などから、オが適する。

問八　──線⑤よりも前、特に※(中略)よりも後の内容をまとめる。記憶と再生に関しては、人間はコンピューターにかなわない。人間がコンピューターに勝つためには「考える」ことをしなければならない。そのためには、借り物の知識などをそのまま用いる「のではなく」、「良い知識を適量、しっかり頭に入れ」て、自分の頭で「新しい考えをしぼり出す力」を身につける必要がある。こうした思考力を身につけることで、「それまでの知識から外れた」「未知なもの」を「処理、解決」することができるようになる。

━《2021　算数　解説》━━━━━━━━━━━━━━━━━━━━━

1　(1)　与式＝ 6 ＋ 4 ＋14÷ 2 － 6 ＋ 4 ＝10＋ 7 － 6 ＋ 4 ＝15

(2)　6.67 時間＝(6.67×60)分＝400.2 分，2340 秒＝$\frac{2340}{60}$分＝39 分なので，□分＝400.2 分－39 分＝361.2 分

(3)　1110 を除いた各数の一，十，百の位の数の和はともに 1 ＋ 2 ＋ 3 ＋ 4 ＋ 5 ＋ 6 ＋ 7 ＋ 8 ＋ 9 ＝45 だから，

与式＝1110＋100×45＋10×45＋ 1 ×45＝1110＋(100＋10＋ 1)×45＝111×10＋111×45＝111×(10＋45)＝6105

(4)　与式＝25×$\frac{27}{10}$×($\frac{27}{27}$＋$\frac{9}{27}$＋$\frac{3}{27}$＋$\frac{1}{27}$)＝$\frac{5×27}{2}$×$\frac{40}{27}$＝100

(5)　イを 2 と 7 の最小公倍数である⑭とすると，イ：(ア＋ウ)＝ 2 ： 5 なので，ア＋ウ＝イ×$\frac{5}{2}$＝⑭×$\frac{5}{2}$＝㉟

イ：(ア－ウ)＝ 7 ： 5 なので，ア－ウ＝イ×$\frac{5}{7}$＝⑭×$\frac{5}{7}$＝⑩

よって，アの 2 倍は，㉟＋⑩＝㊺だから，アは㊺÷ 2 ＝⑲〔$\frac{45}{2}$〕　　したがって，$\frac{イ}{ア}$＝⑭÷⑲〔$\frac{45}{2}$〕＝$\frac{28}{45}$

2　(6)　【解き方】A ＝ 1 とおいて，B，C，D を求める。

B ＝ A × 2 ＝ 2 ，C ＝ B ×$\frac{4}{3}$＝ 2 ×$\frac{4}{3}$＝$\frac{8}{3}$，D ＝ A ×0.64＝$\frac{16}{25}$だから，C ： D ＝$\frac{8}{3}$：$\frac{16}{25}$＝25： 6

(7)　(6)より，大きい順に C，B，A，D であり，B は D の，2 ÷$\frac{16}{25}$＝$\frac{25}{8}$＝ 3 $\frac{1}{8}$(倍)である。

3　(8)　【解き方】移動の仕方は，図Ⅰのように 2 回の移動で初めの位置に戻る場合と，図Ⅱのように 5 回の移動ですべての頂点を通って初めの位置に戻る場合がある。

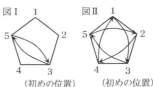

図Ⅰ　　　　　　図Ⅱ
(初めの位置)　　(初めの位置)

できる数が大きくなるのはあきらかにすべての頂点を通ったときであり，

初めの位置が 3 のときには，352413 と 314253 ができるので，求める数は，352413 である。

(9)　【解き方】できる数は，3 桁(けた)または 6 桁の数である。各位の数の和が奇数か偶数かは，各位の数の奇数の個数で決まる。奇数が偶数個ある場合は偶数，奇数が奇数個ある場合は奇数となる。

3 桁の数のうち，各位の和が奇数になるものは，(奇数)＋(奇数)＋(奇数)となる場合の 131，313，353，535 の 4 通りと，(偶数)＋(奇数)＋(偶数)となる場合の 252，414 の 2 通りがあるから，全部で 4 ＋ 2 ＝ 6 (通り)ある。

6 桁の数のときは，必ず 1 ～ 5 の数が 1 つずつ(奇数が 3 個)使われているから，初めの位置が偶数であれば条件に合う。初めの数 1 つに対して，6 桁の数は 2 通りできるから，各位の和が奇数になるものは，2 ，4 から始まる場合の 2 × 2 ＝ 4 (通り)ある。

したがって，求める数は，全部で 6 ＋ 4 ＝10(通り)ある。

4　(10)　①．4 ÷ 2 ＝ 2 なので，確実に答えが間違(まちが)っているとは言えない。　　②．インクで見えない部分が

3 × 1 ＋ 2 ＝ 5 であれば，5 ÷ 3 ＝ 1 余り 2 となるので，確実に答えが間違っているとは言えない。

(11)　割る数が分数であっても余りを求めることはあるが，余りは割った数より小さくなるという原則は変わらない。

5　(12)　【解き方】A 列と B 列の縦に並んだ 2 数の差は，47－43＝ 4 の倍数となる。

差が 24＝ 4 × 6 になるのは 6 番目だから，A 列は 43× 6 ＝258，B 列は 47× 6 ＝282 である。

(13)　【解き方】A 列と B 列の縦に並んだ 2 数の差が 43 をこえるのは，43÷ 4 ＝10 余り 1 より，11 番目である。

よって，47×11＝517 は 43×12＝516 より大きいことがわかる。

A列とB列の縦に並んだ2数の差が43をこえるまでは，小さい順に並べると，A列の1番目の数，B列の1番目の数，A列の2番目の数，B列の2番目の数，…と交互に並ぶので，43×1，47×1，…，43×10，47×10，43×11までの2×10＋1＝21(個)の数は交互に並ぶ。この次に並ぶのは47×11＝517ではなく43×12＝516となるので，22番目の数は516である。

⒁　【解き方】2021＝43×47なので，2021より小さい43の倍数と47の倍数がいくつあるのかを考える。

2021より小さい43の倍数は，43×1から43×46まで46個あり，2021より小さい47の倍数は，47×1から47×42まで42個ある。43と47の最小公倍数は2021だから，46個と42個の数の中に同じ数はない。

よって，2021は46＋42＋1＝89(番目)の数である。

6　【解き方】図1の水が入った三角柱の容器に四角柱の棒を容器の底までしずめると，図iの太線部分のうち，棒の入っている部分以外に水が入る。もっとも面積の大きい側面は，ＢＣをふくむ面であり，この面を下にして置いたときに棒全体が水に入ったということは，図iiの太線部分より上まで水が入ったということである。

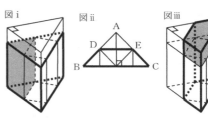

このとき，図iiiの太線部分のうち，棒の入っている部分を除いた部分は少なくとも水が入っている。

よって，図iiiの色付き部分の体積のほうが，図iの色付き部分の体積より小さく（または同じに）なる。

図iiより，図iiiの色付き部分の底面である四角形ＤＢＣＥと，図iの色付き部分の底面である三角形ＡＤＥの面積の比は，3：1とわかる。この2つの立体の体積が同じ場合は，高さの比が1：3となるので，図iiiの色付き部分の高さは18×$\frac{1}{3}$＝6(cm)となる。

よって，図iiiの色付き部分の高さは6cm以下であるから，この三角柱の容器の高さは18＋6＝24(cm)以下である。

7　⒃　午前7時50分－午前7時40分＝10分間で100mはなれているので，求める速さの差は，毎分(100÷10)m＝毎分10mである。

⒄　【解き方】兄が家に戻ってから，兄がみさきさんに追いつくまでに，兄が何分間走ったのかを考え，そこから，速さの比は，同じ道のりを進むのにかかる時間の比の逆比に等しいことを利用して，みさきさんの歩く速さを求める。

兄は10分間で学校に着いたので，10÷2＝5(分間)で家に戻る。よって，兄が家に戻ってから学校に向かうまでの走る速さは，毎分(800÷5)＝毎分160mである。

兄が家に戻ったのは午前7時50分＋5分＝午前7時55分であり，このときみさきさんと姉との間の距離は，10×15＝150(m)である。ここから，兄がみさきさんに追いつくまでに

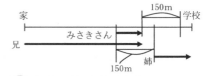

進んだ道のりは右図のように表せる。兄の速さは毎分160m，姉とみさきさんの速さの差は毎分10mだから，右図において兄が進んだ道のりを⑯⓪m，姉とみさきさんが進んだ道のりの差を⑩mとすると，図より，⑯⓪＋150＋⑩＝800である。

したがって，⑰⓪＝800－150より，①＝$\frac{65}{17}$　これより，兄は160×$\frac{65}{17}$(m)進んだから，図で経過した時間は$\frac{65}{17}$分である。みさきさんが15＋$\frac{65}{17}$＝$\frac{320}{17}$(分)かかって進んだ道のりを，兄は$\frac{65}{17}$分で進んでいるので，みさきさんと兄の速さの比は$\frac{320}{17}$：$\frac{65}{17}$＝64：13の逆比である13：64となるから，求める速さは，毎分(160×$\frac{13}{64}$)m＝毎分32.5m

8　直線ＥＧは正方形ＡＢＣＤの面積を2等分するので，直線ＥＧは正方形ＡＢＣＤの2本の対角線の交点を通っている。同様に，直線ＦＨも2本の対角線の交点を通っているから，Ｏは2本の対角線の交点である。

(18) **【解き方1】**四角形ＡＨＯＥの面積は，16×16÷4＝64(cm²)である。

三角形ＯＥＨの面積を(四角形ＡＨＯＥの面積)－(三角形ＡＥＨの面積)で求め，

半径ＯＥの長さを求める。

ＡＨ＝ＡＢ－ＨＢ＝ＡＢ－ＡＥ＝16－2＝14(cm)なので，三角形ＡＥＨの面積は，

ＡＥ×ＡＨ÷2＝2×14÷2＝14(cm²)　　　三角形ＯＥＨの面積は，64－14＝50(cm²)

三角形ＯＥＨは直角二等辺三角形であり，三角形ＯＥＨを2つあわせてできる正方形の面積は50×2＝100(cm²)

となるので，100＝10×10より，ＯＥ＝10cmとわかる。したがって，円の半径は10cmである。

【解き方2】右のように作図し，直角三角形ＯＫＥの辺の比に注目する。

ＫＥ＝16÷2－2＝6(cm)，ＯＫ＝16÷2＝8(cm)より，ＫＥ：ＯＫ＝6：8＝3：4

したがって，三角形ＯＫＥは3辺の比が3：4：5の直角三角形だから，

ＯＥ＝ＫＥ×$\frac{5}{3}$＝10(cm)　　　よって，円の半径は10cmである。

(19) **【解き方】**4つの 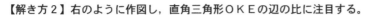 と白い部分を合わせると⑦半径が10cmの円になり，

4つの ▨▨▨▨ と白い部分を合わせると⑦一辺の長さが16cmの長方形になる。よって，⑦と⑦の面積の差を求める。

10×10×3.14－16×16＝314－256＝58(cm²)

(20) **【解き方】**三角形ＥＡＩは直角をはさむ2辺の比が2：4＝1：2の直角三角形である。これと同じ形の直角

三角形を作図する。

ＯＩをひくと，ＩＪ：ＪＯ＝4：8＝1：2だから，三角形ＩＪＯは三角形ＥＡＩと同じ形の直角三角形であり，

対応する辺の比がＥＡ：ＩＪ＝2：4＝1：2である。これより，ＥＩ：ＩＯ＝1：2

角ＥＩＯ＝180°－(角ＥＩＡ＋角ＯＩＪ)＝90°だから，三角形ＥＩＯも三角形ＥＡＩと

同じ形である。したがって，右のように作図できる。

角ＥＯＪ＝角ＥＯＨ－角ＨＯＪ＝90°－37°＝53°なので，●＋●＝53°

よって，●＝53°÷2＝26.5°なので，角ＥＩＪ＝180°－26.5°＝153.5°

9 1.5＝1＋0.5だから，垂直二等分線の作図を利用して，1.5倍の長さをとることができる。

すでにひいてある直線から1.5倍の長さをとろうとすると，わくを大きくはみ出してしまうので，解答欄の空い

ている右側で1.5倍の長さをとる作図をすると，右図のように

なる。なお，①，②の円または円の一部の半径は左上にある

直線の長さに等しく，③，④の円の一部の半径は，右図のＡＢ

の長さに等しい。

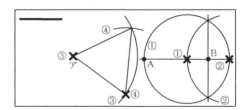

━《2021　理科　解説》━━━━━━━━━━━━

1 [2]　あ，い，え，け○…ツルレイシ，ヘチマ，キュウリはウリ科の植物で巻きひげで，アサガオはくきでひもに

まきついてのびていく。

[3]　あせが蒸発するときにまわりから熱をうばうので，体温を下げることができる。

2 [4]① こん虫のからだはあたま，むね，はらの3つの部分に分かれており，6本のあしはすべてむねから出ている。 ② モンシロチョウの幼虫はむねに6本(3対)のとがったあしがあり，はらの部分にも中央部分に8本(4対)，後ろの部分に2本(1対)の丸いあしがある。

[6][7] メダカのオスは，背びれに切れこみがあり，しりびれが平行四辺形に近い形をしている。一方，メダカのメスは，背びれに切れ込みがなく，しりびれが三角形に近い形をしている。

[8]① い，う，お○…カイコガ，テントウムシ，カブトムシは，卵，よう虫，さなぎ，成虫の順に育つ。このような育ち方を完全変態という。一方，カマキリ，セミ，トンボ，サバクトビバッタは，卵，よう虫，成虫の順に育つ。このような育ち方を不完全変態という。 ② い，え○…ヒキガエルの幼生(オタマジャクシ)やトンボの幼虫(ヤゴ)は水中で育つ。 あ×…モンシロチョウの幼虫はアブラナやキャベツの葉の上で育つ。 う×…セミの幼虫は土の中で育つ。 お×…ダンゴムシの幼虫は母親のおなかの中で育つ。

[9] 成虫になるまでに水の片づけや取りかえを行うとふえるのを防ぐことができる。したがって，資料の卵，幼虫，さなぎの期間が最も短かったとしても，2＋6＋2＝10(日)に一度行うと，ふえるのを防ぐことができる。

[10] 植物の発芽に必要な条件は，水，空気，適当な温度である。水をはることで空気がなくなるので，他の草が生えにくくなる。

[11] あ○…そう眼実体けんび鏡では，倍率はけんび鏡ほどは高くないが，両目で見るので，観察物を立体的に見ることができる。「い」～「お」は，けんび鏡の方が適している。

4 [16]問2 ち○…月と太陽が同じように，東のほうからのぼり，南の空を通って，西のほうにしずむのは，地球が図2で北極側から見て反時計回りに自転しているからである。

[17] 日がしずむころ，図1の「あ」の位置に見える月は，2日後に観察すると，明るく見える部分が広がっている。これは，月の公転の向きが図3のウの向きだから起こる現象である。

[18] せ○…太陽の位置がほとんど変わらないのは，地球が1日でほぼ1回転してもとの位置に戻るからである。

[19] 月の出は1日に約50分おそくなる。これは月が地球のまわりを地球の自転と同じ向きに公転しているからである。

[20] 日がしずむころに西の空に見える「あ」の月は，新月(く)から上弦の月(か)までの間にある月である。よって，その2日後の位置と形の組み合わせして考えられるのは，「か」と「へ」か，「き」と「ほ」である。

[21] て○…月の満ち欠けの周期が29.5日なのは，月が地球のまわりをおよそ30日で1回公転していて，これと同じ向きに地球が太陽のまわりを1年で1回公転しているからである。

5 [22] 表より，混ぜる前のエタノールの重さはエタノールの体積に比例していることがわかる。したがって，エタノール130.0mLの重さは$15.8 \times \frac{130}{20} = 102.7(g)$となる。

[24] い○…混ぜた後の重さは，例えばエタノールの重さが15.8gのとき，15.8＋99.0＝114.8(g)となるように，水の重さとエタノールの重さの合計になっているが，混ぜた後の体積は，水の体積とエタノールの体積の合計よりも小さい。

[25] 120mLの水の重さは$99 \times \frac{120}{100} = 118.8(g)$である。水の重さとエタノールの重さが3：7になるようにするので，エタノールの重さは$118.8 \times \frac{7}{3} = 277.2(g)$である。エタノール277.2gの体積は$20.0 \times \frac{277.2}{15.8} = 350.88 \cdots \rightarrow$ 350.9mLとなる。

6 [26] ①え○…ふたをしたコップでは，蒸発した水が外に出て行かないので，ほとんど水が減らず，コップの内側に水てきがつく。　②お○…ふたをしなかったコップでは，水が蒸発してコップの外に出ていくので，水が減ってコップに水てきはつかない。

[28] 実験A．お○…水の蒸発について調べている。　実験B．あ○…ふっとうして穴から出てきた水蒸気が，冷たい水の入った試験管で冷やされて水にもどる。　実験C．い○…氷水によって冷やされた空気では，ふくむことができる水蒸気の量が減るので，水蒸気が水てきになって出てくる。実験Cでは特に水蒸気を発生させていないので，空気中に水蒸気がふくまれていることがわかる。

[29] か○…③冬の寒い日では，蒸発した水蒸気がすぐに水てきになって出てくるため，水面近くに湯気が見える。④暖かい部屋の中の窓ガラス付近の空気が冷やされて，窓ガラスの内側に水てきがつく。

[30] い，う○…試験管の周りについた液体は，ふっとうして出てきた水蒸気が水てきになって出てきたものである。試験管のまわりについた液体は，蒸発皿で熱しても何も残らなかったことからも，食塩はとけていないことがわかる。また，ビーカーに残った液体を蒸発皿で熱して出てきた白い固体は食塩である（水に食塩をとかしても別の物質にはならないことは明らかであると考えた）。

[31] お○…試験管のまわりについた液体，ビーカーに残った液体にアンモニアがとけているかどうかは，蒸発皿で熱して何も残らなかったことだけではわからない。なお，液体を赤色リトマス紙やＢＴＢ液で調べれば，アンモニアがとけているかを確かめられる。

7 [32] あ○…支点から作用点までの距離が近いほど，作用点に大きな力がはたらくので，刃の根元近くで切る。

[33] 親指側を上にして刃の先を前方に向けて持ったとき，下の刃が左側にあるのが右手用のはさみである。親指を動かすと下の刃が動く。

[34] 親指と下の刃，親指以外の指と上の刃が連動するので，親指が少し左向きに動くと，下の刃は少し右向きに動き，親指以外の指が少し右向きに動くと，上の刃は少し左向きに動く。

[35] う○…糸切りばさみは力点が中央にあるてこで，支点から力点までの距離より，支点から作用点までの距離が長いので，力点に加える力よりも，作用点ではたらく力の方が小さくなるが，力点での小さな動きを，作用点で大きく伝えることができ，細かい作業をするのに向いている。

8 [38] い○…図3のハンドル側から見て考える。となり合う歯車の回転の向きは反対になり，棒でつながっている歯車の回転の向きは同じになる。図3のハンドルを反時計回りに回転させると，Aが反時計回りに回転し，Aととなり合うBが時計回りに，Bと棒でつながっているCが時計回りに，Cととなり合うDが反時計回りに回転する。

[39] となり合う歯車の回転数の比は歯の数の比の逆比になるが，棒でつながっている歯車の回転数は変わらない。Aが1回転する間にBは$\frac{54}{10}$＝5.4(回転)し，Cも5.4回転する。Cが5.4回転する間にDは$5.4 \times \frac{40}{6}$＝36(回転)する。

[40] 風力発電，火力発電，水力発電では，磁石やコイルを使って発電する。光電池は太陽の光をソーラーパネルに当てることで発電する。乾電池は内部で起こる化学変化を利用して発電する。コンデンサーでは電気をためておけるが，電気をつくりだしてはいない。

=== 《2021　社会　解説》 ===

1 問1①　内陸県は，埼玉県・栃木県・群馬県・山梨県・長野県・岐阜県・滋賀県・奈良県の8つある。　②　奈良県は，三重県・京都府・大阪府・和歌山県と接している。

問2　塩の道は，内陸からは木材や山の幸を運んだと言われている。

問3　中央高地に位置している長野県松本市の方が，石川県金沢市よりも冬の気温が低くなり，降水量は一年を通じて少なくなるので，ウが正しい。また，日本海に面する金沢市の方が，北西季節風の影響で冬の降水量が多いことも手がかりとなる。

問4　長野県は，野菜と果実の割合が高いウ，宮崎県は畜産の割合が高いアである。長野県では，レタスやぶどうなどの栽培が盛んである。宮崎県では，火山灰土のシラス台地での畜産が盛んである。イは神奈川県，エは山梨県，オは秋田県。

問5　レタスの出荷量が，夏に多いAを長野県と判断する。残ったうち，近郊農業が盛んな茨城県の方が出荷量は多いからC，長崎県はBと判断できる。長崎県や茨城県では気温が高くなる6月から9月をさけて，気温が20度以下の冬から春にかけてレタスを栽培している。一方，長野県では6月から9月でも気温が20度以下であり，その時期がレタス栽培の時期となる。以上のような，夏の涼しい気候をいかして，高原野菜の時期をずらして栽培する方法(高冷地農業による抑制栽培)は，長野県のレタスやはくさい，群馬県のキャベツなどで見られる。

問6(1)　唯一上昇しているPはイである。残ったうち，大幅に減少しているRはアだから，Qはウとなる。

(2)　オ。外国人技能実習生数が急増しているAはベトナムである。残ったうち，実習生の数が多いBを中国，Cをミャンマーと判断する。中国の急速な経済発展により，日本へ出稼ぎに来る中国人の数が近年減少し，介護現場などで働くベトナム人の数が増えている。

問7　オ。宿泊費の割合が高いAは，距離の遠いイギリスである。残ったうち，買物代の割合が高いBを中国，Cを韓国と判断する。一般にヨーロッパ，カナダ，オーストラリアからの訪日外国人は宿泊日数が多く，距離的に近い中国と韓国からの訪日外国人の宿泊日数は少ない。

問8②　ア。北半球の日本と南半球のオーストラリアでは季節が逆になる。　　③　イ。オーストラリアは東経113〜154度の範囲にあり，日本(東経123〜146度)はその中に含まれる。

問9　土石流は，台風にともなう大雨によって土砂が流動しやすくなるために発生する。

2　問1　アが誤り。縄文時代の平均寿命は30歳に届いていなかったと考えられている。

問2　出土品の「獲加多支歯大王(ワカタケル)」の文字から，大和朝廷の支配が関東ー北九州であったとわかっている。

問3　エが誤り。律令制のもとでは，国司が中央から派遣された。地方の豪族が任命されたのは郡司や里長である。

問4　ウが正しい。1221年に後鳥羽上皇が鎌倉幕府打倒をかかげて挙兵すると，鎌倉幕府方は，北条政子の呼びかけのもと，これを打ち破った(承久の乱)。　ア．平安時代末期の壇ノ浦の戦いで源氏が勝利し，平氏は滅亡した。イ．「和歌」「俳句」「蹴鞠」などは平安時代の貴族の館で行われていた。　エ．鎌倉時代の元寇では，御家人たちは騎馬による一騎打ちで戦った。火薬兵器による集団戦法を取ったのは元軍側である。

問5　ウが誤り。こんにゃくは，「海そう」ではなく「こんにゃく芋」からつくられる。

問6　ウが正しい。江戸時代に寺子屋で文字の読み方や書き方，そろばんを学ぶ人が増え，本がたくさんつくられた。ア．尾張藩がつくったのは「寺子屋」ではなく「藩校」である。　イ．寺子屋は村にもつくられた。　エ．寺子屋には百姓や町人の子どもが通った。藩校には武士の子のうち男子のみが通えた。

問7　イが誤り。「マカオ」は目的地ではなく中継地点であり，「ローマ教皇」のもとに天正遣欧少年使節が派遣された。

問8　アが誤り。大名には，江戸と領地に1年おきに住む参勤交代の制度はあったが，日光東照宮への参拝の制度はなかった。

問9　日米修好通商条約は，アメリカの領事裁判権を認め，日本に関税自主権がないなど，日本にとって不平等なものであった。また，オランダ・ロシア・イギリス・フランスとも同様の通商条約を結んでいた。（安政の五ヵ国条約）

問10　ウが正しい。　ア．私擬憲法案が大日本帝国憲法にいかされることはなかった。　イ．「フランス」ではなく「ドイツ（プロイセン）」である。　エ．大日本帝国憲法では，法律の範囲以内で自由権が保障されていた。

問11　希望すれば結婚前の姓を名乗れる「選択的夫婦別姓」の導入が議論されている。

問12 a）　菅義偉内閣総理大臣は，学者たちが政策提言などを行う日本学術会議の会員候補の任命を拒否した。

b）・c）　右図参照。　　d）　両方とも誤りだから，エを選ぶ。
X．「立法府」ではなく「行政府」である。　Y．「内閣総理大臣」ではなく「内閣」である。　　e）　イとオとコを選ぶ。日本国憲法の三大原則は，「国民主権（主権在民主義）」「基本的人権の尊重（民主主義）」「平和主義（国際平和主義）」である。

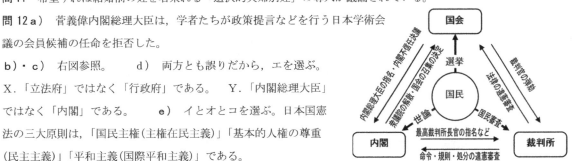

3 問2　両方とも誤りだから，エを選ぶ。　X．日清戦争（1894～1895年）→日露戦争（1904～1905年）→韓国併合（1910年）の順である。　Y．日韓基本条約で日本は謝罪の言葉を記していない。韓国が，日本に対して一括での賠償金の支払いを請求し，日本は支援金として韓国に8億ドルを支払った。

問4　香港は，アヘン戦争後の南京条約でイギリスの植民地となっていた。1997年の返還された後，50年間は一国二制度が採られ，社会主義国の中国にありながら表現の自由や民主主義が認められることになっていた。しかし，その存続が危ぶまれたため，民主的な選挙を求める雨傘運動などの抗議活動が行われた。

問5　ウを選ぶ。イムジン河の源流は北朝鮮で，北緯38度線付近の軍事境界線を越えて，韓国に流れる。アはヤールー川，イはチョンチョン川，エはクムガン。

問6 a）　両方とも誤りだから，エを選ぶ。　X．1945年にソ連が日本に対し宣戦布告（日ソ中立条約の破棄）をして侵攻してきた。　Y．朝鮮戦争は1953年に休戦したが，2020年時点，終戦に至っていない。　　b）　アのドイツとオのベトナムを選ぶ。ソ連などが東ドイツと北ベトナム，アメリカなどが西ドイツと南ベトナムを統治していた。イはエジプト，ウはイラン，エはインド。

問7 a）　D．サンフランシスコ平和条約の調印（1951年）→C．東海道新幹線の開通（1964年）→B．沖縄返還（1972年）→A．ベルリンの壁の崩壊（1989年）　　b）　ウ。a）の解説の下線部を参照。

問8　第二次世界大戦終結後，ソ連を中心とする社会主義陣営とアメリカを中心とする資本主義陣営で，実際の戦火をまじえない冷戦が始まった。冷戦時，朝鮮半島を北緯38度で分け，ソ連は北朝鮮を，アメリカは韓国を支援したため，韓国と北朝鮮の間で対立が激化し，1950年北朝鮮が韓国に突如侵攻して朝鮮戦争が始まった。

問9　Xのみ誤りだから，ウを選ぶ。「5月4日」の「5・4独立運動」ではなく「3月1日」の「3・1独立運動」である。5・4運動は，1919年に中国で起こった反帝国主義の運動である。

問10　大坂なおみ選手のマスクに書かれている人物名は，白人警官らに殺害された黒人被害者の名前である。

━━━━━━━━━ 《国　語》 ━━━━━━━━━

【一】問一．A.カ　B.ア　C.エ　D.オ　E.ウ　　問二．ウ　　問三．また、自分　問四．自分で考え判断することをしない　　問五．オ　問六．エ　問七．イ　問八．宣伝　問九．何が問題で、どこをおさえてどう対応すべきかなどについて、一連の論理をもって考えることであり、それができないと、自分で考え判断して意見を表明し、たがいに議論することができなくなる

【二】問一．手　　問二．イ　　問三．エ　　問四．ア　　問五．イ　　問六．オ　　問七．ア　　問八．(1)入居者の気持ちの負担を減らす　(2)一つ目は、足の爪切りの練習をしている筆者の役に立ちたいという気持ちにさせてくれた言葉であり、二つ目は、忙しいからと気を遣わずに、筆者にゆったり爪切りをしてもらえるようになった言葉であるという違い。　　問九．ウ，カ

【三】①謝辞　②承認　③交付　④貯蔵　⑤秘策　⑥密輸

━━━━━━━━━ 《算　数》 ━━━━━━━━━

1　(1)162　　(2)$\frac{9}{32}$　　(3)51　　(4)3.14　　(5)0.5

2　(6)ウ　　(7)A店の売値は$x×(1+0.1)×(1-0.05)=x×1.045$(円)，B店の売値は$x×(1-0.05)×(1+0.1)=x×1.045$(円)で同じになるから。

3　(8)29

4　(9)1，2，31，62　　(10)29

5　(11)5　　(12)イ．4　ウ．8

6　(13)$9\frac{3}{13}$

7　(14)12

8　(15)1.28　　(16)イ

9　(17)37

10　(18)右グラフ　　(19)49，40

11　(20)15.7

12　(21)右図

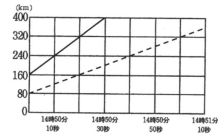

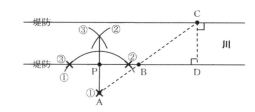

═══════════════════ 《理　科》 ═══════════════════

1　[1]い　　[2]い　　[3]①根　②羽化　　[4]あ　　[5]①口　②注射針／ストロー などから1つ

　　[6]①クマゼミ　②アブラゼミ　　[7]右図　　[8]①あし　②6本　③8本　　[9]あ

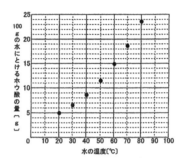

1 [7]の図

2　[10]①はやぶさ2　②リュウグウ　③小惑星　④ブラックホール

　　[11]A．1，3，5　B．2，4，6　　[12]7．A　8．B　9．B

　　[13]A．2　B．8　C．5　　[14]①こぐま　②北極星〔別解〕ポラリス

　　③おおぐま　④カシオペヤ　　[15]う，お

　　[16]A．3.0　B．5　C．9.5　D．12

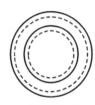

3　[17]あ，う，お　　[18]え　　[19]A．それぞれの溶液を，蒸発皿に入れて

　　加熱する。　　B．出てきた結しょうが黒くこげるものと変化しないものに分

　　かれる。　　C．黒くこげたものがさとう水，変化しないものが食塩水。

　　[20]塩酸…ガラスの容器　水酸化ナトリウム…プラスチックの容器

　　[21]え

4　[22]右グラフ　　[23]91.5　　[24]4.9　　[25]54.0　　[26]8.6

5　[27]う　　[28]い，あ，う，え　　[29]う　　[30]う　　[31]とつ然沸とうするのを防ぐ

　　ため。　　[32][あわ／白いゆげ]［気体の水／液体の水］，[水蒸気／水てき] などから1つ

　　[33]お，あ，え，い，う　　[34]①あたためられると体積が大きくなるから。　　②右図

5 [34]②の図

═══════════════════ 《社　会》 ═══════════════════

1　問1．A．長野　B．千葉　　問2．エ　　問3．①B　②B　③A　　問4．①C　②B

　　問5．①中山道　②宿場　　問6．オ　　問7．燃料を輸入，輸送　　問8．キャンプ場…イ　スキー場…エ

　　問9．ウ　　問10．①ウ　②エ　③イ　④ア　　問11．①A　②A　③B　　問12．斜面につくられた棚田。

　　問13．バス路線が廃止されると，自動車の運転ができない高れい者は，B駅やD病院に行く手段がなくなってしま

　　い，買い物に出かけることもできなくなる。そのため，若者だけでなく高れい者まで村外へ流出し，村として成り

　　立たなくなる。

2　問1．ウ　　問2．塩　　問3．①男　②女　　問4．①守護　②地頭　①②は順不同　　問5．①堺　②鉄砲

　　③織田信長　　問6．職業　　問7．①記号…B　理由…家事・裁ほうの時間がとられているから。　②市川房枝

　　③ア．女子　イ．教育　　問8．①本土上陸　②米軍基地　　問9．カ

3　問1．ウ　　問2．個人　　問3．三権分立　　問4．イ　　問5．先住民であるアイヌ民族への配りょが足りな

　　いから。　　問6．エ　　問7．高れい化が進む中で，高れい者の投票率が高くなっているので，高れい者に向け

　　た政策になりやすくなる。　　問8．政治は男の仕事という古い考え方がいまだにあり，女性の議員が増えないた

　　め。　　問9．ア　　問10．24時間営業

←解答例は前のページにありますので，そちらをご覧ください。

━《2020　国語　解説》━

【一】

問二　──線①の4〜5行後に「だれもが学校で理科を学ぶことが現代人の常識と言えるでしょう」とあるが、これは理科を学ぶ理由から導き出される結論であり、理科を学ぶ理由にはあたらない。よって、ウが正解。

問三　──線③の10〜11行後に「科学・技術に関わる事件や事故が起こった場合に、実際に何がまちがっていたか〜などを考えるクセを身につけることが大切です」とある。「科学・技術は万全(ばんぜん)ではなく〜良いことばかりをもたらしてくれているわけではない」が、それとは無縁(むえん)の生活を送ることはできないので、中身をよく知り、上手に付きあっていく必要がある。そして事故が起きた場合には、解答部分の一文（「また、自分に〜大切です。」の部分）に書かれているようなことを考えるのが大切だと述べている。

問四　──線③の「このようなあり方」が直接指すものは、「原発のメルトダウン事故」に関して、「勉強しようと思えば、いつでも原発の危険性を知ることができたはず」なのに、原発の「安全神話」のみを信じこんでいたというあり方。「『民主主義』の問題」に関して「このようなあり方」にあたるのは、「むずかしいことは上の人や専門家に任せ」て「それらの人たちが言うことに従っていればまちがいがない」と考えていることである。「第二次世界大戦」に関して「このようなあり方」にあたるのは、精神教育によって日本は負けないと信じこんでいたことである。これらの三者に共通する態度は、自分で考えたり判断したりしないことである。

問五　民主主義社会においては、自分で考え、自分の意見を表明し、たがいに議論するという過程が必要である。現代人に多く見受けられる「むずかしいことは上の人や専門家に任せ、自分はそれらの人たちが言うことに従っていればまちがいがない」という姿勢は、「自分で考え」ることをせず、人任せにしていると言える。こうした人任せの状態で成り立っている民主主義を、人任せの民主主義、つまり「おまかせ民主主義」と呼んでいるのである。よって、オが適する。

問六　「〜かねない」とは、〜しないとはいえない、〜する可能性があるということ。よって、エが適する。

問七　アとエは「追及」、ウとオは「追求」である。よって、イが適する。

問八　ここでの「神話」とは、実際はよくわからないのに、長い間人々が絶対のものと信じこんでいるもののこと。「原発のメルトダウン事故」における「神話」とは、原発は安全だというものである。〈　B　〉の2行後に「多くの人々は、『原発は安全』との宣伝をすっかり信じこんでいた」とあるので、原発が安全だと人々に信じこませたものは「宣伝」である。

問九　まず、「科学的な考え方」について書かれている部分を探す。「物事を見たときに、何が問題であり、どこをおさえておけばよいか、どう対応すべきか、について判断する」「くもりのない目で社会に生起するさまざまな事がらを見、その因果関係を見通して正邪(せいじゃ)を判断する」「先入観や偏見(へんけん)のない常識的なものの見方や、私情にまどわされず論理的に考える」などが「科学的な考え方」にあたるので、これらをまとめる。「真の民主主義社会」は、「だれもがしっかり自分の意見を表明し〜たがいに議論する」ことを必要とする。波線部の前の段落にあるように、筆者が「科学的な考え方」の重要性を強調するのは、現代人の多くが「自分で考え判断する姿勢」を失っているからである。「科学的な考え方」をしないことで、「自分で考え判断する姿勢」を失い、自分の意志や考え方などを自由に表明することがなくなり、議論ができなくなるという流れを説明する。

=《2020 算数 解説》=

1 (1) 与式＝9＋1＋81－1＋81－9＝162

(2) 与式＝$\frac{1}{8}×\frac{3}{4}+\frac{1}{4}÷0.5-\frac{1}{2}×\frac{5}{8}=\frac{3}{32}+\frac{1}{4}×\frac{1}{2}-\frac{5}{16}=\frac{3}{32}+\frac{1}{2}-\frac{5}{16}=\frac{3}{32}+\frac{16}{32}-\frac{10}{32}=\frac{9}{32}$

(3) 与式＝$\frac{324}{119}×\frac{289}{169}×\frac{91}{144}×\frac{52}{3}=51$

(4) 与式＝$3.14×(\frac{4}{5}÷\frac{2}{5}-\frac{1}{5}×\frac{3}{10}×\frac{1}{10})-\frac{1}{4}×\frac{8}{5}×3.14=3.14×(\frac{4}{5}×\frac{5}{2}-\frac{1}{5}×\frac{3}{10}×10)-\frac{2}{5}×3.14=$

$3.14×(2-\frac{3}{5})-\frac{2}{5}×3.14=3.14×\frac{7}{5}-\frac{2}{5}×3.14=(\frac{7}{5}-\frac{2}{5})×3.14=3.14$

(5) 与式より，$(\frac{16}{5}-\frac{1}{5})÷□-5=5÷5$ $3÷□=1+5$ $□=3÷6=0.5$

2 (6)(7) A店で買うと，消費税込みの価格は$x×(1+0.1)=x×1.1$(円)だから，売値は$x×1.1×(1-0.05)=$
$x×1.045$(円)である。B店で買うと，定価の5％引きは$x×(1-0.05)=x×0.95$(円)だから，売値は
$x×0.95×(1+0.1)=x×1.045$(円)である。よって，ウが正しい。

3 （A＋1）：（B＋1）＝3：5より，B＋1は5の倍数の5，10，15，…，60のどれかだから，Bは4，9，14，
…，59の，一の位の数が4または9の数のどれかである。（A－1）：（B－1）＝7：12より，B－1は12の倍
数の12，24，36，48のどれかだから，Bは13，25，37，49のどれかである。したがって，B＝49とわかる。
よって，（A＋1）＝（B＋1）×$\frac{3}{5}$＝（49＋1）×$\frac{3}{5}$＝30だから，A＝30－1＝29である。

4 (9) 約数は2数の積で表して探すとよい，62＝1×62，2×31だから，62の約数は1，2，31，62である。

(10) 2つの数の公約数は，その2数の差の約数でもあることを利用する。

おばあさんの年令と令和年の差は64－2＝62だから，令和年が62の約数のときにおばあさんの年令は割り
切れる。(9)より，令和年2の次に割り切れるのは令和年31である。よって，31－2＝29(年後)である。

5 (11) 与式より，$\frac{3}{2×ア×3}+\frac{2}{3×ア×2}=\frac{1}{6}$ $\frac{5}{6×ア}=\frac{1}{6}$ よって，ア＝5とわかる。

(12) 与式より，$\frac{3×ウ}{2×イ×3×ウ}+\frac{2×イ}{3×ウ×2×イ}=\frac{1}{6}$ $\frac{2×イ+3×ウ}{6×イ×ウ}=\frac{1}{6}$

したがって，2×イ＋3×ウ＝イ×ウとわかり，2×イ＝イ×ウ－3×ウ＝ウ×(イ－3)となる。

式の下線部分から，イは4以上とわかる。イ＝4のとき，2×4＝ウ×(4－3)より，ウ＝8だから，イ＜ウ
の条件にあう。よって，イ＝4，ウ＝8である。

なお，イ＝5のときは(11)と同じ式になり，イが6以上になると，イ＞ウとなり，条件に合わない。

6 10時のときから，短針が進んだ角度をⓊとする(右図参照)。

1分間に，時計の長針は$\frac{360}{60}$＝6(度)，短針は$\frac{360}{12×60}=\frac{1}{2}$(度)進むから，同じ時間に進む角
度の比は，6：$\frac{1}{2}$＝12：1である。したがって，右図のあとⓊの角度の比は12：1となり，
あとⒾの角度が同じだから，あ：(Ⓘ＋Ⓤ)＝12：(12＋1)＝12：13である。ⒾとⓊの角
度の和は，10時の長針と短針の間の角で60度だから，あの角度は60×$\frac{12}{13}$(度)となる。このとき，長針は10時か
ら60×$\frac{12}{13}$÷6＝$\frac{120}{13}$＝9$\frac{3}{13}$(分)進んでいるから，求める時刻は，午前10時9$\frac{3}{13}$分である。

7 展開図を組み立てると，右図のような三角柱になる。

よって，求める体積は，3×4÷2×2＝12(cm³)である。

8 (15) それぞれの長さは，右図のようになる。

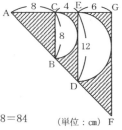

したがって，Q＝4×4×3.14÷2＋6×6×3.14÷2＝26×3.14＝81.64

AG＝8＋4＋6＝18(cm)だから，P＝18×18÷2－81.64＝162－81.64＝80.36

よって，P cm²とQ cm²の差は，81.64－80.36＝1.28(cm²)である。

(16) (15)より，円周率が3.14のとき，P＜Qである。

円周率を3とすると，Q＝4×4×3÷2＋6×6×3÷2＝26×3＝78，P＝162－78＝84

だから，P＞Qとなる。よって，正しいのはイである。

9 角あ＝角ACB－角ACEで求める。

三角形ABCは二等辺三角形だから，角ACB＝角ABC＝(180－48)÷2＝66(度)である。

三角形AECと三角形ACDについて，共通だから角EAC＝角CADである。AE＝EB＝①とすると，

AB＝AC＝①×2＝②となり，AD：DB＝2：1より，AB：DB＝(2－1)：1＝1：1だから，DB＝

AB＝②である。したがって，AE：AC＝①：②＝1：2，AC：AD＝②：(②＋②)＝①：②＝1：2だか

ら，対応する辺の比とその間の角が等しいので，三角形AECと三角形ACDは同じ形の三角形である。

よって，角ACE＝角ADC＝29度だから，角あ＝66－29＝37(度)である。

10 (19) 震源からのきょりとP波，S波の始まりの時刻のグラフは直線となる。

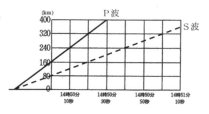

したがって，P波(またはS波)のグラフを，震源からのきょりが0 kmにな

るまで，左にのばすと，右図のようになる。S波のグラフは，震源からの

きょりが80 km遠くなると，時刻は20秒遅くなるから，震源からのきょり

が0 kmの地点では80 kmの地点よりも，20秒早くS波が始まるとわかる。

よって，求める時刻は，14時50分00秒－20秒＝14時49分40秒である。

11 右図のようにCEとADの交点をGとする。三角形CAEと三角形ADFについて，

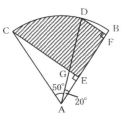

円の半径だからCA＝AD，条件より角CEA＝角AFD＝90度，角CAE＝70度で，

角ADF＝180－90－20＝70(度)だから，角CAE＝角ADFである。したがって，

三角形CAEと三角形ADFは合同なので，それぞれの三角形から三角形GAEをのぞ

いた，三角形CAGと四角形GDFEの面積は等しい。よって，求める面積は半径6 cm，

中心角50度のおうぎ形の面積に等しく，6×6×3.14×$\frac{50}{360}$＝5×3.14＝15.7(cm²)である。

12 同じ形の三角形の対応する辺の長さの比を利用する。三角形CBDのBDのきょりがわかっていて，APとBP

のきょりがわかればCDのきょり(川のはば)を計算できるのだから，BDとBP，CDとAPが対応する辺とな

る三角形ABPを作図すればよい。よって，A君と地点Pを結ぶ直線が堤防に垂直となるように作図すると，解

答例のようになる。

── 《2020　理科　解説》 ═══

1 [3][5] セミの幼虫は地中で，注射針のようなとがった口を木の根にさし，汁(しる)を吸ってくらしている。セミはさ

なぎにならない不完全変態の昆虫(こんちゅう)で，幼虫から直接成虫になる。昆虫が，幼虫やさなぎから成虫になることを羽

化という。成虫になったセミは，木の幹などにとがった口をさし，汁を吸ってくらすようになる。不完全変態の昆

虫には，幼虫と成虫で形が似ている，食べ物が同じである(口の形が同じである)，などの特ちょうがある。

[7]　昆虫の体は，頭部，胸部，腹部の3つに分かれていて，6本のあしはすべて胸部についている。また，解答例の図のような角が2本のカブトムシでは，長い角は頭部に，短い角は胸部についている。

[8]　ダニはクモのなかまである。

[9]　流れのないため池などは，トンボの産卵場所やトンボの幼虫であるヤゴの生活場所に適している。

2　[11]　1，3，5の星を結ぶと夏の大三角が，2，4，6の星を結ぶと冬の大三角ができる。

[12]　7はさそり座，8はおうし座，9はオリオン座にある星である。さそり座は夏，おうし座とオリオン座は冬を代表する星座である。

[15]　う×…惑星(わくせい)は，星座の間を惑う(まどう)(行ったり来たりしている)ように動くことからその名が付けられた。
お×…惑星は星座の星と比べて(見かけ上)大きな面積で(太陽の光を反射させて)光っているため，光が地球の大気中で屈折しても観察している人の目には安定して光が届き，ほとんどまたたくことがない。

[16]　A，B．$4.0×10^4×7.5＝30.0×10^4＝3.0×10^5$　C，D．$(C×10^D)×4.2＝4.0×10^{13}$が成り立つから，
$(C×10^D)＝4.0×10^{13}÷4.2＝(4.0÷4.2)×10^{13}＝9.5×10^{12}$となる。

3　[17]　い×…色がついている水溶液(すいようえき)もある。　え×…ものが完全にとけた水溶液では，とけたものは一様に広がり，時間がたってもどこかに集まるようなことはない。

[18]　あ×…スチールウールは塩酸と反応して別の物質になる。　い×…アルミニウムの状態が固体から液体に変化する。　う×…水の状態が固体から液体に変化する。

[19]　さとうのように加熱すると黒くこげるものを有機物という。塩は無機物であり，加熱しても変化しない。

[21]　え○…ポリ袋(ぶくろ)の中に水を入れて，下から加熱すると，熱はポリ袋から水に伝わるので，すぐにはポリ袋が燃える温度にならない。水を炭酸水にかえると，ポリ袋の内側の表面に泡(あわ)がついている部分では水に熱が伝わらず，ポリ袋が燃えて穴があく。

4　[23]　水にとけるものの重さは，水の重さに比例する。食塩は40℃の水100gに36.6gまでとけるから，40℃の水250gには$36.6×\frac{250}{100}＝91.5(g)$までとける。

[24]　水が100gのとき，ホウ酸は60℃で18.6g，20℃で5.0gまでとけるから，14.8－5.0＝9.8(g)の結しょうが出てくる。これを水が100gの半分の50gで同様に行えば，9.8gの半分の4.9gの結しょうが出てくる。

[25]　食塩は50℃の水100gに37.0gまでとけるから，とけるだけとかした食塩水137.0gの中には37.0gの食塩がとけている。したがって，とけるだけとかした食塩水200gの中には，食塩が$37.0×\frac{200}{137.0}＝54.01…→54.0g$とけている。

[26]　70℃の水100gにホウ酸は18.6gまでとける。20℃の水200gには5.0gの2倍の10.0gまでとけるので，ホウ酸は18.6－10.0＝8.6(g)出てくる。

5　[27]　う○…熱したところに近いところから順に熱が伝わっていくから，●からの距離が同じになる部分でロウがとけている。

[28]　●からの距離が近い順に並べればよいので，「い」，「あ」，「う」，「え」の順になる。

[29]　う○…しんを吸い上げられるようにのぼってきた液体のロウが，しんの先で気体に変化して，気体のロウが燃える。しんは液体のロウがしみこんでいることですぐには燃えつきないが，分解してしんだけにすると，すぐに燃えつきてしまう。また，固体のロウに直接マッチの火を近づけても，液体のロウはその場にとどまりにくく，気体になる前に流れてしまうので，燃えない。

[30]　う○…あたためられた水は軽くなって上に移動するので，上の部分から温度が上がっていく。

[33]　ガス調節ねじを開く前に，マッチに火をつけることに注意しよう。これは，マッチに火をつけている間に，ガスがもれないようにするためである。

[34]②　金属の球が熱せられたことで体積が大きくなったことと同じように，金属の輪も熱せられると体積が大きくなる。ここでは，全体が中心から外側に向かって大きくなるので，穴が大きくなり，実験1で通らなくなった金属の球が輪を通りぬけられるようになる。

《2020　社会　解説》

1　問1　A．長野県には日本アルプス(飛驒山脈・木曽山脈・赤石山脈)がある。また，浅間山などの火山も多い。
B．千葉県は関東平野に位置するため大部分が平坦地である。

問2　エが誤り。<u>四国地方は，気候のちがいが東西方向よりも南北方向で大きくなる。</u>夏の南東季節風が四国山地を越える前に大雨をもたらし，越えた後には乾いた風となるため，南側の降水量は多く，北側の降水量は少ない。

問3　高冷地農業による抑制栽培は，長野県野辺山高原のレタスや，群馬県嬬恋村のキャベツなどが有名である。促成栽培(高い値段で商品を売るために農作物の生長を早めて出荷時期をずらす栽培方法)では，宮崎県のピーマンなどが有名である。

問4　二酸化炭素などの温室効果ガスの大量排出によって地球表面の気温が上昇し，地球温暖化現象が引き起こされる。

問5①　「いくつもの峠(鳥居峠・碓氷峠・和田峠など)をこえる」から中山道を導く。五街道は東海道・中山道・甲州街道・奥州街道・日光街道である。　　②　五街道は大名の参勤交代時に使われたため，宿場が発達した。

問6　オを選ぶ。　①「神々がこもり，仏がやどる聖なる地域」から紀伊山地を導く。和歌山県にある熊野三山(熊野本宮大社・熊野速玉大社・熊野那智大社)への参詣道を「熊野古道」と呼ぶ。　②「世界最大級の原生的なブナ林」から白神山地を導く。　③「芸術の題材」から，葛飾北斎の浮世絵『富嶽三十六景』などで描かれた富士山を導く。

問7　日本の火力発電では，石油・石炭などの化石燃料の大半を海外からの輸入に頼っている。

問8　スキー場は神奈川県になく，降雪量の多い新潟県に多いから，エである。残ったうち，人口が多い神奈川県・愛知県に数が多いアを映画館，内陸の群馬県にないウを海水浴場と判断し，キャンプ場はイと判断する。

問9　ウ．土石流の発生時，えん堤は大きな岩や流木などを含む土砂を溜めて下流への被害を防ぐ。

問10　①は「果樹栽培」から果樹園(○)があるウ，②は「資源の採掘」から採鉱地(⚒)があるエ，③は「火山が噴火」から，浅間山噴火によってできた鬼押出岩があるイ，④は「そそり立つようながけ(右図の○で囲んだところ)」からアを選ぶ。

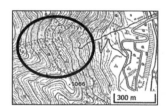

問11③　B．リアス海岸に入り込んだ津波は，入り江が狭くなるため，波が一層高くなる。また，立体地図は志摩半島のリアス海岸である。

問12　等高線の幅が広いところに水田(Ⅱ)があることから，棚田を導く。階段状の水田が集まる美しい景観は，日本の原風景として「日本の棚田百選」に認定されている。

問13　A村役場出発の路線バスが，終点のB駅前までにD病院を経由することに着目する。通院や買い物に不可欠なバス路線が廃止になれば，交通難民となった高れい者の流出化がまぬかれない。

2　問1　三内丸山遺跡は縄文時代の遺跡なので，ウが誤り。<u>「大きな二重の深いほり」「敵を防ぐための木のさく」は弥生時代の遺跡の特徴である。</u>

問2　地方の特産品などを都に納める「調」の字の下に「塩三斗」とある。

問3　男性が漢文で書いていた日記を，女性のふりをしてかな文字で書くことで，個人的な感情まで描こうとした。

問4　軍事・警察の役割を持つ守護は国ごとに，年貢の取り立てなどを行う地頭は荘園や公領ごとにおかれた。

問5①　堺の自治組織を指導した有力な商人は「会合衆」と呼ばれた。　②　資料Bは堺の鉄砲鍛冶を描いた「和泉名所図会」である。　③　軍用金の要求を会合衆が拒否したことから，織田信長は自治権を取り上げて堺を直轄領とした。

問6　「茶町」「呉服町」などに着目する。「金座町」「両替町」では金銀貨幣が鋳造された。徳川家康によって整備された駿府城下町は，城の北西側には武士の居住地，南西側には商人や職人の居住地が設けられており，東海道の宿場町として栄えた。

問7①　B．家事や裁ほうは，良妻賢母養成のための教科であり，女子教育の主要教科とみなされていた。
③　A大学，B大学，C大学では，2018年度には男子の方が高かった合格率が，2019年度には逆転して女子の方が高くなっていることがわかる。

問8①　「南部に後退しながら戦い」から，本土から遠ざけるためだったと導ける。沖縄戦は，本土決戦の準備が整うまで，アメリカ軍を長く沖縄に引きつけておく持久戦であった。　②　1972年に沖縄はアメリカから返還されたが，広大なアメリカ軍用地は残されたままである。

問9　カ．①は社会保障（年金・医療保険給付など）の割合が最も高いから，高齢化の進むC，②は公共事業の割合が比較的高いから，インフラ整備の進んだB（高度経済成長期），③は軍事の割合が高いから，戦前のAと判断する。

③ 問1　ウが誤り。昭和天皇は敗戦後も退位せず，日本国憲法のもと象徴天皇として1989年に崩御した。

問3　立法権を持つ国会・行政権を持つ内閣・司法権を持つ裁判所の三権が分散・独立し，それぞれが互いに抑制し合い，バランスを保つことで権力の集中やらん用を防いでいる。

問4　イが正しい。　ア．表現の自由は，他人の名誉を傷つける場合などでは，プライバシーの権利などによって制限されるが，政府の考えによって制限されることはない。　ウ．「憲法を守る義務」が「勤労の義務」であれば正しい。　エ．政治について発言する権利は自由権として全国民に保障されている。

問5　北海道はもともとアイヌの住む土地であったが，明治政府が札幌に開拓使をおき，士族や農民を屯田兵として移住させて開発した。

問6　エが正しい。　ア．市長は，住民によって住民の中から直接選挙で選ばれる。　イ．内閣総理大臣は国会の議決によって国会議員の中から指名される。　ウ．国民審査は，衆議院議員総選挙の時に行われる。

問7　資料Aより，少子高齢化が進んでいることを読み取る。資料Bより，60代や70代以上の投票率が他の世代よりも高いことを読み取る。国会議員は，次回の選挙でまた自分に投票してもらえるように，投票率の高い世代向けの政策を実施する傾向がある。解答例のほか，「少子化が進む中で，30歳以下の投票率が低くなっているので，若い世代の意見が政治に反映されにくくなる。」などもよい。

問8　日本の国会議員に占める女性の割合は10％程度である。アイスランドなどの北欧の国々では女性が働き続けられるようにするための政策が積極的に推進されているため，女性の国会議員が多い。

問9　ア．全ての年で最も割合が高い②を核家族世帯のB，割合が増え続けている①を単独世帯のA，割合が減り続けている③を核家族以外の親族の世帯のCと判断する。

問10　働き方改革で残業時間に上限規制ができたことで，深夜営業を支えていた若者のライフスタイルが変化しているため，立地や店長の意向などに応じて営業時間を変えられないかの議論が進められている。

■ ご使用にあたってのお願い・ご注意

（1）問題文等の非掲載

　著作権上の都合により，問題文や図表などの一部を掲載できない場合があります。

　誠に申し訳ございませんが，ご了承くださいますようお願いいたします。

（2）過去問における時事性

　過去問題集は，学習指導要領の改訂や社会状況の変化，新たな発見などにより，現在とは異なる表記や解説になっている場合があります。過去問の特性上，出題当時のままで出版していますので，あらかじめご了承ください。

（3）配点

　学校等から配点が公表されている場合は，記載しています。公表されていない場合は，記載していません。

　独自の予想配点は，出題者の意図と異なる場合があり，お客様が学習するうえで誤った判断をしてしまう恐れがあるため記載していません。

（4）無断複製等の禁止

　購入された個人のお客様が，ご家庭でご自身またはご家族の学習のためにコピーをすることは可能ですが，それ以外の目的でコピー，スキャン，転載（ブログ，ＳＮＳなどでの公開を含みます）などをすることは法律により禁止されています。学校や学習塾などで，児童生徒のためにコピーをして使用することも法律により禁止されています。

　ご不明な点や，違法な疑いのある行為を確認された場合は，弊社までご連絡ください。

（5）けがに注意

　この問題集は針を外して使用します。針を外すときは，けがをしないように注意してください。また，表紙カバーや問題用紙の端で手指を傷つけないように十分注意してください。

（6）正誤

　制作には万全を期しておりますが，万が一誤りなどがございましたら，弊社までご連絡ください。

　なお，誤りが判明した場合は，弊社ウェブサイトの「ご購入者様のページ」に掲載しておりますので，そちらもご確認ください。

■ お問い合わせ

　解答例，解説，印刷，製本など，問題集発行におけるすべての責任は弊社にあります。

　ご不明な点がございましたら，弊社ウェブサイトの「お問い合わせ」フォームよりご連絡ください。迅速に対応いたしますが，営業日の都合で回答に数日を要する場合があります。

　ご入力いただいたメールアドレス宛に自動返信メールをお送りしています。自動返信メールが届かない場合は，「よくある質問」の「メールの問い合わせに対し返信がありません。」の項目をご確認ください。

　また弊社営業日（平日）は，午前９時から午後５時まで，電話でのお問い合わせも受け付けています。

2025 春

株式会社教英出版

〒422-8054　静岡県静岡市駿河区南安倍3丁目 12-28

TEL　054-288-2131　　FAX　054-288-2133

URL　https://kyoei-syuppan.net/

MAIL　siteform@kyoei-syuppan.net

教英出版 2025年春受験用 中学入試問題集

学校別問題集
★はカラー問題対応

北 海 道
① [市立]札幌開成中等教育学校
② 藤 女 子 中 学 校
③ 北 嶺 中 学 校
④ 北 星 学 園 女 子 中 学 校
⑤ 札 幌 大 谷 中 学 校
⑥ 札 幌 光 星 中 学 校
⑦ 立 命 館 慶 祥 中 学 校
⑧ 函 館 ラ・サ ー ル 中 学 校

青 森 県
① [県立]三本木高等学校附属中学校

岩 手 県
① [県立]一関第一高等学校附属中学校

宮 城 県
① [県立]宮城県古川黎明中学校
② [県立]宮城県仙台二華中学校
③ [市立]仙台青陵中等教育学校
④ 東 北 学 院 中 学 校
⑤ 仙 台 白 百 合 学 園 中 学 校
⑥ 聖ウルスラ学院英智中学校
⑦ 宮 城 学 院 中 学 校
⑧ 秀 光 中 学 校
⑨ 古 川 学 園 中 学 校

秋 田 県
① [県立] 大館国際情報学院中学校
　　　　秋田南高等学校中等部
　　　　横手清陵学院中学校

山 形 県
① [県立] 東桜学館中学校
　　　　致道館中学校

福 島 県
① [県立] 会津学鳳中学校
　　　　ふたば未来学園中学校

茨 城 県
① [県立] 日立第一高等学校附属中学校
　　　　太田第一高等学校附属中学校
　　　　水戸第一高等学校附属中学校
　　　　鉾田第一高等学校附属中学校
　　　　鹿島高等学校附属中学校
　　　　土浦第一高等学校附属中学校
　　　　竜ヶ崎第一高等学校附属中学校
　　　　下館第一高等学校附属中学校
　　　　下妻第一高等学校附属中学校
　　　　水海道第一高等学校附属中学校
　　　　勝田中等教育学校
　　　　並木中等教育学校
　　　　古河中等教育学校

栃 木 県
① [県立] 宇都宮東高等学校附属中学校
　　　　佐野高等学校附属中学校
　　　　矢板東高等学校附属中学校

群 馬 県
① [県立]中央中等教育学校
　[市立]四ツ葉学園中等教育学校
　[市立]太 田 中 学 校

埼 玉 県
① [県立]伊 奈 学 園 中 学 校
② [市立]浦 和 中 学 校
③ [市立]大宮国際中等教育学校
④ [市立]川口市立高等学校附属中学校

千 葉 県
① [県立] 千 葉 中 学 校
　　　　東 葛 飾 中 学 校
② [市立]稲毛国際中等教育学校

東 京 都
① [国立]筑波大学附属駒場中学校
② [都立]白鷗高等学校附属中学校
③ [都立]桜修館中等教育学校
④ [都立]小石川中等教育学校
⑤ [都立]両国高等学校附属中学校
⑥ [都立]立川国際中等教育学校
⑦ [都立]武蔵高等学校附属中学校
⑧ [都立]大泉高等学校附属中学校
⑨ [都立]富士高等学校附属中学校
⑩ [都立]三 鷹 中 等 教 育 学 校
⑪ [都立]南多摩中等教育学校
⑫ [区立]九 段 中 等 教 育 学 校
⑬ 開 成 中 学 校
⑭ 麻 布 中 学 校
⑮ 桜 蔭 中 学 校
⑯ 女 子 学 院 中 学 校
★⑰ 豊島岡女子学園中学校
⑱ 東京都市大学等々力中学校
⑲ 世 田 谷 学 園 中 学 校
★⑳ 広尾学園中学校（第2回）
★㉑ 広尾学園中学校（医進・サイエンス回）
㉒ 渋谷教育学園渋谷中学校（第1回）
㉓ 渋谷教育学園渋谷中学校（第2回）
㉔ 東京農業大学第一高等学校中等部
　　（2月1日 午後）
㉕ 東京農業大学第一高等学校中等部
　　（2月2日 午後）

④［府立］富田林中学校
⑤［府立］咲くやこの花中学校
⑥［府立］水都国際中学校
⑦清　風　中　学　校
⑧高槻中学校（Ａ日程）
⑨高槻中学校（Ｂ日程）
⑩明　星　中　学　校
⑪大阪女学院中学校
⑫大　谷　中　学　校
⑬四天王寺中学校
⑭帝塚山学院中学校
⑮大阪国際中学校
⑯大阪桐蔭中学校
⑰開　明　中　学　校
⑱関西大学第一中学校
⑲近畿大学附属中学校
⑳金蘭千里中学校
㉑金光八尾中学校
㉒清風南海中学校
㉓帝塚山学院泉ヶ丘中学校
㉔同志社香里中学校
㉕初芝立命館中学校
㉖関西大学中等部
㉗大阪星光学院中学校

兵　庫　県
①［国立］神戸大学附属中等教育学校
②［県立］兵庫県立大学附属中学校
③雲雀丘学園中学校
④関西学院中学部
⑤神戸女学院中学部
⑥甲陽学院中学校
⑦甲　南　中　学　校
⑧甲南女子中学校
⑨灘　中　学　校
⑩親　和　中　学　校
⑪神戸海星女子学院中学校
⑫滝　川　中　学　校
⑬啓明学院中学校
⑭三田学園中学校
⑮淳心学院中学校
⑯仁川学院中学校
⑰六甲学院中学校
⑱須磨学園中学校（第1回入試）
⑲須磨学園中学校（第2回入試）
⑳須磨学園中学校（第3回入試）
㉑白　陵　中　学　校

㉒夙　川　中　学　校

奈　良　県
①［国立］奈良女子大学附属中等教育学校
②［国立］奈良教育大学附属中学校
③［県立］国際中学校／青翔中学校
④［市立］一条高等学校附属中学校
⑤帝塚山中学校
⑥東大寺学園中学校
⑦奈良学園中学校
⑧西大和学園中学校

和　歌　山　県
①［県立］古佐田丘中学校／向陽中学校／桐蔭中学校／日高高等学校附属中学校／田辺中学校
②智辯学園和歌山中学校
③近畿大学附属和歌山中学校
④開　智　中　学　校

岡　山　県
①［県立］岡山操山中学校
②［県立］倉敷天城中学校
③［県立］岡山大安寺中等教育学校
④［県立］津　山　中　学　校
⑤岡　山　中　学　校
⑥清　心　中　学　校
⑦岡山白陵中学校
⑧金光学園中学校
⑨就　実　中　学　校
⑩岡山理科大学附属中学校
⑪山陽学園中学校

広　島　県
①［国立］広島大学附属中学校
②［国立］広島大学附属福山中学校
③［県立］広　島　中　学　校
④［県立］三　次　中　学　校
⑤［県立］広島叡智学園中学校
⑥［市立］広島中等教育学校
⑦［市立］福　山　中　学　校
⑧広島学院中学校
⑨広島女学院中学校
⑩修　道　中　学　校

⑪崇　徳　中　学　校
⑫比治山女子中学校
⑬福山暁の星女子中学校
⑭安田女子中学校
⑮広島なぎさ中学校
⑯広島城北中学校
⑰近畿大学附属広島中学校福山校
⑱盈　進　中　学　校
⑲如水館中学校
⑳ノートルダム清心中学校
㉑銀河学院中学校
㉒近畿大学附属広島中学校東広島校
㉓ＡＩＣＪ中学校
㉔広島国際学院中学校
㉕広島修道大学ひろしま協創中学校

山　口　県
①［県立］下関中等教育学校／高森みどり中学校
②野田学園中学校

徳　島　県
①［県立］富岡東中学校／川島中学校／城ノ内中等教育学校
②徳島文理中学校

香　川　県
①大手前丸亀中学校
②香川誠陵中学校

愛　媛　県
①［県立］今治東中等教育学校／松山西中等教育学校
②愛　光　中　学　校
③済美平成中等教育学校
④新田青雲中等教育学校

高　知　県
①［県立］安芸中学校／高知国際中学校／中村中学校

福　岡　県

① [国立] 福岡教育大学附属中学校
（福岡・小倉・久留米）

② [県立]
育　徳　館　中　学　校
門　司　学　園　中　学　校
宗　像　中　学　校
嘉穂高等学校附属中学校
輝翔館中等教育学校

③ 西 南 学 院 中 学 校
④ 上 智 福 岡 中 学 校
⑤ 福 岡 女 学 院 中 学 校
⑥ 福 岡 雙 葉 中 学 校
⑦ 照 曜 館 中 学 校
⑧ 筑 紫 女 学 園 中 学 校
⑨ 敬 愛 中 学 校
⑩ 久 留 米 大 学 附 設 中 学 校
⑪ 飯 塚 日 新 館 中 学 校
⑫ 明 治 学 園 中 学 校
⑬ 小 倉 日 新 館 中 学 校
⑭ 久 留 米 信 愛 中 学 校
⑮ 中 村 学 園 女 子 中 学 校
⑯ 福 岡 大 学 附 属 大 濠 中 学 校
⑰ 筑 陽 学 園 中 学 校
⑱ 九 州 国 際 大 学 付 属 中 学 校
⑲ 博 多 女 子 中 学 校
⑳ 東 福 岡 自 彊 館 中 学 校
㉑ 八 女 学 院 中 学 校

佐　賀　県

① [県立]
香　楠　中　学　校
致　遠　館　中　学　校
唐　津　東　中　学　校
武　雄　青　陵　中　学　校

② 弘 学 館 中 学 校
③ 東 明 館 中 学 校
④ 佐 賀 清 和 中 学 校
⑤ 成 穎 中 学 校
⑥ 早 稲 田 佐 賀 中 学 校

長　崎　県

① [県立]
長　崎　東　中　学　校
佐　世　保　北　中　学　校
諫早高等学校附属中学校

② 青 雲 中 学 校
③ 長 崎 南 山 中 学 校
④ 長 崎 日 本 大 学 中 学 校
⑤ 海 星 中 学 校

熊　本　県

① [県立]
玉名高等学校附属中学校
宇　土　中　学　校
八　代　中　学　校

② 真 和 中 学 校
③ 九 州 学 院 中 学 校
④ ルー テ ル 学 院 中 学 校
⑤ 熊 本 信 愛 女 学 院 中 学 校
⑥ 熊 本 マ リ ス ト 学 園 中 学 校
⑦ 熊 本 学 園 大 学 付 属 中 学 校

大　分　県

① [県立] 大 分 豊 府 中 学 校
② 岩 田 中 学 校

宮　崎　県

① [県立] 五ヶ瀬中等教育学校

② [県立]
宮崎西等学校附属中学校
都城泉ヶ丘高等学校附属中学校

③ 宮 崎 日 本 大 学 中 学 校
④ 日 向 学 院 中 学 校
⑤ 宮 崎 第 一 中 学 校

鹿　児　島　県

① [県立] 楠 隼 中 学 校
② [市立] 鹿 児 島 玉 龍 中 学 校
③ 鹿 児 島 修 学 館 中 学 校
④ ラ・サ ー ル 中 学 校
⑤ 志 學 館 中 等 部

沖　縄　県

① [県立]
与 勝 緑 が 丘 中 学 校
開 邦 中 学 校
球 陽 中 学 校
名護高等学校附属桜中学校

もっと過去問シリーズ

北　海　道

北嶺中学校
7年分（算数・理科・社会）

静　岡　県

静岡大学教育学部附属中学校
（静岡・島田・浜松）
10年分（算数）

愛　知　県

愛知淑徳中学校
7年分（算数・理科・社会）
東海中学校
7年分（算数・理科・社会）
南山中学校男子部
7年分（算数・理科・社会）

南山中学校女子部
7年分（算数・理科・社会）
滝中学校
7年分（算数・理科・社会）
名古屋中学校
7年分（算数・理科・社会）

岡　山　県

岡山白陵中学校
7年分（算数・理科）

広　島　県

広島大学附属中学校
7年分（算数・理科・社会）
広島大学附属福山中学校
7年分（算数・理科・社会）
広島学院中学校
7年分（算数・理科・社会）
広島女学院中学校
7年分（算数・理科・社会）
修道中学校
7年分（算数・理科・社会）
ノートルダム清心中学校
7年分（算数・理科・社会）

愛　媛　県

愛光中学校
7年分（算数・理科・社会）

福　岡　県

福岡教育大学附属中学校
（福岡・小倉・久留米）
7年分（算数・理科・社会）
西南学院中学校
7年分（算数・理科・社会）
久留米大学附設中学校
7年分（算数・理科・社会）
福岡大学附属大濠中学校
7年分（算数・理科・社会）

佐　賀　県

早稲田佐賀中学校
7年分（算数・理科・社会）

長　崎　県

青雲中学校
7年分（算数・理科・社会）

鹿　児　島　県

ラ・サール中学校
7年分（算数・理科・社会）

※もっと過去問シリーズは
国語の収録はありません。

K 教英出版

〒422-8054
静岡県静岡市駿河区南安倍3丁目12-28
TEL 054-288-2131
FAX 054-288-2133

詳しくは教英出版で検索

教英出版　　検索

URL https://kyoei-syuppan.net/

二〇二四年度　南山中学校女子部　入学試験問題

国語

【注意】

一、試験開始の合図があるまで、この問題冊子の中を見てはいけません。試験開始までに、この【注意】をよく読んでください。

二、試験時間は五〇分です。

三、解答用紙の受験番号、名前は最初に記入してください。

四、この問題冊子は二二ページで、問題は【一】〜【三】です。

五、試験開始の合図後、問題冊子や解答用紙に印刷が悪くて見にくいところや汚れなどのある場合は、だまって手をあげて監督の先生に知らせてください。

六、答えはすべて解答用紙に書き、記号で答えるものはすべて記号で答えなさい。

七、字数制限のある問題は、句読点（「、」と「。」）や記号も一字として数えなさい。

八、試験終了後は解答用紙のみを提出し、問題冊子は持ち帰ってください。

本文中の＊印の語句には、本文の後に注がついています。

【一】 次の文章を読んで、後の問いに答えなさい。なお、設問の都合で本文の段落に $\boxed{1}$ 〜 $\boxed{21}$ の番号を付けてあります。

$\boxed{1}$ あるとき ＊某紙に ＊寄稿した文章の中で、

「気のおけない人と、とりとめもない話をしながら、うまいものを食べるほど楽しいことはない」

と書いたところ、関西の未知の読者からはがきが来た。ちゃんと住所氏名も書いてある。

「あなたは、気のおけない、を気安い、の意味につかっていられるが、これは、気のおける、でなくてはいけないでしょう。

ことばのことに関心をもっておられるようだから、注意される方がよいでしょう」

という文面である。ことばはていねいだが、調子はかなり①高飛車で、先生が生徒をさとすようにウムを言わせない、といった調子がある。だいたい、人間は、自分と違ったことばを使っていると、すぐ、相手が誤っていると考えたい習性をもっている。この人もそうなのであろう。私は何ごとによらず平和を好む。たとえ、ことばの上であっても争うことは好まない。

論争など考えただけでも、ぞっとする人間である。

$\boxed{2}$ そういう人間にしても、このはがきは反発させるものをもっている。堂々と氏名住所も明記されていることだ。②よし、

というので、返事を書いた。

「何か勘違いをなさっているようですが、気のおけない人というのが、気安くつき合えるという意味です。『気のおける』というような日本語はまだ公認されておりません。国語辞典をごらんになればわかります。だいたい、人の間違いをお叱りになるのでしたら、たとえ自信がおありになっても念のためということがあります。辞書をひいてからにしていただきたいものです。暴言失礼』

$\boxed{3}$ いまにして思うと、ずいぶんいやなことを書いたものだと、ひとりでも顔が赤くなるような後悔におそれる。しかしそのときは、はがきを書いたあとでもなお、むしゃくしゃしていた。

$\boxed{4}$ だれしも、自分の使っていることばが正しいと思っている。それと違ったことばづかいに出会うと、本能的に相手がけし

- 1 -

からん間違いをしているように感じる。これは、個人にかぎらない。社会全体でも同じことだ。そこから、ことばによる不当な軽蔑ということもおこる。

5 ギリシャ人は、ギリシャの周辺の民族がわけのわからぬことばをべらべらしゃべっていると思った。そんなことはない。それぞれまっとうな国語を使っていたのである。それなのにギリシャ人はバカにして、その口まねをして、そういう民族のことをバルバロイと呼んだ。これにさげすみの心がこもっていたことは、「*野蛮な」という語、バーバラス（barbarous）がこのギリシャ語から出ていることでも察しがつく。

6 さきの関西の投書者も、気のおけない人というのを、安心できない人の意味で日ごろから使っているのであろう。それで、そんな人と食事をして何が楽しいのか、と思って、さっそくはがきを書いたのに違いない。辞書をひいてみることなど考えもしなかった。

③　だとされるギリシャ人にして、なおそうである。

7 「おじさん、いい年しているのに案外、気がおけないわネ」
ある初老の紳士、若い娘にそう言われて、年甲斐もなく、いい気になっていたら、若い世代の間では、気のおけない、が気を許せない、危険な、という意味だと知って、がく然とし、がっくりきたという、ウソのような本当の話がある。

8 遠慮のいらない、の意味の気のおけないに、安心のならない、という新しい用法が発生したことをはじめて報告したのは*見坊豪紀氏である。私はもちろん、それを読んで知っていたが、まだ、それはごく一部の*俗語であろうと思っていた。〔 A 〕、胸をはって、それを主張する人が出てこようとは夢にも思っていなかった。それを頭ごなしに叱られて、びっくりするやら、腹を立てるやらしたのである。

9 気のおけない、は、「おけない」というところに否定的なニュアンスがある。それで「信用のおけない」などを連想するのかもしれない。　　④　　、といった意味をとるのであろうか。

10 ことばの慣用というものはたいへんデモクラティックなものであるから、はじめは誤りとされる用法であっても、多くの人が使っているうちに、間違いではなくなることはいくらでもある。

「とてもおいしい」というような「とても」を肯定の語といっしょに使う語法は、〔　Ｂ　〕、＊柳田國男をして、「腰を抜かすほどびっくりした」と言わせた奇想天外なものであったが、いまではごく当たり前で正統的なものになった。〔　Ｃ　〕ことばにうるさい人でも平気で使っている。

11　もともと、「とても」は後へ否定のことばをともなって、「とてもできない相談だ」というように使われることばだった。それを肯定のことばと結びつけたところに斬新さ？があったわけである。はじめのうちはたいへん抵抗があったに違いないが、そこがまた新しさと感じられたのであろう。しかし、大多数の人たちが使うようになって、許容されるようになった。そうなると、もうかつての迫力はなくなる。それで、

「ぜんぜんイカス」というようなことを言い出す。⑤これは、まだ日本語としては公認されていない若もののことばである。多くの人はひっかかる。若ものにはそれがおもしろいのかもしれない。そのうち、これも広まって、多くの人が抵抗を感じなくなって許容された語法にならないともかぎらない。

12　平均寿命がのびたいまの日本でも、私はもう決して若い方ではないが、気だけはいつも青年のつもりでいる。多くの人はひっかかる。そういう若い人たちが妙なことを言っている。おやおや、とびっくりした。よく使われることわざ、「情けは人のためならず」を、とんでもない意味で使っているのだ。はじめはとっさのことで、正確な意味に自信があるわけではないが、ほかの人に親切にする、情をかけるのは、決して、相手のためばかりではない。まわりまわって、結局、自分のプラスになる。そういう意味だろうと思っていた。

13　ところが、お茶を飲んでいたひとりの青年が、このことわざを、情をかけると相手が＊スポイルされてしまうおそれがある、教育上よろしくない、それが「人のためならず」だと思って使っている。おどろくべき新説だが、いっしょにいた数人

- 3 -

⑭ の若い男女はそれをきいてもだれもおかしいという顔をしない。

年寄りがよけいな口をさしはさめば、いやーだな、と思われかねない。ひょっとすると、甘やかすな、人のためにならない、という意味がいつの間にかできているのかもしれない。「気のおけない」に文句を言ってよこした投書者に、文句を言う前に辞書を見たらどうだと書いたことを思い出して、その場はぐっとこらえて帰ってきた。

⑮ ことわざの辞典を見たが、〔 D 〕、そんな意味があるとは書いていない。あとで何人かの友人にたずねたら、このごろそういう使い方が若い人たちの間では広まっているようだということを教えてくれる人がいた。

⑯ たしかに青年たちの使い方はいまのところ間違っている。しかし、これまでの意味にしても、このことわざは、あまり感心しない思想をはらんでいる。人に親切にするのは、実はわが身かわいさの間接的行為である、と言っている。こういうけしからん気持ちで情をかけるのは不純である。

⑰ 若い人の純情がそれに反発するのはむしろほほえましいではないか。そんなうすぎたない博愛主義よりも、ドライに、変な温情をかけるな、その方が相手のためだとする方がよほどすっきりしている。妙な親切をほどこしては人のためにならない。へたなおせっかいをしてくれては迷惑である。放っておけ。こちらも放っておいてくれ。そういう心情が働いていると、

⑱ 　⑥　に覚えていることわざ、「情けは人のためならず」を我流に解して使いはじめることになる。

ことわざは、俳句ほどではないが、省略的である。意味を使う人に委ねている。*充分にはっきりしないところがある。それを適当に補充しないといけない。言いかえると、自分に引き寄せて、すこし曲げて使うことができるようになっている。だからこそ、ことわざが日常多くの人に愛用されるのである。ある程度の拡大解釈ができる。曲解も大目に見られる。あまり厳格に意味が限定されていては、ことわざに気持ちを*托すことが難しい。

⑲ 同じことわざでも、年輩の人が托す気持ちと若い人が托す気持ちは、当然のことながら、大きく違っている。「情けは人のためならず」のように、ことわざが若い世代によって誤った使い方をされるのは、世代差の具体的なあらわれである。それはむしろ興味ある現象と見るべきではないか。私はすくなくともそう考えるようになっている。

20 人間はだれでも身勝手なものである。自己中心的に生きている。その証拠に、街を歩いているときは、道をわがもの顔に走って行くクルマは実にけしからんように思う。ところが、タクシーに乗っていると、こんどは歩行者が、いかに交通道徳を無視しているかに腹を立てる。同じ人間でも、そういう風に立場によって、感じ方がまるで違ってくる。

21 ことばについても、われわれは自分を中心にしている。ことわざは、身勝手な解釈をもっとも寛大に許してくれる。そして、それが⑦ことわざの味わいなのである。

（外山滋比古『ことわざの論理』より。問題作成の都合上、一部に改変をしたところがあります。）

＊某紙……ある新聞。

＊寄稿……原稿を新聞や雑誌などにのせるために送ること。

＊野蛮……文化が開けていないようす。教養がなく無作法で荒っぽいようす。

＊見坊豪紀……日本語学者。辞書編集者。

＊俗語……あらたまった場面では使われないようなくだけた言葉。

＊柳田國男……民俗学者・思想家。

＊スポイル……英語の spoil。「〜をダメにする」「〜を甘やかす」の意味。

＊充分……「十分」と同じ意味。

＊托す……「託す」と同じ意味。

- 5 -

問一　文中の〔　Ａ　〕〜〔　Ｄ　〕にあてはまる言葉として最も適切なものを次の中から一つずつ選び、記号で答えなさい。
ただし、それぞれの語は一度しか使えません。

ア　あえて　　イ　まさか　　ウ　おそらく　　エ　もちろん

オ　かつて　　カ　そもそも　　キ　いかに　　ク　ともかく

問二　──線①「高飛車」とほぼ同じ意味の言葉を、第②〜⑨段落の範囲から五字以内で抜き出しなさい。

問三　──線②「よし」とありますが、具体的にどのようなことを思ったのでしょうか。最も適切なものを次の中から一つ選び、記号で答えなさい。

ア　「気のおけない」の使い方の誤りは、投書者個人にとどまらず社会全体にあてはまることなので、正してやろう。

イ　自分の使うことばこそが正しいと考える人間の一人として、相手にことばの使い方の誤りを認めさせよう。

ウ　不本意ではあるが、投書の内容に対する反感が収まらないので、いかりにまかせて思いを返事に書こう。

エ　平和を好みことばでの争いさえ避けたい人間ではあるが、今回は相手に対して少々乱暴になったとしても反論しよう。

オ　論争を好まない者として後悔することも承知の上ではあるが、投書してきた相手の誤りを逆にさとしてやろう。

問四　　③　にあてはまる言葉として最も適切なものを次の中から一つ選び、記号で答えなさい。

ア　理性的　　イ　先進的　　ウ　開放的　　エ　良心的　　オ　現実的

2024(R6) 南山中（女子部）
K教英出版
- 6 -

問五　□④□にあてはまるものとして最も適切なものを次の中から一つ選び、記号で答えなさい。

ア　相手のことが気になってしかたがない

イ　気に留める必要はない

ウ　心理的な距離を感じられない

エ　その人のことを放ってはおかれない

オ　大事なものを安心して預けておかれない

問六　——線⑤「これは、まだ日本語として公認されていない」とありますが、筆者がこのように考えるのはなぜですか。最も適切なものを次の中から一つ選び、記号で答えなさい。

ア　「ぜんぜん」が肯定の語をともなって用いられていないから。

イ　「ぜんぜん」が打ち消しの語をともなって用いられていないから。

ウ　「イカス」が「ぜんぜん」と合わせて用いられているから。

エ　「イカス」という表現に斬新さが残っているから。

オ　「イカス」が若もの以外には受け入れられていないから。

問七　□⑥□には、記憶が不確かであることを表す言葉が入ります。ひらがな五字で答えなさい。

問八　——線⑦「ことわざの味わい」とはどのようなことだと筆者は考えていますか。八〇字以上一〇〇字以内で説明しなさい。

- 7 -

問九　第12〜17段落の範囲からは、次の一文が抜け落ちています。正しい位置にもどすとき、直後にくる文の最初の五字を答えなさい。

　そこでもう一度考えてみた。

問十　この文章での筆者の考えと合うものを次の中から二つ選び、記号で答えなさい。

ア　「気のおけない」を「気のおける」だと指摘した投書者に感じたような反感はその後も変わらないが、若い世代が「気のおけない」を「安心のならない」という意味に使うことは許容されるべきである。

イ　人は自分と違ったことばづかいをする人を見て、自分の使い方の方が正しいと思い込む習性があるが、世代が変わればことばの解釈も変わってくるのは当然なことで、年長者は若い世代のことばづかいに対して寛容にならなければならない。

ウ　ことばは、使う人の間で用法の正統性をめぐって対立を生むこともあるが、それが現時点では誤った用法であるとしても、多くの人が使うことによってやがて誤りではなくなっていくということがある。

エ　「情けは人のためならず」ということわざの若い世代の使い方は、現時点では辞書に書かれていないため誤りであるが、このことわざは他のことわざとは違って、使い方に世代差の具体的なあらわれが見られる点が興味深い。

オ　自分と違ったことばづかいに出会うと相手が誤っていると考える感覚は、日本に限らず世界でも同様で、ギリシャ人は周辺民族のことばづかいをさげすんだが、日本では若い人が旧来のことばの用法を打破し、自らの解釈を正統化しようとしている。

カ　これまでにないことばの使い方に出会うと抵抗を感じずにはいられないが、本来の意味に疑問を感じ自分の気持ちを反映させてことわざを使う人がいることはむしろ自然とみるべきで、そうした現象も尊重していこうと考えるようにしている。

【二】 次の文章を読んで、後の問いに答えなさい。

（こざわたまこ『教室のゴルディロックスゾーン』より。問題作成の都合上、一部に省略や改変をしたところがあります。）

＊既視感……はじめて見る場所や光景であるのに、以前に見た経験があるという思いにとらわれること。デジャビュ。

＊嗚咽……こらえきれずにしゃくりあげて泣くこと。

＊相変異……大量発生や生活条件の変化などによって、こん虫などの形や色、習性などに変化が起きる現象のこと。ひかりはかつてさーやから河原でこの言葉を教えられた。

問一 ～～～線A「心無い」・～～～線B「言わんばかりに」・～～～線C「白々しい」の文中での言葉の意味として最も適切なものを次の中からそれぞれ一つずつ選び、記号で答えなさい。

A 「心無い」

ア 思いやりがない
イ 気持ちがおちつかない
ウ 気をつかわない
エ 十分な考えが足りない
オ 身に覚えがない

B 「言わんばかりに」

ア 言ってしまったせいで
イ 今にも言いそうな様子で
ウ 決して言わないものの
エ たった一言言っただけで
オ 何度も何度もくり返し

C 「白々しい」

ア うそだと見えすいている
イ うまくあつかえずに困る
ウ 自分のことしか考えない
エ なんとなく気に入らない
オ 不愉快で関わりたくない

問二 〔 ① 〕にあてはまる言葉として最も適切なものを次の中から一つ選び、記号で答えなさい。

ア 気を許して イ 言葉をにごして ウ しらを切って エ 手がかかって オ 花がさいて

- 17 -

問三 ──線② 「ふじもんも相当追いつめられていたんだと思う」とありますが、ひかりがこのように思ったのはなぜでしょうか。最も適切なものを次の中から一つ選び、記号で答えなさい。

ア 亜梨沙とけんかをしたふじもんが、その場にいなかったひかりに助けを求めて電話をかけてきていたから。

イ 亜梨沙に自分の気持ちを伝えられなかったふじもんが、助けを求めてひかりに電話をかけてきていたから。

ウ 亜梨沙を怒らせたふじもんが、亜梨沙と仲がいいはずのひかりに助けを求めて電話をかけてきていたから。

エ 今も亜梨沙と仲が良いふじもんが、新しい友達を作ったひかりに助けを求めて電話をかけてきていたから。

オ 最近ではひかりと仲が良くなっていたふじもんが、助けを求めてひかりに電話をかけてきていたから。

問四 ──線③ 「ひかりだって、ほんとはそう思ってるくせに」とありますが、この時亜梨沙が言おうとしたのはどのようなことでしょうか。最も適切なものを次の中から一つ選び、記号で答えなさい。

ア ひかりも亜梨沙と同じように、亜梨沙が万引きしたという噂を訂正さえしなかったふじもんのことを冷たいと思っているはずだということ。

イ ひかりも亜梨沙と同じように、自分の意見を言わずに他の人に合わせてその場をしのごうとするのはずるいと思っているはずだということ。

ウ ひかりも亜梨沙と同じように、自分の都合が悪くなると何も話そうとしなくなるふじもんのことをおかしいと思っているはずだということ。

エ ひかりもふじもんと同じように、亜梨沙やひかりとは違ってふじもんには他の人に言い返すことはできないと思っているはずだということ。

オ ひかりもふじもんと同じように、自分が思っていることを口にしなくてもきっと周りの誰かが助けてくれると思っているはずだということ。

問五 ——線④「意思に反してすがるようなニュアンスを帯びてしまった」とありますが、それはどのようなことでしょうか。最も適切なものを次の中から一つ選び、記号で答えなさい。

ア 「今更謝られたって、意味ない」と怒りが収まっていないかのように今まで言ってきていたのに、まるでふじもんが謝りに来ることを望んでいるかのような言い方になっていたということ。

イ 「あの時助けて欲しかったの」と誰かが救ってくれることを切実に求めていたのに、まるで時間が戻らないのを知らない幼児がだだをこねているかのような言い方になっていたということ。

ウ 「あたしがふじもんにしたことも一緒だよ」と正当性を堂々と説明していたのに、まるで本当は自分が間違っていることにうすうす気づいているかのような言い方になっていたということ。

エ 「誰も許さないし、許してもらおうとも思ってない」と相手を拒絶してきていたのに、まるで自分の感情をなんとか理解してほしいと思っているかのような言い方になっていたということ。

オ 「だから絶対、謝らない」と一歩もゆずろうとしない姿勢を見せているのに、まるでその考えにひかりが共感してくれるのが当然だと思っているかのような言い方になっていたということ。

問六 ——線⑤「『——る、から』」とありますが、ここで亜梨沙が言ったのはどのようなことでしょうか。最も適切なものを次の中から一つ選び、記号で答えなさい。

ア これから玄関まで行くので、そこで直接話をしようということ。

イ ひかりの言葉は正しいけれども、受け入れられないということ。

ウ ひかりの発言はもっともであり、何も言い返せないということ。

エ ひかりを信じて、ふじもんからの謝罪を受け入れるということ。

オ 夜も遅いため、インターホン越しに話をしたくないということ。

- 19 -

問七　次に示すのは、この文章の表現について七人の児童が話し合っている場面です。本文の表現を正しく理解している発言を次の中から二つ選び、記号で答えなさい。

ア　みちるさん——会話によってそれぞれの人物の思いが少しずつわかってくるね。＝＝＝線（a）の「何かにひるんだように声をつまらせる」というのはふじもんの気持ちに気づけなかった亜梨沙が申し訳なく感じていることを表しているよ。

イ　やえこさん——そして、＝＝＝線（b）でふじもんの声がふるえているのは、亜梨沙の気持ちを知らなかったはずがないと言われて、勇気をふりしぼって自分の非を認めて本当の気持ちを話そうとしたからだね。

ウ　ゆきのさん——そうなのかな。＝＝＝線（c）で亜梨沙が「不自然なほど明るい声」を出しているのは、ふじもんのことをまだ許せない気持ちが自分の中にあるのを隠して発言しようとしているからだと思うよ。

エ　だいきさん——そんな亜梨沙に対してひかりは＝＝＝線（d）で何も返せずまごついてしまっているね。亜梨沙に本音を言い当てられてしまって、反論する気力もなくなってしまったんだ。

オ　ゆたかさん——そのあとのひかりの発言で展開が変わったね。＝＝＝線（e）の「亜梨沙の声にかすかなふるえが混じっているような、そんな気がした」という表現からは、ひかりの言葉に動揺した亜梨沙がそれを隠そうとしている様子が伝わってくるよ。

カ　けんとさん——そして、＝＝＝線（f）の「さーやじゃなくて、私の言葉を聞いてよ」というひかりの言葉は、さーやばかりを信じて自分を信じてくれない亜梨沙へのひかりの怒りが表れているね。その後のまくしたてるような質問の連続にひるんだ亜梨沙は何も答えられなくなっているね。

キ　しおりさん——このあと亜梨沙とひかりの気持ちは最終的に通じ合うのかな。＝＝＝線（g）でひかりが思っていることと、＝＝＝線（h）で亜梨沙が実際に発した言葉がほとんど同じであることがそれを暗示してるよ。

問八 ……線「私は――私達は、バッタじゃない。たとえそうだったとしても、そうじゃない、と言いたい」とありますが、この言葉にはひかりのどのような気持ちがこめられていますか。九〇字以上一〇〇字以内で説明しなさい。

【三】 次の各文の――線のカタカナを、漢字に改めなさい。
（とめ・はね・はらいもふくめて、一字一字ていねいに書きなさい。）

① 助けてもらったことを恩に**キ**る。

② あの人は**セイライ**のはたらきものだ。

③ 事態の**シュウシュウ**がつかない。

④ **キョクチ**的な大雨に見舞(みま)われる。

⑤ 徳川ゆかりの地を**タンボウ**する。

⑥ 店員が**ブアイソウ**だった。

2024 年度

南山中学校女子部　入学試験問題

算　数

【　注意　】

1．試験開始の合図があるまで、この問題冊子の中を見てはいけません。

　　試験開始まで、この【　注意　】をよく読んでください。

2．試験時間は５０分です。

3．解答用紙の受験番号、名前は最初に記入してください。

4．この問題冊子は１１ページで、問題は 1 ～ 15 です。

5．試験開始の合図後、問題冊子や解答用紙に印刷が悪くて見にくいところや汚れなどのある場合は、だまって手をあげて監督の先生に知らせてください。

6．答えはすべて解答用紙に書いてください。

7．計算用紙はありません。各問題の余白で計算してください。

8．指定がない問題の円周率は３．１４とします。

9．試験終了後は解答用紙のみを提出し、問題冊子は持ち帰ってください。

$\boxed{1}$

次の計算をしなさい。

（1） $3-\left(1\dfrac{1}{5}-0.75\right)\div\dfrac{3}{4}$

（2） $\dfrac{3\times 33}{6}+\dfrac{4\times 44}{8}+\dfrac{6\times 66}{12}$

（3） $99\times 100\times 101\times\left(\dfrac{101}{100}-\dfrac{102}{101}\right)$

（4） $2024\times 2024\times 2024-2023\times 2024\times 2025$

（5） $(7.8\times 一万+22.8\times 一万+1.8\times 一万+3.8\times 一万)\div(80\times 一億)\times 百万$

-1-

2

（6）下の表は東海道新幹線の駅間のきょりを表したものです。

　　ただし，単位の km は省略してあります。たとえば，東京駅と品川駅との
　　きょりは 7 km，新横浜駅と京都駅とのきょりは 450 km です。このとき，
　　新横浜駅と新大阪駅とのきょりをもとめなさい。

東京					
7	品川				
	19	新横浜			
342			名古屋		
		450		京都	
			173		新大阪

3

（7）花子さんは 4 人家族です。納豆のパックが 3 パックあり，これを 4 人で
　　分けます。お父さんとお母さんは同じ量の納豆を食べます。花子さんと弟
　　の太郎くんは，それぞれお父さんの $\frac{2}{3}$ の量だけ納豆を食べます。お父さん
　　は納豆を何パック分食べますか，分数で答えなさい。

4

（8）花子さんは8時に家を出て1000 m先の学校まで，分速60 mの速さで歩いて登校します。歩いているとちゅうで忘れ物に気づいたので，分速80 mの速さで家にもどり，分速80 mの速さで再び学校に向かいました。学校についたのは8時半より前だったのでちこくをせずにすみました。花子さんが忘れ物に気づいたのは8時から8時何分までの間ですか。ただし，家で忘れ物をとるのにかかる時間は考えないものとします。

-3-

5

（9）イベントなどに来場した人数を表すものとして，のべ人数と実人数があります。

　　例えば，3日間行われるイベントで3日間とも入場した人が7人，
2日間だけ入場した人が5人，1日だけ入場した人が4人であるとき，
　　　　　のべ人数は　$3 \times 7 + 2 \times 5 + 1 \times 4 = 35$（人）
　　　　　実人数は　$7 + 5 + 4 = 16$（人）
となります。

　　あるグループのコンサートが3日間行われました。
3日間で のべ 135000人が来場しましたが，1人で2日間あるいは
3日間とも来場した人がいたため，実人数はこの人数よりも少ないです。
　　コンサートに来場した人のうち，2日間だけ来場した人は1日だけ来場
した人の $\dfrac{1}{4}$，3日間とも来場した人は2日間だけ来場した人の半分でした。
このコンサートに来場した実人数は，何人だったのでしょうか。

6

（１０）ある月のカレンダーでは，金曜日の日付の数字の合計は 85 です。
　　　この月の３回目の日曜日は何日になりますか。

7

（１１）たて３個，横３個のそれぞれのマス目に１，２，３の数字を入れて
　　　いきます。たて，横の並びには同じ数字を１回しか使えないとします。
　　　このような入れ方は，何通りありますか。下図は入れ方の一例です。

1	2	3
2	3	1
3	1	2

-5-

8

（１２）　$84 \times 84 + Ⓐ \times Ⓐ = 91 \times 91$ をみたす整数 Ⓐ をもとめなさい。

9

すごろくで，1～6の目のあるサイコロをふって，出た目の数だけ進みます。
ゴールにちょうどたどり着く進み方が何通りあるかを考えます。
例えば下の図のように2マス先がゴールだった場合は，「1→1」と進む場合
と「2」と進む場合の2通りです。

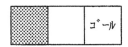

（13）4マス先がゴールだった場合，ちょうどたどり着く進み方は何通りで
　　　すか。

（14）7マス先がゴールだった場合，ちょうどたどり着く進み方は何通りで
　　　すか。

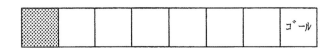

10

（１５）一辺の長さが１cm の正六角形と正八角形は，図のように一辺がぴっ
　　　　たりと重なっています。図にある頂点Ａ，ＢおよびＣ，Ｄを通る直線を
　　　　引いたとき，角アの大きさをもとめなさい。

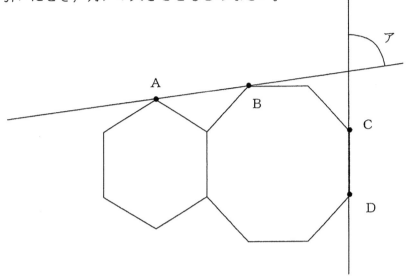

11

（１６）図のように一辺の長さが４cm の正方形ＡＢＣＤがあります。辺ＡＢ
　　　　および辺ＡＤ上に点Ｅ，Ｆをとり，ＡＥ＝ＦＤ＝３cm とします。この
　　　　とき，四角形ＦＧＣＤの面積をもとめなさい。

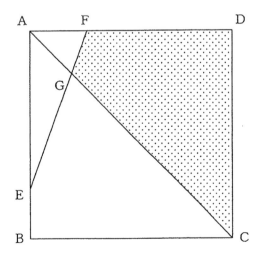

12

（１７）図のように三角形ＡＢＣがあり，辺ＡＢのまん中に点Ｄを取ります。また点Ａから辺ＢＣに垂直に線を引き辺ＢＣと重なった点をＥとすると，ＡＤ＝ＡＥとなります。このとき，角アの大きさをもとめなさい。

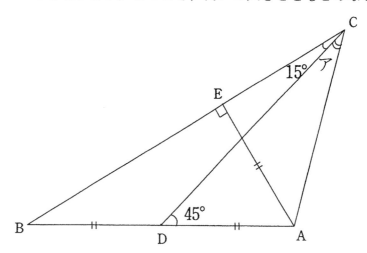

13

（１８）立方体を下の面に平行な平面で切って２つの直方体に分けたところ，表面積の比は１：２になりました。立方体の一辺の長さは小さい方の直方体の高さの何倍になりますか。

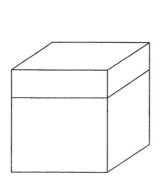
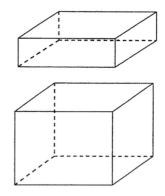

（１９）一番長い辺ＡＣの長さが 17 cm，その他の２辺の長さの和が 23 cm
　　　　となるような直角三角形ＡＢＣの面積をもとめなさい。

　　　　必要があれば，正方形が２つかかれている下図を使ってもかまいません。

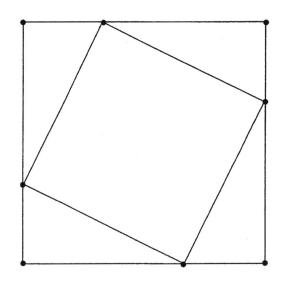

（２０）（１９）の直角三角形ＡＢＣにおいて，辺ＢＣの長さをもとめなさい。

　　　　ただし，辺ＡＢの長さは辺ＢＣの長さより短いとします。

15

（21）コンパスを使って円を2個かき，定規を使って直線を2本引きます。
このとき，この2本の直線が平行となるように作図しなさい。ただし，
かいたものは消さないでそのまま残しておくこと。また，かき方の手順
を説明のらんに書きなさい。

注意

・かいた円（または円の一部）の中心（コンパスの針をさしたところ）
に ✕ 印をかくこと。

・定規は定まった2点を通る直線を引くことだけに使用すること。

2024 年度

南山中学校女子部　入学試験問題

社　会

【　注意　】

1　試験開始の合図があるまで，この問題冊子の中を見てはいけません。
　　試験開始まで，この【　注意　】をよく読んでください。

2　試験時間は５０分です。

3　解答用紙の受験番号，名前は最初に記入してください。

4　この問題冊子は１９ページで，問題は $\boxed{1}$ ～ $\boxed{3}$ です。

5　試験開始の合図後，問題冊子や解答用紙に印刷が悪くて見にくいところや汚れなどのある場合は，だまって手をあげて監督の先生に知らせてください。

6　答えはすべて解答用紙に書き，記号で答えるものはすべて記号で答えなさい。漢字の指定のあるものはかならず漢字で書きなさい。

7　試験終了後は解答用紙のみを提出し，問題冊子は持ち帰ってください。

1 「観光」から見える地域の特色や社会の課題について，あとの問いに答えなさい。

問1　次の①〜④は，観光にかかわる用語で，下の**ア〜エ**の文は，①〜④の用語のいずれかを説明したものです。①〜④にあてはまる文として最も適当なものを，**ア〜エ**からそれぞれ選びなさい。

①インバウンド　②ワーケーション　③オーバーツーリズム　④コンテンツツーリズム

ア　仕事と休暇の2つを組み合わせてできた言葉で，自分の家以外の観光地やリゾート地などで休暇をとりながら仕事をすること。

イ　映画やドラマ，アニメ，ゲーム，音楽，小説，漫画などの作品の舞台を訪れる旅行のこと。

ウ　海外から外国人が訪れてくる旅行のこと。

エ　たくさんの観光客が訪れるようになって，地域住民の生活や自然環境，見晴らしなどに良くない影響がおよぶこと。

問2　北海道では，各地でさまざまな観光資源がみられます。下の**ア〜エ**の文は，図中の上川町，紋別市，函館市，釧路市のいずれかの観光資源について述べたものです。上川町と紋別市にあてはまる文を，**ア〜エ**から1つずつ選びなさい。

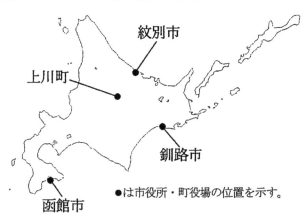

紋別市

上川町

釧路市

函館市

●は市役所・町役場の位置を示す。

ア　遠くまで広がる湿原をながめながら，タンチョウなどの貴重な野生生物を観察できる。

イ　展望台からの夜景や活気あふれる朝市，五稜郭跡といった史跡など見どころが多い。

ウ　標高2,000m級の山々があり，9月中旬から下旬には日本で最も早いといわれる紅葉が見ごろをむかえる。

エ　例年，1月下旬から3月中旬に流氷を見ることができ，この時期に合わせて「流氷まつり」が開かれている。

問3　工業や農業が観光と結びついた「産業観光」について，（1）（2）に答えなさい。

（1）次の資料は，産業観光をおしすすめる日本のある都市に関するもので，資料中の（　X　）には都市名が，（　a　）には工業の種類があてはまります。（　X　）と（　a　）にあてはまるものの正しい組み合わせを，下のア〜エから１つ選びなさい。

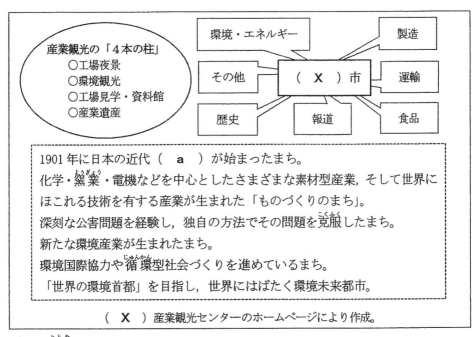

産業観光の「4本の柱」
○工場夜景
○環境観光
○工場見学・資料館
○産業遺産

環境・エネルギー　　製造

その他　　　（　X　）市　　運輸

歴史　　報道　　食品

1901年に日本の近代（　a　）が始まったまち。
化学・窯業・電機などを中心としたさまざまな素材型産業，そして世界にほこれる技術を有する産業が生まれた「ものづくりのまち」。
深刻な公害問題を経験し，独自の方法でその問題を克服したまち。
新たな環境産業が生まれたまち。
環境国際協力や循環型社会づくりを進めているまち。
「世界の環境首都」を目指し，世界にはばたく環境未来都市。

（　X　）産業観光センターのホームページにより作成。

ア　X：豊田　　a：自動車工業　　　　　イ　X：山形　　a：ＩＣ産業
ウ　X：千葉　　a：産業用ロボット工業　エ　X：北九州　a：製鉄業

（2）日本各地の農業観光について述べた文として下線部が**適当でないもの**を，次のア〜エから１つ選びなさい。

ア　福岡県内の平野部は，気温が高くなる夏休みの時期を旬とするいちごの温室栽培がさかんで，雨の日でもいちご狩りが体験できる。

イ　甲府盆地は，日当たりと水はけの良い扇状地の斜面を利用したぶどう農園が広がり，数種類を食べくらべながらぶどう狩りを楽しむことができる。

ウ　香川県の小豆島は，年間を通じて雨の少ない気候を生かしたオリーブの栽培がさかんで，果実の収穫やオイル作りなどを体験できる農園や施設が多くある。

エ　長野県安曇野市は，清らかで冷たい湧き水が豊富であることからわさびの生産がおこなわれていて，直売店をそなえたわさび農園に多くの人が訪れている。

2

問4 次の表は,「地域の特色を学ぶ」をテーマとする周遊旅行の行程表です。この行程表を見て,(1)～(4)に答えなさい。

1日目	名古屋発 ＝ 岐阜県郡上市 ＝ ①白川郷 ＝ ②富山市内観光 [富山市内泊]
2日目	富山市 ＝（ a ）市 ＝ 長野県白馬村 ＝ 松本市内観光 [松本市内泊]
3日目	松本市 ＝ 諏訪湖 ＝ 飯田市・（ b ）川の舟下り ＝ 岐阜県中津川市 ＝ 名古屋着

＝ 自家用車

（1）行程表中の下線部①について,次の資料1は,合掌造りの住居がほぼ同じ向きでならぶ荻町集落を北から南に向かって撮影した写真です。資料2は,資料1にある合掌造りの住居の一つをイラストにしたもので,「屋根面」の向きと方位との関係を示しています。資料3は,白川郷の位置する白川町の月別平均気温と月別降水量のグラフです。資料2にあるように,合掌造りの住居の「屋根面」が東西に面しているのはなぜですか。資料3を用いて考えられることを述べなさい。

資料1

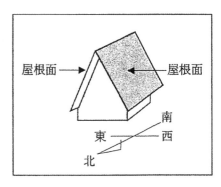

資料2

資料3は気象庁の資料により作成。

資料3

（2）行程表中の下線部②について，富山市を訪れる観光客の多くは富山湾でとれるおいしい海産物を食べることを楽しみにしています。次の表は，富山湾の代表的な海産物のとれる時期と漁法を示したもので，表中の**X**～**Z**は，ベニズワイガニ，ホタルイカ，ブリのいずれかです。**X**～**Z**と海産物との組み合わせとして最も適当なものを，下の**ア**～**カ**から1つ選びなさい。

（月） 1 2 3 4 5 6 7 8 9 10 11 12	漁法
X	回遊してきたところを大型・小型の定置網でねらう。
Y	卵を産む時期に岸辺近くまで上がってきたところを小型定置網でねらう。
Z	深海の海底にすむ獲物を傷つけないようにたくさんのカゴを使ってとる。
シロエビ	海底にある水深300mの谷にすむ獲物を小型底びき網でとる。

▬▬▬…とれる時期を示す。

富山市観光協会『富山市の観光資源』などにより作成。

ア **X**：ベニズワイガニ **Y**：ホタルイカ **Z**：ブリ

イ **X**：ベニズワイガニ **Y**：ブリ **Z**：ホタルイカ

ウ **X**：ホタルイカ **Y**：ベニズワイガニ **Z**：ブリ

エ **X**：ホタルイカ **Y**：ブリ **Z**：ベニズワイガニ

オ **X**：ブリ **Y**：ベニズワイガニ **Z**：ホタルイカ

カ **X**：ブリ **Y**：ホタルイカ **Z**：ベニズワイガニ

（3）行程表中の（**a**）は，日本列島がつくられた過程について学べる世界ジオパークがあることで知られています。（**a**）にあてはまる都市名を，次の**ア**～**エ**から1つ選びなさい。

ア 福井 **イ** 輪島（石川県） **ウ** 金沢 **エ** 糸魚川（新潟県）

（4）行程表中の（**b**）川は，諏訪湖を水源にもち，飯田市などを南に流れくだって長野県を出たあと，愛知県と静岡県を通って太平洋へ注ぎます。飯田市では，この河川がつくった峡谷が名勝地となっていて，そこで観光客が体験できる舟下りは，木材から舟をつくる技術と舟をあやつる技術をあわせて飯田市民俗文化財に指定されています。（**b**）にあてはまる河川名を答えなさい。

4

問5　観光地として有名な鳥取砂丘について興味をもったルカさんは，調べて分かったことを次のような関係図にまとめました。この図を見て，（1）（2）に答えなさい。

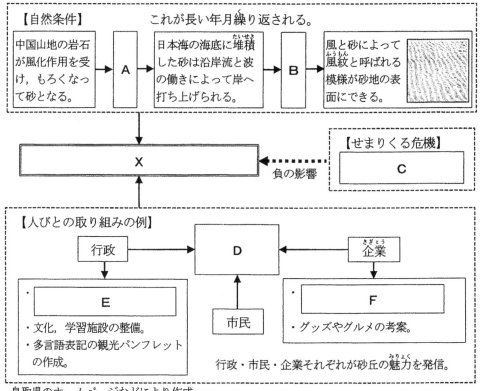

鳥取県のホームページなどにより作成。

（1）図中の**A〜F**にあてはまる内容として最も適当なものを，次の**ア〜カ**から1つずつ選びなさい。

ア　ボランティア除草の実施および参加。

イ　ホテルや旅館，飲食店，みやげもの店などの商業施設の充実。

ウ　岸に打ち上げられた砂が，強い北西の季節風によって内陸へ運ばれる。

エ　外来植物が根をはって育つようになり草原化する。

オ　落書きやゴミ捨ての禁止などを含む条例の制定。

カ　砂は雨に流されて千代川によって運ばれ，日本海へ流れ出る。

（2）図中の**X**にあてはまる，この図の見出しとして最も適当なものを，次の**ア〜エ**から1つ選びなさい。

ア　穴場はここ！　鳥取砂丘周辺の観光スポットを紹介！

イ　行きたくなる！　鳥取砂丘の美観のひみつ！

ウ　意見はさまざま！　鳥取砂丘の大規模リゾート開発！

エ　もう過疎じゃない！　鳥取砂丘で人口増加！

問6 次の2つの図は，観光客が多く訪れる日本のある都市の様子について，図1は等高線を，図2は道路を取り上げて示したものです。この2つの図を見て，（1）（2）に答えなさい。

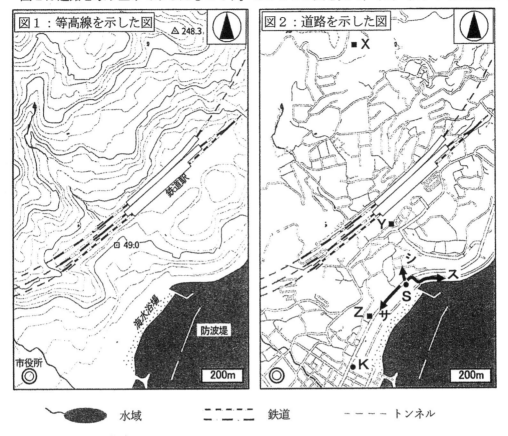

地理院地図により作成。

（1）次の①～③の文は，図2中の**X**～**Z**のいずれかの地区の様子について述べたものです。**X**～**Z**と①～③の組み合わせとして最も適当なものを，下の**ア**～**カ**から1つ選びなさい。

①屋根付きの商店街に飲食店やみやげもの店などが数多く集まっている。
②リゾートホテルや所得の高い人向けのマンションが立ち並んでいる。
③海を一望できる静かな高台にカフェやレストランをそなえた美術館が建っている。

ア X：① Y：② Z：③ 　　　**イ** X：① Y：③ Z：②
ウ X：② Y：① Z：③ 　　　**エ** X：② Y：③ Z：①
オ X：③ Y：① Z：② 　　　**カ** X：③ Y：② Z：①

6

（２）この都市では，土地に慣れていない観光客に向けた災害
　　対策として，図２中の地点**K**に建つビルに，右の写真に示し
　　た標識がそなえつけられています。

　　写真中の「●●注意」「●●避難ビル」の●●には同じ語句
　が入ります。●●にあてはまる災害の名称を答えなさい。ま
　た，この災害が発生した場合に，図２中の地点**S**から，でき
　るだけ安全に歩いて逃げることができる方向を示すものを，
　図２中の矢印**サ～ス**から１つ選びなさい。

2 次の文章を読み，あとの問いに答えなさい。

　残念ながら，①現在も世界各地で戦争や紛争がおこっています。また，②戦争や紛争が終わっても多くの人が被害を受けています。

　日本の歴史をふりかえってみると，多くの争いがありました。③むらとむらとの争いが始まったのは米づくりが広まってからです。④大和朝廷は軍事力をつかって支配を拡大していきました。平安時代の終わりごろから⑤武士が政治をおこなうようになりました。武士が政治をおこなう時代は江戸時代まで続きます。

　明治時代になり，⑥日本は富国強兵をスローガンに工業化を進め軍事力を強化しました。そして日清戦争，⑦日露戦争にあいついで勝利して，満州の権利と利益を獲得し，⑧朝鮮半島を植民地支配しました。

　その後，中国では清が滅び中華民国が誕生しました。新しくなった中国は，欧米の国ぐにや日本に奪われていた権利や利益を回復しようとしました。しかし日本は満州での権利や利益を中国に返さず日本が独占したいと考えました。そこで，世界的な不景気で日本も苦しんでいる最中に満州事変をおこしました。戦争は拡大し，1945年まで続きました。

　またヨーロッパでは，（　⑨　　　　　）が率いるドイツがまわりの国ぐにを侵略し，⑩1939年にイギリスやフランスと戦争になりました。こうして，アジアもヨーロッパも戦場となる第二次世界大戦となりました。

　第二次世界大戦が終わる直前の1945年8月6日に広島，8月9日に長崎にアメリカ軍によって原子爆弾が投下され，言葉では言い表すことができないほどの被害がでました。

　⑪戦後になるとアメリカとソビエト連邦（ソ連）の対立が深まる冷戦となりました。アメリカやソ連など核兵器を持っている国は核実験を繰り返し，多くの人が被害を受けました。

　冷戦が終わった現在でも，世界には多くの核兵器があります。一方で多くの人が核兵器のない世界をめざし，活動しています。そのような人たちの活動が実を結び，2017年に⑫核兵器禁止条約が国際連合で採択され，2021年に発効されました。

　戦争や紛争のない世界を目指して考え，行動をしている人もたくさんいます。そのような世界を目指すために，私たちは過去から学ばなければいけないのでしょう。

問1　下線部①について，次の新聞記事中の（A）～（C）にあてはまる国名を答え，その位置を，右ページの世界地図中の**ア**～**カ**から選びなさい。国名は正式名称でなくてもかまいません（新聞記事は出題の都合で一部省略されている文があります。また世界地図は大きさの都合で横向きになっています）。

ガザ　死者１万人超す

（A）軍「南北分断」

　パレスチナ自治区ガザ地区をめぐる戦闘が激化し，ガザの死者数が１万人を超えた。ガザを実効支配するイスラム組織ハマスの壊滅を掲げる（A）のネタニヤフ首相は５日，人質の解放なくして「停戦はない」と改めて強調。軍はガザへの空爆を強め，中心都市ガザ市を包囲して市街地への侵攻を続けている。ハマスの（A）攻撃から７日で１カ月になるが，停戦のめどはまったく立っていない。

（2023年11月７日　『朝日新聞』朝刊より）

（B）　迫る全面内戦

抵抗の拠点都市　闘争激化

クーデターから２年半

　アウンサンスーチー氏の‥‥中略‥‥政府が倒されてから８月１日で２年半。（B）は「全面的な内戦に陥る恐れ」（タイのドーン外相）に直面している。‥‥中略‥‥「国民防衛隊（PDF）」はゲリラ的な武装闘争を強め，軍政は市民を巻き込む無差別爆撃を拡大。衝突が最も激しい北部ザガイン地域の市民らは，家族を殺した軍政への深い憎悪を口にし「必ず倒す」と語った。

（2023年８月１日　『中日新聞』朝刊より）

ロシア，（C）に侵攻

首都攻撃，南北から地上部隊

　ロシア軍は24日，（C）への侵攻を開始した。現地メディアによると，首都キエフなどの軍事施設をミサイルで攻撃して制空権を握り，地上部隊が国境を越えて北部や南部に侵攻した。（C）のゼレンスキー大統領はロシアとの国交断絶を宣言。先進七か国（G7）首脳は同日夜，オンライン会議を開き，G7のあらゆるレベルで緊密に連携していくことで一致した。

（2022年２月25日　『中日新聞』朝刊より）

二〇二四年度

国語　解答用紙

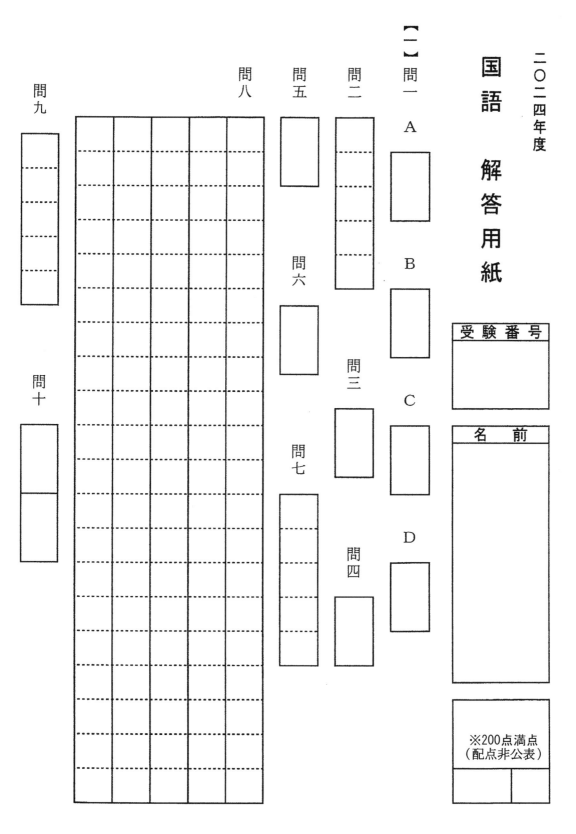

受　験　番　号

名　　前

※200点満点
（配点非公表）

【一】

問一

A

B

C

D

問二

問三

問四

問五

問六

問七

問八

問九

問十

	作図	説明
15 (21)		

受験番号		名前	

※200点満点
（配点非公表）

	[29]				[31]	[32]	[33]	[34]	[35]	[36]
	予想1 表	予想2 表	予想3 表		倍	秒				g

	[37]		
4	物体の		と浮く。

[38]

g

[39]	[40]

4 の [30]

周期〔秒〕 / ふりこの長さ〔cm〕

受験番号	名　前

※200点満点
（配点非公表）

	問7	問8	問9	

(2)	問10	問11	問12
私が描いたのは　　　　　です。			

	問1	問2	問3	問4（1）	問4（2）	問5（1）
3						

問5（2）

問5（3）	問6	問7（1）	問7（2）

受験番号	名　前

※200点満点
（配点非公表）

2024(R6) 南山中（女子部）

2024年度　社会　解答用紙

1

問1				問2		問3（1）	問3（2）
①	②	③	④	上川町	紋別市		

問4（1）

問4（2）	問4（3）	問4（4）	
		川	

問5（1）						問5（2）	問6（1）	問6（2）	
A	B	C	D	E	F			災害の名称	矢印

2

問1					
（A）		（B）		（C）	
国名	記号	国名	記号	国名	記号

問2
から。

問3（1）	問4	問5（1）	問5（2）
■：たてあな住居　　▲：物見やぐら			

【解答

２０２４年度　理科　解答用紙

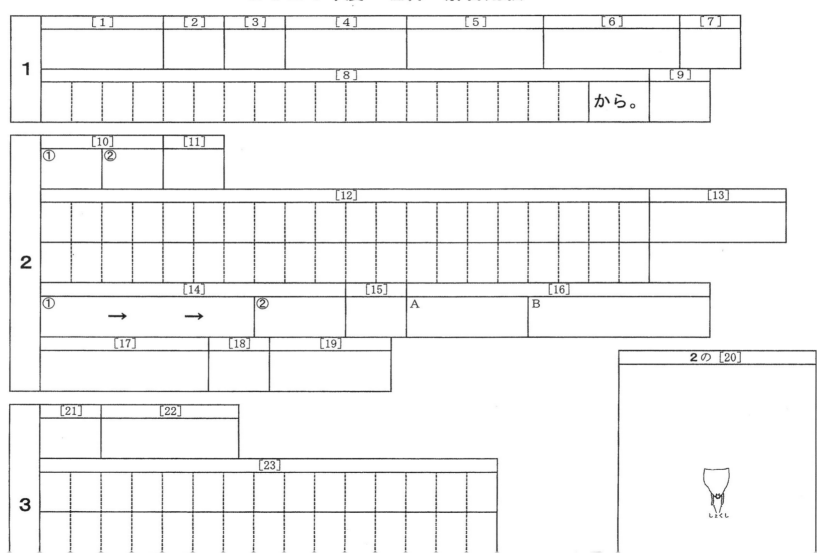

1

[1]	[2]	[3]	[4]	[5]	[6]	[7]

[8] … から。　[9]

2

①[10]　②[11]

[12]　[13]

[14]　①　→　→　②　[15]　[16]　A　B

[17]　[18]　[19]

2の [20]

3

[21]　[22]

[23]

2024 年度　算数　解答用紙

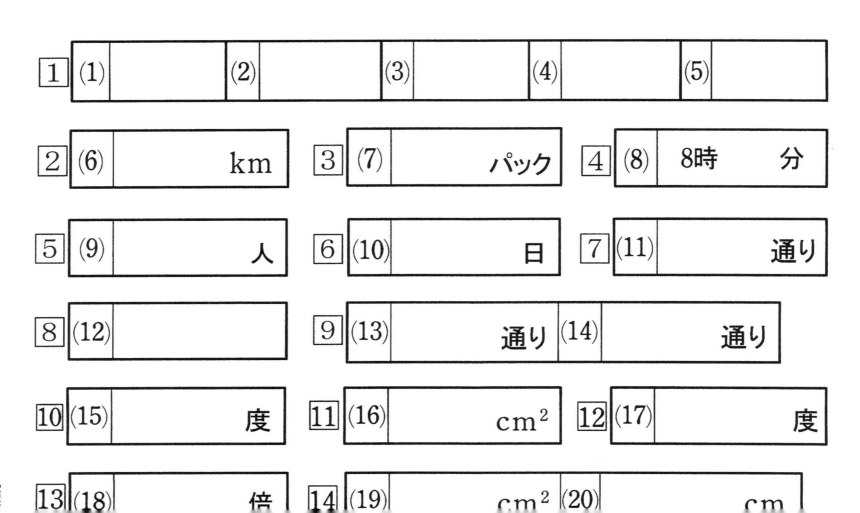

1　(1)　　　(2)　　　(3)　　　(4)　　　(5)

2　(6)　　　km　　3　(7)　　　パック　　4　(8)　8時　　分

5　(9)　　　人　　6　(10)　　　日　　7　(11)　　　通り

8　(12)　　　9　(13)　　　通り　(14)　　　通り

10　(15)　　　度　　11　(16)　　　cm²　　12　(17)　　　度

13　(18)　　　倍　　14　(19)　　　cm²　(20)　　　cm

【三】

④	①
	る
⑤	②
⑥	③

【二】

問一

A

B

C

問二

問三

問四

問五

問六

問七

問八

【解答

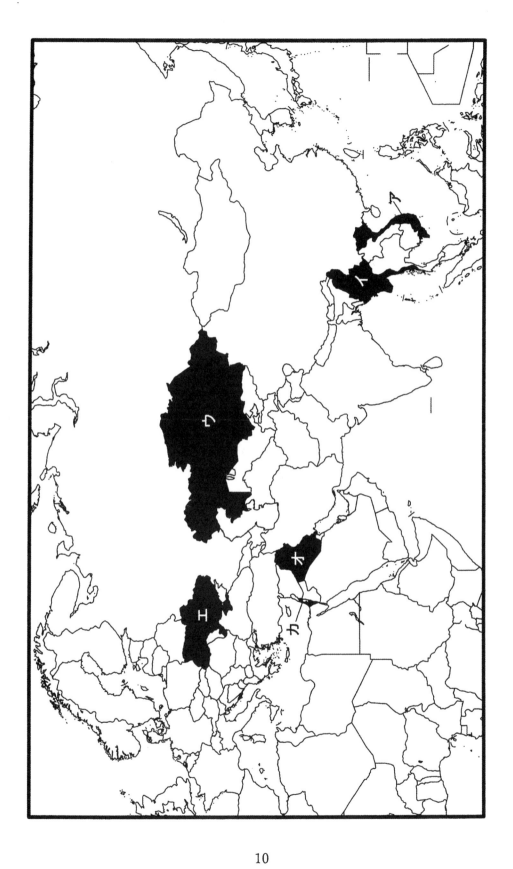

問2　下線部②について，戦争が終わったので故郷の村にもどってきた人が，突然おきた爆発にまきこまれて手や足などを失うことが，世界各地でしばしばおこっています。なぜそのようなことがおこってしまうのでしょうか。戦争や紛争がもたらしたものということをふまえて，解答らんにあてはまるように答えなさい。

問3　下線部③について，日本でむらとむらとの争いがおこるのは米づくりが始まった弥生時代からです。弥生時代の集落は争いに備えているものが多く，その形態には，縄文時代の集落にみられない特徴があります。（1）（2）に答えなさい。

（1）解答らんの図は弥生時代の集落の様子を表しています。物見やぐらは描かれていますが，その他にも争いに備えたものをつくりました。それを描いて図を完成させなさい。

（2）描いたものを，解答らんに言葉で書きなさい。

問4　下線部④について，大和朝廷は東北地方に軍事遠征をおこないました。都から道路をつくり，各地に城や砦を築いています。右の地図は9世紀はじめごろの都からの道路と城のおおよその位置を表しています。地図の読み取りをもとに考えられることを述べたX・Yについて，正誤の組み合わせとして適当なものを，下のア～エから1つ選びなさい。

X　たくさんの城が道路に沿って築かれている。このことから朝廷の支配に東北の人たちは激しく抵抗したこと，また朝廷は道路を利用して軍隊を派遣したことが考えられる。

Y　813年を最後に城がつくられておらず，また道路も本州北端まで伸びていない。このことから，天皇は都に大仏をつくり仏教の力で国を治めようとしたので，東北への軍事遠征を中止したと考えられる。

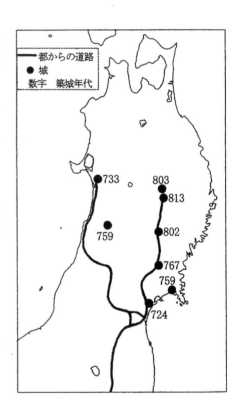

ア　X：正　Y：正　　　　イ　X：正　Y：誤
ウ　X：誤　Y：正　　　　エ　X：誤　Y：誤

問5　下線部⑤について，（1）～（4）に答えなさい。

（1）鎌倉幕府が開かれてから80年余りたった時，元の大軍が2度にわたり九州北部に攻め
てきました。元軍は日本の武士たちの必死の戦いや暴風雨などにより，撤退しました。しか
し鎌倉幕府は（　　　　　　）。そのためもあり武士たちは幕府に不満を持つようになりまし
た。（　　　　　　）にあてはまる文として最も適当なものを，次のア～エから1つ選びなさい。

　ア　活躍した武士たちに新しい領地を与えることはできませんでした
　イ　活躍した武士たちに将軍との面会を許可しませんでした
　ウ　借金を抱えた武士たちに高い利息をつけてお金を貸し，大もうけしました
　エ　活躍した武士たちが捕虜にした元の兵士を，家臣とすることを許可しませんでした

（2）15世紀半ばに室町幕府が衰えると，戦国大名とよばれる各地
の武将が，自分の支配する土地を守るため城を築き，勢力を争う戦国時
代となりました。戦国時代は100年以上続きます。終わりごろに登場し
た織田信長は，天下統一に大きく近づきました。右は彼が使った印で
す。印に書かれている言葉を，漢字4文字で答えなさい。

（3）戦国時代にはポルトガル人やスペイン人が日本にやってきて，キリスト教を
広めました。彼らとの貿易を活発にしたい戦国大名がキリスト教を保護したこと
もあり，たくさんの人がキリスト教徒になり，各地に教会堂が建てられました。
右の写真は京都にある石碑で，かつて教会堂が建てられた場所にあります。「此
付近 ▢▢▢ 寺跡」と刻まれています。▢▢▢ にあてはまる言葉を答えなさい。

（4）江戸時代について述べた文として適当でないものを，次のア～エから1つ
選びなさい。
　ア　徳川家康は大阪の豊臣氏を滅ぼすとともに，全国に一国一城令を出し，大名
　　が住む城以外の城の破壊を命じた。目的の一つは，大名の軍事体制を弱体化さ
　　せることにあった。
　イ　徳川家光が将軍のころ，大名の領地と江戸との間を行き来する参勤交代の制
　　度が整った。目的の一つは，大名にお金を使わせて幕府に反乱を起こさせない
　　ようにすることにあった。
　ウ　北海道では，アイヌの人びとが狩りや漁で得たものを日本や中国の商人と取引をしてい
　　たが，日本の商人は不正な手段で取引をしてアイヌの人びとを追いつめた。不満を爆発さ
　　せたアイヌの人びとはシャクシャインに率いられ松前藩と戦ったが，鎮圧された。
　エ　アメリカ合衆国のペリーが4せきの軍艦を率いて浦賀に現われたとき，薩摩藩と長州
　　藩の武士たちは，ペリーの軍艦を攻撃したが大敗した。外国との力の差を痛感した薩摩藩
　　と長州藩は，幕府を倒して新しい政府をつくる運動をはじめた。

問6　下線部⑥について，次のグラフは1885年と1913年の日本における輸出入品目の割合を示しています。各グラフを参考にして，**ア**にあてはまる品目を答えなさい。

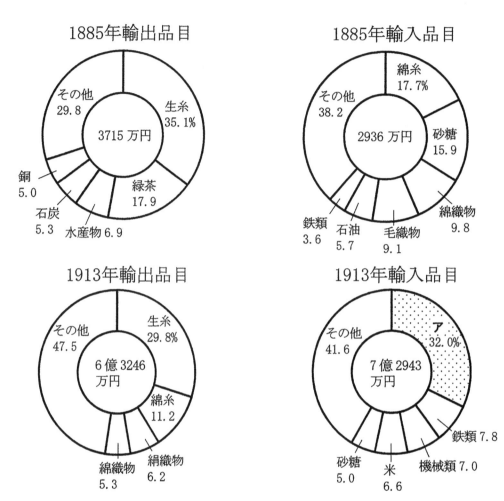

『日本貿易精覧』により作成。

問7　下線部⑦について，日露戦争と日本が手にした満州の権利と利益に関して述べた文として最も適当なものを，次の**ア〜エ**から1つ選びなさい。

ア　日本軍はロシア領だったシベリアに攻めこみ，ロシア軍と激しく戦った。

イ　日本軍は兵力不足を補うため，すでに日本領であった朝鮮から多くの兵を集めた。

ウ　日本艦隊は，イギリスの支援を受けたロシア艦隊を，日本海で打ち破った。

エ　日本は講和条約で，ロシアが満州につくった鉄道の権利を獲得した。

問8 下線部⑧について，日本と朝鮮との関係を述べた文として**適当でないもの**を，次の**ア**〜**エ**から１つ選びなさい。

ア 古墳時代，中国や朝鮮半島から日本列島へわたってきて住みつく渡来人がたくさんいた。彼らは，のぼりがまによる土器の製法などの進んだ技術や文化を日本にもたらした。

イ 安土桃山時代，豊臣秀吉は朝鮮を侵略した。朝鮮の国土は破壊され，多くの人が殺されたり日本に連れてこられたりした。連れてこられた人の中にはたくさんの陶工がいた。彼らが技術を伝え，西日本各地で優れた焼き物がつくられるようになった。

ウ 江戸時代，朝鮮通信使が将軍の代替わりの時などにやってきた。江戸までの道中，通信使一行は各地で歓迎され，日本の文化人たちと交流した。朝鮮通信使が伝えたとされる踊りが，岡山県牛窓市などに伝わっている。

エ 1923年，関東大震災がおこり東京や横浜は大混乱となった。朝鮮出身の人たちは武器を持ち自分たちが住んでいる地域を警備した。そのため日本人から敵視され，多くの朝鮮出身の人たちが襲われ殺された。

問9 下線部⑨の空らんにあてはまる人名を答えなさい。

問10 下線部⑩について，1939年より後の出来事を，次の**ア**〜**オ**から**２つ**選びなさい。

ア 日本軍は満州を占領し，満州国として中国から無理やり独立させた。

イ 日本軍は中国の首都南京を占領し，武器を捨てた兵士や，女性や子どもを含む多くの中国人を殺害した。

ウ 日本はアメリカ・イギリスとの戦争を始めた。

エ 日本は国際連盟を脱退した。

オ 日本は石油などの資源を得るために，東南アジアに軍隊を進めた。

問11 下線部⑪について，第二次世界大戦後の世界の様子を述べた文として**適当でないもの**を，次の**ア**〜**エ**から１つ選びなさい。

ア ドイツはアメリカが支援する西側と，ソ連が支援する東側に分かれ，対立していた。東西のドイツが統一したのは冷戦終了後の1990年である。

イ 日本はサンフランシスコ平和条約に調印し，翌年主権を回復した。しかしこの条約に調印したのは主に西側諸国であり，ソ連など東側諸国は調印しなかった。

ウ ベトナムはアメリカが支援する南側と，ソ連や中国が支援する北側に分かれて激しく戦った。最終的にアメリカが支援する南側が勝利をおさめ南北を統一し，現在のベトナムが成立した。

エ アメリカは太平洋のマーシャル諸島で水爆実験をおこなった。漁をおこなっていた日本の漁船・第五福竜丸の乗組員は全員被ばくした。

問12　下線部⑫について述べた文として**適当でないもの**を，次の**ア〜エ**から１つ選びなさい。

ア　核兵器を持っている国は，条約に参加していない。日本はアメリカと同盟関係にあるが，核兵器を持っている国と持っていない国を結びつけるため，参加している。

イ　条約では，核兵器を持っている国が，敵対している国に対して「核兵器を使うぞ」とおどしをかけることは，禁止されている。

ウ　条約の前文には「被爆者」という言葉が書かれている。被爆者が経験した受け入れがたい苦しみについて述べられており，また核兵器を廃絶するために被爆者がおこなっている努力をたたえている。

エ　条約の成立には，ＩＣＡＮ（核兵器廃絶国際キャンペーン）という組織が大きな役割をはたした。ＩＣＡＮは各国の政府や自治体だけでなく，多くの市民とともに核兵器の非人道性を訴える世界的な活動をした。そのことが評価されノーベル平和賞を受賞した。

K 教英出版

3 次の文章を読み，あとの問いに答えなさい。

　南山学園は「人間の尊厳のために」を教育モットーに掲げる学校です。「人間の尊厳」とは
キリスト教精神にもとづき，「①一人ひとりの人間は，みなかけがえのない存在であり，ひと
しく大切にされるべきである」という考えかたです。そのため，②自分の幸せや利益だけでは
なく，自分の周りに生きるすべての人が幸せに生きられるように働きかけることを大切にして
います。この「人間の尊厳」という考え方は，③日本国憲法でも大切にされています。
　日本国憲法は，④私たちにさまざまな権利を保障していますが，⑤義務についてもいくつか
定めがあります。誰もがひとしく幸せに生きられる社会の実現にむけて，「共に生きる」とい
う姿勢が大切とされています。

問1　下線部①は日本国憲法では「個人の尊重」といわれ「人権」の根源にある考え方です。
　　日本の人権の歴史について述べた文として最も適当なものを，次のア〜エから1つ選びなさ
　　い。
　ア　江戸時代の初めに，福沢諭吉や中江兆民らが欧米の人権思想を日本に伝えた。
　イ　明治時代の終わりごろにひろがった自由民権運動では，人権の考え方に影響を受けた
　　　人々が，自分たちで憲法をつくろうとした。
　ウ　大日本帝国憲法では主権は国民にあるとされ，人権の範囲は大きくひろがった。
　エ　日本国憲法では男女平等が認められ，女性も参政権を持つようになった。

問2　下線部②は，「基本的人権の尊重」ともいえます。基本的人権の一つである「社会権」と
　　最も関係がある文を，次のア〜エから1つ選びなさい。
　ア　会社員の私は，毎日残業しているので，残業代を多く払ってもらえるように会社と交渉
　　　する。
　イ　私は家族で戦争に反対する集会に参加し，「戦争反対」のプラカードを持ってデモンスト
　　　レーション（デモ）をおこなった。
　ウ　私は，ある私立大学の医学部が入学試験の合否基準を男女で異なるものにしていたとい
　　　うニュースを聞いて，不公平で許されないと感じた。
　エ　私の母はカトリックを信仰しているが，私は自分の宗教は自分で決めようと思っている。

問3　下線部②の姿勢は，自分が暮らす場所や国だけで終わるわけではありません。国連難民高等弁務官として，2000年まで活躍した緒方貞子さんは「国際社会の中で，日本がどのような貢献ができるのかが問われている」と発言しています。日本のODA（政府開発援助）の活動を説明した文として最も適当なものを，次のア～エから1つ選びなさい。

ア　日本の医療関係者の中には，国境なき医師団に参加し世界の国と地域で危機におちいっている人々へ医療援助をおこなっている人がいる。

イ　教育や医療，農業などの分野で知識や技術を持った日本の人々が，青年海外協力隊としてさまざまな地域で活躍している。

ウ　日本は国際連合に加盟し，自衛隊は国連の平和維持活動に関わっている。

エ　日本の自動車会社は，海外に自動車の組み立て工場をつくり，現地で多くの人をやとっている。

問4　下線部③の前文には日本国憲法の3つの柱が示されています。次の日本国憲法前文の一部を読み，（1）（2）に答えなさい。

‥‥日本国民は，**a** 正当に選挙された国会における代表者を通じて行動し，われらとわれらの子孫のために，　　**X**　　との協和（心や力を合わせて仲良くすること）による成果と，我が国全土にわたって自由のもたらす恵沢（めぐみを受けること）を確保し，　　**Y**　　の行為によって再び戦争の惨禍が起こることのないようにすることを決意し，ここに主権が国民に存することを宣言し，この憲法を確定する。‥‥

（1）下線部**a**は，「自分たちの考えを代表する人を選び，代表者が議会に集まってさまざまな決定をおこなっていること」を指しています。私たちのことを私たちの話し合いによって決めることを〇〇主義といいます。〇〇にあてはまる語句を漢字2文字で答えなさい。

（2）　　**X**　，　　**Y**　　にあてはまる語句の組み合わせとして正しいものを，次のア～エから1つ選びなさい。

ア　X：諸国民　　　　Y：政府

イ　X：諸国民　　　　Y：国際社会

ウ　X：日本国民　　　Y：政府

エ　X：日本国民　　　Y：国際社会

問5　下線部④について，だれもが安心して幸せに生活することを実現するために国が果たすべき役割は大きいです。例えば，一人一人の権利を守るために法律を整備することも国の役割です。次の図は，法律ができるまでの過程を示しています。これに関する（1）～（3）に答えなさい。

A 法律案	→	B 衆議院	→	C 参議院	→	D 成立
			可決		可決	

（1）図中の**A**について，法律案は国会で審議され成立します。そのため日本国憲法では，「国会は国権の最高機関であり，国の唯一の　　　　　機関である」とされています。　　　　にあてはまる語句を答えなさい。

（2）図中の**B**と**C**について，国会は２つの議院から構成されています。２つ議院がある理由を説明しなさい。

（3）図中の**D**について，次の文は，法務省のホームページにある近年に成立したある法律の説明文の一部です。　　　　には全て同じ語句が入ります。　　　　にあてはまる語句を答えなさい。

特定の国の出身者であること又はその子孫であることのみを理由に，日本社会から追い出そうとしたり危害を加えようとしたりするなどの一方的な内容の言動が，一般に　　　　と呼ばれています。　　　　は，人々に不安感や嫌悪感を与えるだけでなく，人としての尊厳を傷つけたり，差別意識を生じさせることになりかねません。多様性が尊重され，不当な差別や偏見のない成熟した共生社会の実現を目指す上で，こうした言動は許されるものではありません。民族や国籍等の違いを認め，互いの人権を尊重し合う社会を共に築きましょう。

（　　　　解消法　2016年6月3日施行）

問6　下線部④について，日本国憲法は私たちに裁判を受ける権利を保障しています。日本の裁判について述べた文として最も適当なものを，次の**ア**～**エ**から１つ選びなさい。

　ア　小学生は権利を奪われることがあっても，裁判を起こすことができない。

　イ　地域住民は，国の政策が関わり起こった公害で健康被害が出ても，国を訴えることはできない。

　ウ　裁判によっては，法律の専門家ではない一般の国民が裁判員として裁判官とともに有罪か無罪かを決めることがある。

　エ　最高裁判所は，最高裁判所の裁判官をやめさせるかどうかの判断をおこなうことができる。

問7　下線部⑤について，（1）（2）に答えなさい。

（1）下線部⑤の一つに「納税」があります。地方自治体の主な収入である地方税（市民からの税）を増やすために，近年では納税者が自分の生まれ故郷に限らず，どの自治体でも選んで寄附ができる制度があります。この制度を〇〇〇〇**納税**といいます。〇〇〇〇にあてはまる語句を，4文字で答えなさい。

（2）　（1）の制度を利用する人が年々増加しています。総務省によると2022年度の納税寄附額は約9654億円，納税寄附件数は約5184万件と，2008年にこの制度が始まって以来過去最高を更新しました。この制度について述べた文章中の下線部ア〜エのうちから，**適当でないもの**を1つ選びなさい。

　　この制度では ア所得の多い人ほどより多くの寄附をおこなうことができ，さまざまな特産品などの返礼品を受け取ることができる。また，寄附に応じて税金の一部免除が受けられる。しかし，所得の少ない人は寄附をおこなっても税金の一部免除を受けることはできない。
　　この制度によって，多くの寄附を集めた自治体と税収入を減少させた自治体が生まれている。より多くの寄附を集めるため，イ豪華な返礼品を用意するなど自治体間で返礼品をめぐる競争がおこっている。そして，ウ寄附金額を多く集めた自治体の上位は三大都市圏の自治体で占められている。税収入が減少した自治体の中には，エ将来的な公共サービスの低下を心配する声があがっている。

[19] 左の文と表，図からわかることを，次のあ〜くからすべて選び記号で答えなさい。

あ　クモは横糸の上を歩くと糸にくっつく。

い　クモは横糸の上を歩くと糸にくっつかない。

う　クモは枠糸の上を歩くと糸にくっつく。

え　クモは枠糸の上を歩くと糸にくっつかない。

お　クモはこしきと横糸を区別している。

か　クモは横糸と縦糸を区別している。

き　クモのあしは糸にくっつきにくい。

く　クモは横糸にひっかかった虫をつかまえるときだけ横糸の上を歩く。

[20] 右の図はクモの背中側をかいたスケッチの途中です。このスケッチにはしょっ角のようなはたらきをもつ「しょくし」がかかれています。続きをかいて，クモの図を完成させなさい。

しょくし

3　文章を読んで下の問いに答えなさい。

　　南山中学校女子部での，リカさんと先生との会話と，その後のリカさんの実験です。
リカ「電球を使っている信号機から，発光ダイオード（ＬＥＤ）を使っている信号機に
　　　変わってきているのはなぜですか。」
先生「よく気が付きましたね。様々な理由がありますが，豆電球とＬＥＤを使って考え
　　　てみましょうか。」
　　リカさんはまず，手回し発電機に豆電球をつなぎ，ハンドルを時計回りに回して豆
電球を光らせました。豆電球を光らせた後に，手回し発電機をＬＥＤにつなぎ変えて
ハンドルを時計回りに速く回しましたが，ＬＥＤは光りませんでした。その後，ある操
作 をするとＬＥＤが光りました。

[21] 上の文中の ある操作 として最も適当なものを，次のあ～えから選び記号で答えな
　　さい。
　　あ　手回し発電機とＬＥＤをつなぐ導線を短くする。
　　い　手回し発電機のハンドルを反時計回りに速く回す。
　　う　手回し発電機のハンドルを時計回りにゆっくりと回す。
　　え　手回し発電機とＬＥＤのあいだに豆電球をつなぐ。

[22] 手回し発電機を回して，豆電球とＬＥＤをそれぞれ光らせたとき，手ごたえが重い
　　のはどちらですか。

次にリカさんは，手回し発電機にコンデンサーをつなぎ，同じ速さで１５回ずつハンドルを回して電気をためました。電気をためたコンデンサーに，豆電球とＬＥＤをそれぞれつなぎ，明かりのついている時間を３回ずつはかりました。結果を次の表にまとめました。

	１回目	２回目	３回目
豆電球〔秒〕	３９	４１	４０
ＬＥＤ〔秒〕	３０４	３１０	３０７

[23] 以上の実験からいえる，電球を使っている信号機からＬＥＤを使っている信号機に変わってきている理由を３０字以内で答えなさい。ただし，句読点（「、」と「。」）も１字として数えなさい。

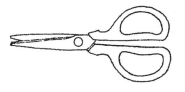

リカさんは，保育園へ職場体験に行き，保育園児のはさみを使う工作の手伝いをしました。園児が右の図のようなはさみの先の方を使って，かたい厚紙を切ろうとしても，園児のはさみをにぎる力が弱く，切ることができませんでした。

はさみはてこのはたらきを利用した道具であると知っていたリカさんは，かたい厚紙をうまく切る方法を園児たちに教えてあげることができました。

[24] 園児がはさみの先の方で，かたい厚紙を切ることができなかったのはなぜですか。理由を説明した文として，最も適当なものを次の**あ**〜**え**から選び記号で答えなさい。

あ 支点と作用点が近いから。

い 支点と力点が遠いから。

う 作用点と支点が遠いから

え 力点と作用点が近いから。

[25] 図のはさみは次の**あ**〜**お**のうちの，どのてこのはたらきを利用していますか。次の**あ**〜**お**からすべて選び記号で答えなさい。

あ 支点が力点と作用点の間にあるてこ。

い 作用点が支点と力点の間にあるてこ。

う 力点が支点と作用点の間にあるてこ。

え 小さい力で，作用点に大きい力をはたらかせることができるてこ。

お 作用点にはたらく力を弱くすることができるてこ。

[26] てこのはたらきを利用して使う道具の例として適当なものを，次の**あ**〜**お**からすべて選び記号で答えなさい。

あ せんぬき

い ものさし

う ピンセット

え 救助用バール

お はし（食事のときに使う）

2024(R6) 南山中 (女子部)

K 教英出版

15

また別の日に，リカさんは<ruby>紫<rt>むらさき</rt></ruby>色のホットケーキを作ろうと考えて，ブルーベリージャムとホットケーキミックスを買ってきました。

リカ「先生！　私は紫色が好きなので，ブルーベリージャムを入れて，紫色のホットケーキを作ろうと考えています。」

先生「リカさん，残念だけれど，ブルーベリージャムを入れたホットケーキは緑色になりますよ。紫キャベツ液と同じように，ブルーベリー液にも色の変わる性質があります。ホットケーキミックスには炭酸水素ナトリウムが入っています。炭酸水素ナトリウムは加熱すると，炭酸ナトリウムと <u>ある気体</u> と水になります。味や形は変わってしまうかもしれませんが，材料の中に □ を入れると紫色のホットケーキになりますよ。」

[27] 上の文中の <u>ある気体</u> を石灰水に通すと，石灰水が白くにごります。<u>ある気体</u> の名前を漢字で答えなさい。

[28] 上の文中の □ にあてはまるものを次の**あ**〜**お**から選び記号で答えなさい。

あ　食塩水

い　片くり粉

う　オリーブオイル

え　レモンじる

お　小麦粉

4 文章を読んで後の問いに答えなさい。

　おもりを糸などでつり下げて，一点で支え，ゆらせるようにしたものをふりこといいます。今から４００年以上も前に，イタリアの科学者ガリレオ・ガリレイは，ピサという町の教会で礼拝をしていました。その教会のシャンデリアが，ふりこのように左右にゆっくりとゆれるようすを見て，ふりこの１往復する時間のきまりを発見したといわれています。ふりこの１往復する時間を「周期」といいます。南山中学校女子部に通うリカさんは，そんなガリレオ・ガリレイのことを思いながら，ふりこの周期を調べる実験をしました。まず次の３つの予想を立てました。

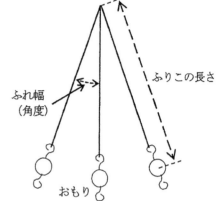

【予想１】　ふりこの周期は，
　　　　　ふりこの長さに関係している。

【予想２】　ふりこの周期は，
　　　　　おもりの重さに関係している。

【予想３】　ふりこの周期は，
　　　　　ふりこのふれ幅に関係している。

　それぞれの予想を確かめるために，方法を考えて実験をした結果，表Ａ，Ｂ，Ｃのようになりました。実験では，ふりこの１０往復した時間をはかりました。

表Ａ　（ふりこの長さ５０cm，おもりの重さ４０ｇ）

ふれ幅〔°〕	2	3	4	5	6	7	8	9
１０往復した時間〔秒〕	14.19	14.15	14.19	14.18	14.17	14.13	14.19	14.16

表Ｂ　（ふりこの長さ５０cm，ふれ幅４°）

おもりの重さ〔ｇ〕	２０	３０	４０	５０	６０	７０	８０	９０
１０往復した時間〔秒〕	14.17	14.18	14.19	14.19	14.18	14.15	14.19	14.15

表Ｃ　（おもりの重さ５０ｇ，ふれ幅４°）

ふりこの長さ〔cm〕	１０	２０	３０	４０	５０	６０	７０	８０
１０往復した時間〔秒〕	6.34	8.98	10.97	12.68	14.19	15.54	16.79	17.96

[29]【予想１】～【予想３】を確かめるために行った実験の結果を，表Ａ～Ｃからそれぞれ選び答えなさい。

[30] 表Ｃの結果をもとに，ふりこの長さと周期の関係を解答用紙のグラフにかきなさい。線で結ばずに ● でかきなさい。

[31] ふりこの長さがちょうど４倍になると，ふりこの周期は何倍になりますか。ただし，おもりの重さとふれ幅は同じとします。

[32] おもりの重さを１００ｇ，ふれ幅を５°，ふりこの長さを１６０ｃｍにすると，ふりこの周期は何秒になりますか。小数第３位を四捨五入して小数第２位まで答えなさい。

[33] 表Ｂの６０ｇのふりこは，２０ｇのおもりを３つ糸につり下げてつくりました。この実験に最も適当な，３つのおもりのつるし方はどれですか。右のあ～うから選び記号で答えなさい。

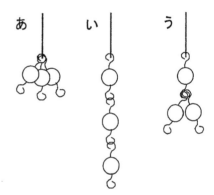

[34] 右の図はふりこの１往復の動きを表したものです。ふりこのおもりの速さが最も速いところはどこですか。図の中のあ～おから選び記号で答えなさい。

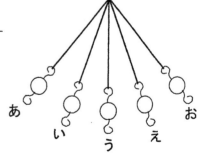

リカさんは公園でブランコに乗って遊んでいるときに，ふりこの実験のおもりと同じように自分が動いていることに気が付きました。そこで，ブランコに立って乗ったときと，座って乗ったときの周期を調べました。

[35] ブランコの周期について述べた文として，適当なものを**あ～う**から選び記号で答えなさい。ただし，ブランコはこがずに，自然にゆれているときの１０往復した時間をはかり，ブランコのチェーンは曲がっていないものとします。

　　あ　ブランコに立って乗ったときの方が周期は短い。

　　い　ブランコに座って乗ったときの方が周期は短い。

　　う　ブランコに立っても座っても，周期は変わらない。

[36] 実験で使用した２０ｇのおもりの体積は１８ｃｍ³でした。このおもりの１ｃｍ³あたりの重さを答えなさい。割り切れない場合は，小数第２位を四捨五入して小数第１位まで答えなさい。

　　次に，６つの新しいおもり**あ～か**を大きな水そうに入れ，おもりが水に浮くか沈むかを調べました。結果を次の表Dにまとめました。

表D

おもりの名前	あ	い	う	え	お	か
重さ〔g〕	5	２０	３０	２０	２０	２０
体積〔cm³〕	8	8	１８	5	１８	２５
結果	浮いた	沈んだ	沈んだ	沈んだ	沈んだ	浮いた

　　そのようすを見ていたリカさんのお姉さんが，「物体が液体に浮くか沈むかは，物体と液体の，体積あたりの重さが関係しているんだよ。水はだいたい１ｃｍ³あたり１ｇの重さだよ。」と教えてくれました。

[37] 実験の結果からいえる，物体が水に浮くか沈むかのきまりはどのようなものですか。次の文の　　　　　にあてはまることばを，２０字以内で答えなさい。ただし，単位（「ｇ」と「ｃｍ³」）や句読点（「、」と「。」）も１字として数えなさい。

　　物体の　　　　　　　　　と浮く。

リカさんはその後，水そうの水に食塩をとかしていきました。とけ残るくらいの食塩を入れると，表D の**あ**とかと <u>もう１つのおもり</u> だけが浮きました。

その後，水そうの中の食塩水１cm³あたりの重さを確かめるために，２０gの食塩水をメスシリンダーではかったところ，右の図のようになりました。図中の値の単位は〔mL〕です。

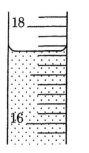

[38] 食塩水の１cm³あたりの重さを答えなさい。割り切れない場合は，小数第２位を四捨五入して小数第１位まで答えなさい。

[39] 上の文中の <u>もう１つのおもり</u> を，表D の**い**〜**お**から選び記号で答えなさい。

[40] 海水から塩をつくる伝統的な方法として，最も適当なものを次の**あ**〜**お**から選び記号で答えなさい。

あ 海水の温度を下げる。

い 海水をふたのできる容器に入れて，強くふり回す。

う 海水をろ過する。

え 海水から水を蒸発させる。

お 海水に水をたくさん入れる。

このページには問題がありません。

K 教英出版

このページには問題がありません。

K 教英出版

2024年度

南山中学校女子部　入学試験問題

理　科

【　注意　】

1．試験開始の合図があるまで，この問題冊子の中を見てはいけません。

　　試験開始まで，この【　注意　】をよく読んでください。

2．試験時間は５０分です。

3．解答用紙の受験番号，名前は最初に記入してください。

4．この問題冊子は２０ページで，問題は $\boxed{1}$ ～ $\boxed{4}$ です。

5．試験開始の合図後，問題冊子や解答用紙に印刷が悪くて見にくいところや汚れなどのある場合は，だまって手をあげて監督の先生に知らせてください。

6．答えはすべて解答用紙に書き，記号で答えるものはすべて記号で答えなさい。

7．試験終了後は解答用紙のみを提出し，問題冊子は持ち帰ってください。

1 　川や雨について，次の文章を読んで下の問いに答えなさい。

　　流れる水が地面をけずることをしん食といい，石や土を運ぶことを運ぱんといいます。山地を流れる川はしん食するはたらきが強く，（　　　）という深い谷をつくります。川の水量が増えるとしん食や運ぱんなどのはたらきが大きくなって，川岸のようすや，川のまわりのようすが変化することがあります。日本では，雨が短い時間に多く降ったときは，川の水量が増えて，こう水が起こりやすくなります。雨の量は，図1のような内側の直径が２０ｃｍの円の筒の形をした容器をおき，その中にたまった雨水の高さを測ることで調べることができます。たまった雨水の高さが５mmのとき「５ミリの雨が降った」といいます。気象庁では１時間に８０ミリ以上の雨が降ったとき，「猛烈な雨」と定めています。

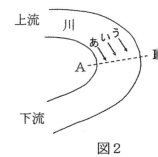

直径20cm

図1

[1] 上の文中の（　　　）にあてはまることばを答えなさい。

[2] 右の図２は，長い年月の間流れている川を示したものです。
　　川の流れが一番おそいところはどれですか。図２の**あ〜う**
　　から選び記号で答えなさい。

[3] 図２の川を点線A，Bで切った断面を下流側から見たとき，その川底と川岸のようす
　　として最も適当なものを次の**あ〜か**から選び記号で答えなさい。

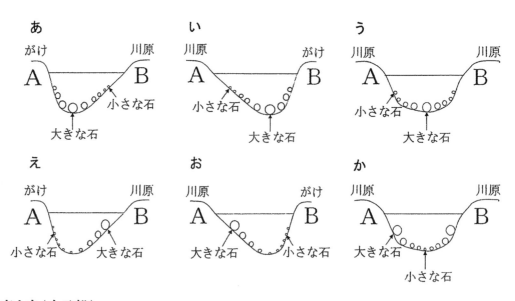

［4］愛知県には新城市に宇連ダム，豊田市に黒田ダムといった川の水をためてこう水にそなえる工夫があります。川の水をためてこう水を防ぐものを次の**あ〜お**から2つ選び記号で答えなさい。

　あ　ブロック

　い　さ防ダム

　う　流路工

　え　地下調節池

　お　遊水地

［5］雨が短い時間に多く降ったとき，こう水が起こりやすい川の特徴として適当なものを次の**あ〜お**からすべて選び記号で答えなさい。

　あ　かたむきが急な川

　い　山から海に流れるまでの距離が短い川

　う　川の幅が広く，川底が深い川

　え　上流に森林が多い川

　お　流れが速い川

［6］短い時間で降る激しい雨のことを集中ごう雨といいます。空気中の水蒸気が温められると，水蒸気が上空へと昇っていくため，集中ごう雨が発生しやすくなります。集中ごう雨が発生しやすくなる原因として適当なものを次の**あ〜え**からすべて選び記号で答えなさい。

　あ　森林の減少

　い　エアコンの室外機の排気

　う　水田の増加

　え　池のうめ立て

2

[7] 空は晴れているのに雨が降っていることを「狐の嫁入り」と呼ぶことがありますが，他にも名前がつけられています。次の**あ**〜**お**から選び記号で答えなさい。

あ　しゅう雨

い　むらさめ

う　天気雨

え　にわか雨

お　そぞろ雨

[8] [7]が起こる理由はいくつかあります。次の文はそのうちの一つの理由を述べています。　　　　にあてはまることばを１８字以内で答えなさい。ただし，句読点（「、」と「。」）も１字として数えなさい。

　　雨を降らせる雲が風によって流されてしまうことがあり，その雲が降らせた雨が地面に　　　　　　　　から。

[9] 雨が降りだしてから１時間，図１と図３の容器で雨を受けました。図１の容器の雨水の高さを測ると７２mmでした。図３は内側の直径が３０ｃｍの円の筒の形をした容器です。図３の容器の雨水の高さは何mmになりますか。最も近いものを次の**あ**〜**お**から選び記号で答えなさい。ただし，直径以外の条件はすべて同じです。

直径30cm

図３

あ　　３２mm

い　　４８mm

う　　７２mm

え　１０８mm

お　１６２mm

このページには問題がありません。

2 川でみられる生き物についての文章を読んで，後の問いに答えなさい。

こう水が起こりやすい川の近くでもたくさんの草花がみられることに気づきました。これらの草花はいろいろな形の葉をつけており，生えている場所もさまざまだったので気になって調べることにしました。名古屋市にある庄内川の河川敷において，6本の草花を観察しました。6本の草花から葉をそれぞれ1枚ずつ選び，葉の長さと幅を測りました。葉の長さは，葉の付け根から先までの長さを測り，幅は葉が一番広くなるところを測りました。また，葉形指数を調べれば，葉の形をおおまかに数値であらわすことができるということを知りました。葉形指数は「葉の長さ÷葉の幅」でもとめることができます。6枚の葉（あ～か）のそれぞれの葉の長さと幅を下の表に示しました。また，草花が生えていた場所も下の表に示しました。

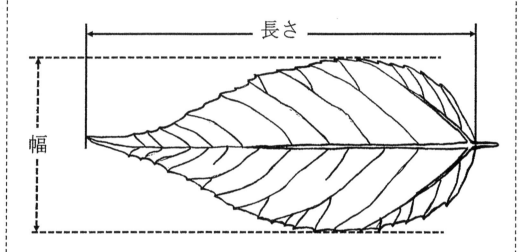

葉の種類	葉の長さ〔mm〕	葉の幅〔mm〕	生えていた場所
あ	110	130	土
い	105	35	土
う	115	7	岩
え	160	5	岩
お	20	3	土
か	40	25	土

[10] 次の①，②の問いに答えなさい。

① あ〜かの葉を葉形指数が小さい順に並べたとき，4番目に小さい葉をあ〜かから選び記号で答えなさい。

② あ〜かの他にも次のき〜この4本の草花の葉を観察しました。き〜この葉を葉形指数が小さい順に並べたとき，2番目に小さい葉をき〜こから選び記号で答えなさい。

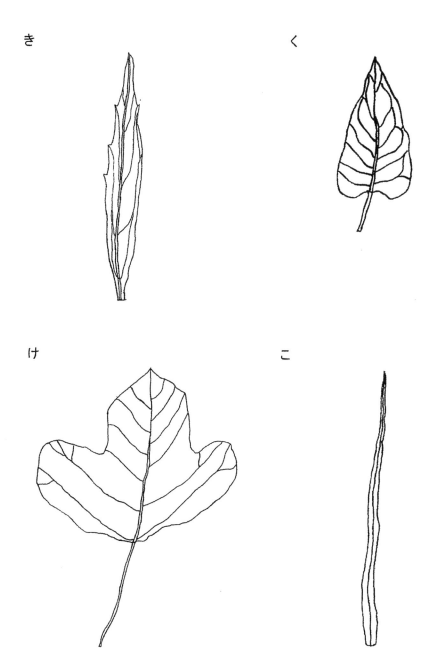

6

[11] 川でこう水が起こると，川の近くでみられる草花の葉が傷つくことがあります。次の
さ～すは庄内川でみられた1本の草花についていた3枚の葉です。さ～すのうち，川
の流れる水によって一番強く押される葉はどれですか。さ～すから選び記号で答え
なさい。ただし，葉の形以外の条件はすべて同じです。

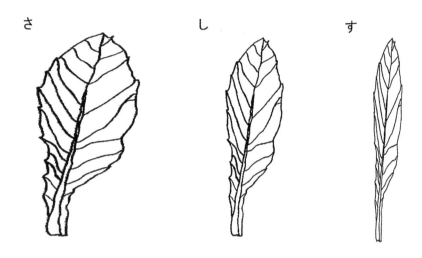

さ　　　　　　　　　し　　　　　　　　　す

[12] 理科の先生に表をみせると，「葉の形とは別の理由でう，えの葉をつける草花は，あ，
い，お，かの葉をつける草花よりも庄内川で生きのびやすい。」と言われました。そ
の理由を40字以内で答えなさい。ただし，句読点(「、」と「。」)も1字として数えな
さい。

[13] 生き物を観察するときは，とげや毒のある危険な生き物に近づいてはいけません。近
づいてはいけない生き物を次のあ～おからすべて選び記号で答えなさい。
　　あ　エノコログサ
　　い　スズメバチ
　　う　イラクサ
　　え　ウルシ
　　お　ベニシジミの成虫

このページには問題がありません。

名古屋市の天白川に遊びにいったときにミナミメダカをみつけることができました。ミナミメダカの観察を続けていると，メダカが卵を産むようすを調べたくなりました。野生のミナミメダカは名古屋市の川や池，水田では昔はたくさんみられたそうですが，今では数を減らしてしまって，あまりみることができないようです。これにはメダカが卵を産みつける水草の数が減っていることが関係しているそうです。そこで，家の近くにあるペットショップでミナミメダカや水草，小石などを買い，同じ水そうに入れて，卵を産むようすを調べることにしました。ミナミメダカのおすとめすを3匹ずつ買い，水そうに入れました。

[14] 次の①，②の問いに答えなさい。

① メダカが産卵するときの行動として適当なものを次の**あ**～**か**から3つ選び，産卵するときの行動の順に並べなさい。

あ おすがめすのまわりを泳ぐ。

い めすがおすのまわりを泳ぐ。

う おすがめすに体をすり合わて，めすが産んだ卵におすが精子をかける。

え めすがおすのひれにかみつき，めすが産んだ卵におすが精子をかける。

お おすが卵を水草につける。

か めすが卵を水草につける。

② 卵と精子が結びつくことを何といいますか。漢字で答えなさい。

[15] 観察が終わったため，ミナミメダカが入った水そうを片付けようと思いました。片付けの方法として最も適当なものを，次の**あ**～**え**から選び記号で答えなさい。

あ ミナミメダカを天白川に放し，水草は天白川に流さない。

い ミナミメダカを天白川に放し，水草も天白川に流す。

う ミナミメダカを天白川に放さず，水草も天白川に流さない。

え ミナミメダカを天白川に放さず，水草は天白川に流す。

天白川にすんでいるミナミメダカは何を食べているのか気になったので，調べることとにしました。目の（　A　）あみで，川の水を何回もすくい，あみの中に残ったものを裏返してビーカーの水の中に入れました。ビーカーをすかして見て，動いているものがいたらスポイトを使ってとり，（　B　）に落として，けんび鏡で観察しました。水を入れた別のビーカーにミナミメダカを入れ，観察した生き物をスポイトで入れて，ミナミメダカがそれらを食べるか調べました。

[16] 上の文中の（　A　）に入ることばと，（　B　）に入る実験器具の名前をそれぞれ答えなさい。

[17] けんび鏡は正しく大切に使わないとこわれてしまいます。次の**あ～お**はけんび鏡の使い方の手順です。けんび鏡の使い方として**誤っているもの**を次の**あ～お**からすべて選び記号で答えなさい。

　あ　対物レンズをいちばん高い倍率にして接眼レンズをのぞき，明るくみえるように反射鏡の向きを変える。

　い　ステージの中央に観察するものがくるように置いて，クリップでとめる。

　う　接眼レンズをのぞきながら調節ねじを回して，対物レンズとステージとの間を近づける。

　え　接眼レンズをのぞきながら調節ねじを回して，対物レンズとステージとの間をさらに近づけていき，はっきり見えたところで止める。

　お　観察するものが小さいときには，倍率の低い対物レンズにかえる。

[18] ミナミメダカが食べた3つの生き物の名前を調べると，ボルボックス，ゾウリムシ，クンショウモでした。この3つの生き物を大きい順に並べたものとして最も適当なものを次の**あ～か**から選び記号で答えなさい。

　あ　ボルボックス，ゾウリムシ，クンショウモ

　い　ボルボックス，クンショウモ，ゾウリムシ

　う　ゾウリムシ，ボルボックス，クンショウモ

　え　ゾウリムシ，クンショウモ，ボルボックス

　お　クンショウモ，ゾウリムシ，ボルボックス

　か　クンショウモ，ボルボックス，ゾウリムシ

名古屋市の戸田川に遊びにいったときに，木を見ながら歩いていたらクモの巣を見つけました。クモの巣をよく見てみると，コガネグモがクモの巣にくっついていました。コガネグモは日本ではよくみられるクモですが，名古屋市ではコガネグモの数が減っているようです。クモの巣にはアゲハチョウがひっかかっていて，逃げられなくなっていました。しばらくクモの巣を観察すると，クモの巣の真ん中にいたコガネグモが巣の上を動き出し，アゲハチョウをつかまえるために移動していました。そこで，どうしてクモは自分の巣にひっかからずに動くことができるのか不思議に思いました。クモの巣の糸にはいろいろな種類があることを知っていたので，いくつかの糸の名前と特徴を調べて，下の表と図にしてまとめました。

糸の種類	特徴
こしき	巣の真ん中にあり，クモがふだん生活します。図では点線であらわしています。こしきにとまっているクモは，こしきから虫が巣にひっかかった場所まで移動します。
枠糸	巣の外枠となります。
縦糸	こしきから枠糸まで放射状に広がります。クモが巣の上を移動するときに使います。
横糸	縦糸に対して横方向に広がります。クモが巣の上を移動するときに避けて使いません。

二〇二三年度　南山中学校女子部　入学試験問題

国語

【注意】

一、試験開始の合図があるまで、この問題冊子の中を見てはいけません。

二、試験開始までに、この【注意】をよく読んでください。

三、試験時間は五〇分です。

四、解答用紙の受験番号、名前は最初に記入してください。

五、この問題冊子は二三ページで、問題は【一】〜【三】です。

六、試験開始の合図後、問題冊子や解答用紙に印刷が悪くて見にくいところや汚れなどのある場合は、だまって手をあげて監督の先生に知らせてください。

七、答えはすべて解答用紙に書き、記号で答えるものはすべて記号で答えなさい。字数制限のある問題は、句読点（「、」と「。」）や記号も一字として数えなさい。

八、本文中の＊印の語句には、本文の後に注がついています。

九、試験終了後は解答用紙のみを提出し、問題冊子は持ち帰ってください。

【一】 次の文章を読んで、後の問いに答えなさい。

なぜ自分はこの世に生まれ、なぜ生き続けているのか。もともと、この問いを考えるのは哲学の役割でした。哲学は、世界をわかりやすく解釈すること、そして、生きる意味を教えること、という二つの使命を負っていました。しかし、社会の大きな変化により、哲学は二つの学問に乗っ取られてしまいます。

20世紀、哲学は生物学にその地位を譲り渡しました。それまで、人間はほかの生物とは異なる特別な存在であると考えられていました。自然を支配し、管理する権利を神から与えられ、神の姿に似せてつくられた存在だとされていたのです。それが、生物学の登場によって、人間もほかの生物と同じようにDNAという遺伝子によってつくられていることが明らかになりました。〔　A　〕人間をつくるのも遺伝情報であり、その情報をいじれば、病気など、人間の抱えている問題は解決でき、身体や性格さえも意のままに変えられるという予測が成り立つようになったのです。

その予測は、まず栽培植物と家畜という形で現実になりました。今、地球の全陸地に占める牧草地、放牧地、農耕地の割合は36％に達しています。そして地球上に生きている哺乳動物の9割以上は人間と家畜です。人間と、人間が手をかけてつくり上げた動物が地球上の哺乳類のほとんどを占めてしまった。今は①海の魚にまで人間が手を加えています。このまま行くと、人間の手にかからない生命はなくなってしまうかもしれません。それほどまでに生命をつくり変えた人間は、さらに自分自身も遺伝子編集や遺伝子組み換えによってつくり変えようとしています。神経細胞の間をつなぐインパルス（電流）によって、記憶も思考もすべて解釈できる。心も脳の中にある。生物学はそう断じたわけです。

こうして哲学を乗っ取った生物学は、やがて情報学に乗っ取られます。情報であるDNAを操作すれば、*有機物であれ*無機物であれ、あらゆるものをつくり出すことができる。生物も、遺伝的*アルゴリズムを解釈すれば、いくらでも情報は書き換えることができる。情報として捉えれば、世界の在り方も同じ。遺伝的アルゴリズムでできた情報の塊です。人間も、あらゆるものをつくり出すことができる。生物も、遺伝的*アルゴリズムを解釈すれば、いくらでも情報は書き換えることができる。情報として捉えれば、世界の在り方も同じ。遺伝的アルゴリズムを解釈すれば、いくらでも情報は書き換えることができる。情報として捉えれば、世界の在り方もすべて数学的に解釈ができるわけです。こうして、哲学が人間を定義し、人間の生きる意味を考える時代は終わりました。

- 1 -

生物学を乗っ取った情報学は、人間を知能＊偏重に変えました。情報学が扱うのは、人間がもつ二つの能力、知能と意識のうちの知能の部分だけです。＊大脳辺縁系が司る意識の部分は切り捨て、情報になる部分、つまり＊大脳新皮質が司る知能だけで解決していこうというのが今の情報革命の中心理念だからです。AIも、知能だけを拡張したものであって、感情や意識の部分はもっていません。人間は、感情や意識を忘れ知能に偏り始めたことで、本来、決してわかるはずのない「好き嫌い」や「共感」、「信頼」といった感情を、情報として「理解」しようとするようになりました。

かつて人間は、②そんなことに悩む必要はなく、意識に従順であり続けられました。意識や感情は本来すごくあいまいなもので、波のように寄せたり引いたり、霧や雲のように消えたり現れたりします。「好き」という感情を細かな要素に分析しなさいといわれてもできるものではないでしょう。それは、知能でわかるものではなく、感じることができるからです。犬や猫を飼っている人は、考えてみてください。ペットの犬をかわいいと思う気持ちは、いくら分析してもわかりません。自分にすり寄ってくる犬の感情は、尻尾を振ったり吠えたりする様子を見れば感じとれますが、何がその感情を呼び起こしたのか明確に分析することは不可能です。もしかしたら人間の1000倍以上の嗅覚で、人間が無意識のうちに発している匂いを感じとってそれに反応しているのかもしれませんが、それはわかりません。確かなのは、お互いにそういう感情が湧いたという事実です。五感の異なる動物と100％わかり合おうというのは無理なことです。〔　Ｂ　〕、飼い主として一緒に暮らしていれば、彼らが何をしたいのか、わかることも多いですよね。あいまいなものをあいまいなままで了解し合うのが動物たち、特に異種間のコミュニケーションなのです。それで両者に不自由はありません。

こうしたペットとの関係を、かつて人間は人間同士でも結んできました。相手の心を明確に知ることはできないけれど、了解できるものはある。その了解できるものが自分と相手の間に横たわっているからこそ信頼関係が生まれます。信頼関係をつくるのは言葉ではありません。言葉は＊代替物であって、信頼関係へのリアルな架け橋になるのは、それ以外の五感の中、正しくは、五感を感じられる身体の中にあります。それを、言葉でうまく代替して空間を広げるのが人間的な社会のつくり方であって、その際、身体が感じた「あいまいなもの」はあいまいなままにしておいていいのです。

ぼくたちは、そういう世界にずっと生きてきました。そこで幸福やら喜びやらを抱き、一方で憎しみや嫉妬といった負の感情を、他者の助けも借りて解決してきた。それが③人間の社会性だったわけです。

情報学に乗っ取られてから、人間はどんどん分析的になり、すべてを情報化しなくては気が済まなくなりました。人間は、感じたことで衝動づけられたり助け合ったりします。〔　Ｃ　〕、食卓を囲んで楽しい思いをしたり、踊って興奮したりする。こうした感性の部分は情報化できません。たとえ情報に＊還元したところで、表面的な情報にしかならないでしょう。そして今、「わかろうとすることがわからないことにつながる」という矛盾が生じています。情報化するということは、わからないことを無視するということです。それは、隠されているものを捨てていく作業だからです。人間は情報化することで逆にバカになってしまいました。

共感というのは「X相手の気持ちがわかる」ことです。それを、「Y相手を理解すること」だと誤解している人たちが、多いように思います。相手を「理解」するのではなく、ただ「了解」することが、互いの信頼関係を育んだり、好きになったりする架け橋になるということがわからない。同調する能力があるにもかかわらず、それがお互いの信頼関係を育んだりすることもわからない。さらには、他者の自分に対する感情や、他者に対する自分の感情が、「好き」という言葉で表される感情に匹敵するものかどうなのかも判断できないのです。

その不安が、身近な人への過度なこだわりや要求となり、それがいじめや嫉妬、暴力につながっているがゆえに起きている④不幸な事件も多いのではないでしょうか。実際には生み出されていない信頼を、一番近くにいる仲間に過剰に求めるがゆえに起きている④不幸な事件も多いのではないかと思います。

（中略）

ぼくたちは、インターネットでつながった社会も言葉も、捨てることができません。でも、ネットの中だけでつながることはできません。相手はなりすましているかもしれないし、もしかしたら存在すらしていないかもしれない。嫌になったらすぐに消せる存在でもあるし、消していているかもしれないのは危険です。インターネットは、人間を情報化する装置であって身体でつながることはできません。

される存在でもあります。

情報交換をするためのツールとして電話やメール、インターネットが登場したといっても、ひと昔前までは最初に人間の五感がありました。〔　　⑤　　〕自分で見た世界の情報を交換していた時代の人間とは違います。

フィクションの世界の経験だけを積み重ねていると、繰り返しも再現もできないリアルな世界とすり合わせることができなくなります。リアルな世界では失敗しても前に戻れないし、傷つきもする。なぜフィクションの世界のように自分の思い通りにいかないのか悩みます。そして、わけがわからなくなって暴力をふるったり、泣きさけんだり、閉じこもったりしてしまいます。

そのためには、現実の世界と身体を使ったリアルな付き合いをする必要があります。実際の＊フィジカルな接触でも、声だけのやり取りでも、気配を感じるだけでもいい。インターネットで情報をやり取りして終わりではなく、会って、作業をともにして、相手の世界の中に入って、ときにギクシャクしてみる。そうすると、いろいろな感情が芽生えます。相手に受け入れられる、拒否される、裏切られる。こうしたことを繰り返して、人間と人間が付き合うということはこういうことなのだと学んでいく。

こうして自分の価値が単純なものではなく、さまざまに受け取られるものであることがわかっていくのです。自分を受け入れる友だちだけと付き合っていれば生きる意味がわかるかというとそうではありません。いろいろな人間関係があるからこそ、自分が存続できます。⑥人間は他者の評価によってつくられるものです。だから、いろいろな自分をつくっておかないと、ある特定の個人が自分を拒否、否定したら自分はなくなってしまいます。自分を支え、自分に期待をしてくれる人がいろいろいるからこそ、どこかで信頼を失っても、どこかで関係が崩れてしまっても、生きられるのです。

（山極寿一『スマホを捨てたい子どもたち』より。問題作成の都合上、一部に省略や改変をしたところがあります。）

＊有機物……生き物の体をつくっている、炭素をふくむ物質。タンパク質や炭水化物など。

＊無機物……有機物以外のすべての物質。生物として生きていくはたらきを持たない物質。水・空気・鉱物など。

＊アルゴリズム……コンピューターなどで行われる計算の手順。問題を解決する定型的な手法。

＊偏重……ある方面ばかりを重んじること。

＊大脳辺縁系……大脳の内側面で本能や情動を支配する部分。

＊大脳新皮質……人の大脳の表層を形成する皮質の中の大部分であり、思考や言語などを支配する部分。

＊代替物……ある物のかわりに用いるほかの物。

＊還元……変化させて元に戻すこと。

＊フィジカルな……ここでは「肉体的な」の意味。

問一　〔　Ａ　〕～〔　Ｃ　〕に入る言葉として最も適切なものを次の中から一つずつ選び、記号で答えなさい。ただし、それぞれの言葉は、一度しか使えません。

　　ア　あるいは

　　イ　そして

　　ウ　それでも

　　エ　つまり

　　オ　では

問二 ──線①「海の魚にまで人間が手を加えています」とありますが、人間はなぜ海の魚にまで手を加えているのですか。最も適切なものを次の中から一つ選び、記号で答えなさい。

ア　この世界で哺乳類の次に多い魚類を、学問研究の対象とするため。

イ　魚たちがマイクロプラスチックを食べないようにするため。

ウ　地上の次に残されている海で、人間が生活していくため。

エ　人間の抱えている食料不足という問題を解決するため。

オ　人間が神の期待にこたえて、魚を進化させるため。

カ　DNAについて、科学の発展を明らかにするため。

問三 ──線②「そんなこと」とは、どのようなことを指しますか。最も適切なものを次の中から一つ選び、記号で答えなさい。

ア　情報革命の中心理念のこと。

イ　AIが知能を拡張しただけのものであること。

ウ　AIが感情や意識の部分をもっていないこと。

エ　人間が感情や意識を忘れ知能に偏り始めたこと。

オ　感情を情報として理解しようとすること。

問四 ——線③「人間の社会性」とありますが、筆者はどうすれば社会性が育つと考えていますか。**適切でないもの**を次の中から**二つ**選び、記号で答えなさい。

ア 現実の世界で、握手するなどの身体を使った付き合いをする。

イ たくさんの人といろんな関係を持つことで、さまざまな感情を育む。

ウ インターネットやメールなどの画面上で、相手とのやりとりを完結させる。

エ いっしょに作業をする中で、相手とうまくいかないようなトラブルを体験する。

オ 相手についてすべてをわかりたいと思って、よくわからないところはなくそうとする。

カ さまざまな点から、さまざまな程度に、自分を支えたり自分に期待してくれたりする人と交流する。

問五 ——線④「不幸な事件」とありますが、それはどのようなことでしょうか。**「不幸な事件」になる前の段階の「不幸なできごと」**に当たるものもふくめて、本文の（**中略**）より後の文章から、「〜すること。」に続く形にして、二五字以内で抜き出しなさい。

問六 〔 ⑤ 〕には次の五つの文が入ります。意味がつながるようにならべ直して、その順に記号を書きなさい。

ア かつてとは順序が逆です。

イ そして、先に存在するフィクションとしての世界は、自分の好きな情報でつくられた世界です。

ウ それは本来、他者と共有できるものではないのに、デジタル世代の子どもたちは、その構築された世界の中で見聞きする情報を互いに交換している。

エ ところが、今は生まれたときからインターネットのフィクションの社会があります。

オ まずはインターネットを通して世界を知り、次に生の経験をする。

- 7 -

問七　本文の（中略）から後の文章には、次の一文が抜けています。どこに入れたらよいですか。その場所の直後の五字を本文から抜き出しなさい。

「こんなはずではなかったと思う前に、生の世界を直観力で切りぬける能力を鍛えないといけません。」

問八　——線⑥「人間は他者の評価によってつくられるものです」とありますが、それはどのようなことでしょうか。最も適切なものを次の中から一つ選び、記号で答えなさい。

ア　人間は、他者の自分に対する見方に自分自身を合わせようとして生きているということ。

イ　人間は、他者からの認められかたによって生きていることをさまざまに実感するということ。

ウ　人間は、他者の目をいつも恐れたり気にしたりしながら生きているということ。

エ　人間は、他者がいるところならふつうに人間として生きられるということ。

オ　人間は、たくさんの他者から認められるほど価値が高いということ。

問九　——線X「相手の気持ちがわかる」ことと、——線Y「相手を理解する」ことを、「わかる」と「理解する」の違いがわかるように、解答用紙の形に合わせて、それぞれ二五字以上三〇字以内で説明しなさい。

【二】 次の文章を読んで、後の問いに答えなさい。

東京で暮らす小学五年生の島谷雪乃は、クラスの女の子からいじめを受け、九月の終わりから学校へ通えなくなった。そこで雪乃は、仕事で東京に残る母の英理子と別れ、仕事をやめて農業をやると決めた父の航介と一緒に、長野と山梨の県境にほど近い町で暮らす曾祖父の茂三と曾祖母のヨシ江のもとで十一月から暮らし始めた。大輝という同級生の友達もでき、毎日航介や茂三の農作業を手伝う生活にも慣れてきたが、六年生の六月になった今でも、学校には通えていなかった。

すばらしい朝だった。空気は水っぽく、風はまだ冷たく、目にするものすべてが＊プリズムみたいに光をはね散らかしている。とはいえ、十時頃にもなれば日ざしは相当強くなりそうな気配があった。そろそろ梅雨も明けるのだろう。そうしたら、夏だ。こちらで初めて迎える夏だ。

雪乃は茂三の畑へ行って手伝いを始めた。

大輝が走ってくる。野球帽をかぶり、ランドセルをかたかたと左右に揺すって、息を切らしながら砂利道を駆けてくる。

大輝はそのまま畑の真ん中を横切るあぜ道へと走り込んできた。

「オハヨウゴザイマス！」

大輝はまず、大声で挨拶をした。

「おう、おはよう」

茂三に続いて雪乃も、おはよう、と返す。

「どしたの、大ちゃん。学校行くには早過ぎない？」

「や、うん。そうなんだけど、ちょっとこっち寄りたかったし」大輝は、めずらしく目をそらして言った。「ヨシばぁばに訊いたら、ここにいるって言うから」

「なに。どうしたの、何かあったの？」

「何かって……や、何もないんだけど、ええと、あのさ雪っぺ」

「なんなのよ。なんか今日、変だよ?」

「そう、その、今日なんだけどさ」

大輝がようやく雪乃と目を合わせる。

「雪っぺ、家にいるかな」

「いないと思う」

「げ」

「だって、こんないいお天気だもん。外で作業してるよ」

「そりゃそうだよな。……けどさ、夕方。三時か四時か、それっくらいの時間なら、家に帰ってる?」

雪乃は首をかしげた。

「うーん……どうだろ。わかんないけど、どうして? 学校の帰りでしよ、寄るなら寄ればいいじゃん」

今日に限ってなぜ訊くのだろう。隣を見やったが、茂三も肩をすくめるばかりだ。

「そっか。わかった。じゃあとにかく、帰りに寄るわ。それだけ言おうと思って」

「へんなの。 好きにすれば?」

「うん!」

素直にうなずいた大輝は、まだ少し何か言いたそうにしたものの、結局、自分自身に向かってもう一つうなずいただけで*踵を返した。

「じゃあ、夕方な」

軽く手をふり、またランドセルを大きく揺らして駆け出してゆく。 筆箱の中身などは今ごろぐしゃぐしゃに違いない。

「……へんなの」

雪乃はくり返した。

「何か、見せてえもんでもあるんでねえだかい」

　使っていた鍬を軽トラックの荷台に積みながら茂三が言う。

そうかもしれない。いつもならあんなことをいちいち確かめる大輝ではない。好きな時に立ち寄り、好きなだけおやつを食べ、まるで自宅の別宅のように我が物顔にふるまっている。それなのにどうして今日はわざわざ……。

　助手席に乗せてもらって家に帰り、ヨシ江の作ってくれた朝ごはんを食べる間も、そのあと母親からの課題である問題集を二ページほどやっつけてから果樹園で働く間も──雪乃の頭の中は、こちらに向かって息を切らして走ってくる大輝の姿でいっぱいだった。〈雪っぺ〉と、まっすぐに呼ぶ声。少しかすれた、同い年の少年にしては太くてしっかりした声。耳の奥のほうでその声が響くと、何と言えばいいのか、こう、心臓のあたりが狭苦しくなるような、落ち着きの悪い感じがする。

　以前はなかったことだ。

　三時過ぎ、教えてもらいながらブドウの袋掛けに精を出した雪乃が、ヨシ江とともに家へ帰ってみると、大輝はもう来ているようだった。

　土間に、いくつもの運動靴がばらばらと脱いであるのを、雪乃は口を結んで見おろした。大輝の靴と同じくらいのサイズのものがもう二足。残りの一足は、ピンクのラインが入った小ぶりのものだ。

「あ、帰ってきたか」

　と、先に戻っていた航介が居間から顔をのぞかせる。

「お帰り。大輝が来てるぞ」

　そんなこと、今さら言われなくてもわかっている。

　雪乃は、土間に立ちつくしたまま、うつむいて拳を握りしめた。むしょうに腹が立っていた。

　以前から大輝が、

- 11 -

〈今度ここへ、友だちを連れてきてもいいかな。いいやつばっかりだからさ〉

そんな風に言うたびに、

〈お願いだからやめて〉

はっきりと答えてきたはずだ。

〈なんで？　ちゃんと選んで連れてくるよ。乱暴なやつとかいないし、すぐ友だちになれると思うけど〉

〈いやなの。たのむからそういうお節介しないで〉

そうすると大輝は黙って引き下がる。こちらが意思表示すれば、無理強いはしないと思って安心していたし、信頼もしていた。それなのに――どうしてこんな勝手なことをするのか。

このまま果樹園へ引き返そうかとも思ったが、何だかそれも癪にさわる。〔　①　〕逃げ出したように思われるのはごめんだ。

（だってここは、あたしの家なのに！）

雪乃は、目を上げた。足を乱暴に振って長靴をぬぎ捨て、廊下をずんずん歩いて居間の入り口に立つ。

いつもの食卓の周りに、見知らぬ男子が二人と、女子が一人すわっている。丸顔にショートヘアの小柄な女の子だ。男子より女子のほうが、嫌な記憶に直結している。雪乃の不機嫌さを感じ取ったのだろう、反射的に身構えてしまった。

大輝がちょっとうろたえたように何か言おうとしたが、それより先に、少女が顔を上げてニコッと笑った。

「こんにちは。〔　②　〕！」

一瞬でA毒気を抜かれてしまうような、おっとりとした物言いだった。

大輝が遠慮なく指さす。お相撲さんみたいな体型の、優しい顔立ちの男の子だ。その隣にいるひょろっとしていていかにも勉強ができそうな子は、

「そっちのデカいのが、ユタカ」

2023(R5) 南山中（女子部）

「こっちはケント」

「そんでそっちが……」

「ナカムラ、シオリっていいます」

ただ一人の女子がまたおっとりと言った。

雪乃は、突っ立ったまま黙っていた。部屋はにぎやかなのに、頭の後ろのあたりだけがシンと静かだ。そうか。この子たちはみんな、幼なじみ同士なのだ。小学校に上がるよりもっと前から、きょうだいみたいに近しく育ってきた。いいやつばっかりだから、という大輝の言葉をまた思い出す。要するに学校の中でも特に仲のいい、気心の知れた友だちだけを選んで引っぱってきたのだろう。その中に女子がいるのだって、べつにどうってことはない。なのに、それがどうしてこうも引っかかるんだろう。

③ああもう、と雪乃は下唇 をかみしめた。鼻から大きく息を吸い込み、ゆっくりと吐き出す。そうして、くるりと踵を返した。

「あ、雪っぺ！」

大輝の慌てた声がする。かまわず、廊下を戻って土間で運動靴に履き替え、外へ出た。

庭先の井戸端では茂三がまだ農具か何かを洗っていて、

「あれ、どしたぁ」

びっくりしたように声をかけてくる。雪乃は、返事もせずに茂三に背を向けた。

家の横手へまわるかっこうで*納屋のほうへ行く。いったん薄暗い納屋の中へ入ると、向こう側から再び明るい外へ出るのが嫌になった。ちょうど真ん中あたりの暗がり、トラクターの陰に藁束が積んである。雪乃はその藁の山にもたれるようにして腰を下ろし、ぎゅっと小さく丸まって膝を抱え込んだ。

湿った空気がひんやりと肌に冷たい。自分の膝におでこを押しつけて、土と藁の匂いを吸い込む。つぶった目の奥に、シ

— 13 —

オリのおっとりとした笑顔が浮かぶ。あれは、きっといい子だ。そういうのは勘でわかる。人の嫌がることを言ってきたり、日によって気分が大きく変わったり、もちろん、わけもなく誰かをいじめたりなんてことは絶対にしそうにない子だ。ああいう子と友だちになったら楽しいだろう。仲良くなったら、お互いに内緒の話だってできるようになるのかもしれない。でも、今日みたいなかたちで知り合いたくなかった。大輝がわざわざ選んで連れてきた子が、よりによってあんなに可愛くて気立ての良さそうな、見た目も性格も自分とは正反対の子だなんて……。

痛い。心臓が、ぎゅうっと縮んで引き攣れる。大輝がこちらのことを心配してくれているのはわかる。なんとかして学校へ引っ張りだそうと考えてのことで、きっとありがたいと思わなくちゃいけないんだろう。だけど、嫌だ、って言ったのに。ほんとうは何も悪いことなどしていない大輝のほうから謝られたりしたら、こちらの身の置きどころがなくなってしまう。

そう、ほんとうは何も悪いことなどしていない大輝のほうから謝られたりしたら、こちらの身の置きどころがなくなってしまう。

何か先に言わなければと、雪乃が口を開きかけた時だ。

「俺はさあ」

ざり、と立ち止まる足音に、雪乃は、はっとなって顔を上げた。

納屋の入口、まぶしい四角形の中に、大輝が立っている。ためらうようなそぶりを見せたのはほんのいっときで、彼はたすたとまっすぐ近づいてくると、雪乃の正面で立ち止まった。ごめん、とか何とか、言われるのだと思った。ほんとうは、あれほど言ってあったのに——大輝はその信頼を裏切った。

「誰とって、いま誰と話してんだよ」

「……誰と」

「はっきり言って、ガッコ終わった夕方とか、休みの日とかしか会えないのが、やだくてさ」

両のつま先に力の入った感じで、大輝が言った。

いつの間にかずいぶん背が伸びたみたいだ。見おろしてくる大輝と視線がぶつかり、雪乃は慌てて目をそらした。

「こういうのって、みんなからおんなじこと言われて耳にタコかもしんないけど……ほんとは俺も、六年生になったら雪っ

2023(R5) 南山中（女子部）

Ｋ教英出版

- 14 -

ぺは学校に来るもんだと思ってた。これまでは休みの日しか遊べなかったけど、四月からは学校行ったら会えるんだなあって。今日連れてきた賢人と豊と詩織にも、ずっと前からそういうふうに話してあったし」

「……話してあったって、何を」

「だから、雪っぺのことをだよ。せっかくガッコ来るようになっても、いきなりクラスのみんなからあーだこーだ訊かれるの、うざいじゃん。けど、俺ら四人が休み時間とか雪っぺの周り固めてたら、そういうのもだいぶマシじゃん。や、クラスのみんなだってさ、初めはめずらしがっていろいろ訊きたがるかもしんないけど、そういうのもだいぶマシじゃん。や、クラスのみんなだってさ、雪っぺのこと知ったらすぐおさまるよ」

「あたしの、こと？」

「うん」

「あたしの、何を？」

「雪っぺが全然ふつうだってこと」

「あたしが……ふつう？」

「ふつうじゃん」

「なんで？　それこそ、ずっと学校へも行ってないのに」

「そうだけどさ、雪っぺの中身はふつうじゃん」

Ｂこともなげに言う。

「俺だって最初はさ、東京から来たなんていうからこう、＊しゃらっつねえ感じで、あたしは特別なのよ、みたいな風なんだろうなって思ってたんだよ。テレビの人が喋ってるのとマジでおんなじ喋り方するからびっくりしてさ。俺、生まれて初めて自分が訛ってんのかなって……」

訛りに関しては、上の世代に行くほど強い。茂三やヨシ江はいまだにとことんお国言葉だが、大輝は単語や語尾のイントネーションがいくらか違う程度だ。でも、それがいいのだと雪乃は思う。ここに暮らしていると、④自分の話しているいわ

ゆる標準語が、体温を持たない言葉のように思えることがある。

「今日連れてきたあいつらも、初めのうちだけはそういう感じかもしれない。たぶん、クラスのみんなもさ。けどほんと、すぐだから。俺の最初ん時とおんなじで、ほんとにすぐ、雪っぺが全然ふつうだってわかるから。だからさ、それまでの間だけは、大目に見てやってよ。それまでは、俺らがちゃんとついてる。だからさ……」

大輝は、ひときわ思いきったように言った。

「だから、明日から一緒にガッコ行こうよ」

「明日から？　いくら何でも急っていうか」

「急じゃないよ。時間はめちゃくちゃあったじゃんか。去年の秋くらいから行ってないんだろ？」

——いや、そうじゃない。雪乃は思い直した。大輝は、ずっと遠慮していた。何か訊きたそうにすることはあっても、めったに口に出さなかった。なのに、それこそ急に、こちらの知らない友だちを連れてきて、明日から学校へ来いなんて言う。

大人なら⑤腫れ物に触るみたいにして言わずにおくことを、大輝は遠慮の欠片もなくずばずばとぶつけてくる。

心の中が見えたのだろうか。

「ごめん」

今日初めて、大輝が謝った。

「俺……なんかやっぱちょっと、間違えちゃったのかな」

雪乃は黙っていた。⑤気まずさに顔を上げられない。

すぐ目の前で、泥で汚れた運動靴が向きを変える。納屋を出ていく後ろ姿を、膝を抱えたまま、目の端で見送る。あんなふうに言われてしまうと、悪いのはこちらであるかのような——あの子たちに申し訳ないことをしたような気がしてくる。こんな気持ちにさせられなくてはいけないんだろう。腹立たしさや寂しさ、とまどいや後悔や、何も

かもが入り混じって、どうすればいいかわからない。納屋の入口に誰か人が立った。長靴を引きずるようにして近づいてくる。

茂三が低い声で言った。

「せっかく心配して来てくれた友だちを、追い返しちまっただかい」

「大ちゃんがそう言ったの？」

「だれえ、あいつがそんな泣きごと言うもんかい。玄関入ってく肩が、がくーんとしょげて下がってたに」

雪乃の脳裏に、その姿がありありと浮かぶ。勝手なことをするからいけないのだ。こちらは悪くない。

「今朝、あいつが畑へ来たのはこういうことだったな。わざわざお前の都合を訊きに来たってわけかい。律儀なやつだに」

よっこらせ、とシゲ爺がすぐそばの青いトラクターの前輪に腰を下ろす。

「知らないよ。都合なんか訊かれてない」

雪乃は口をとがらせた。

「そうだな。家に上げたのは、俺だ」

驚いて見やる。ごつごつしたタイヤに腰かけた茂三が、真顔で雪乃をじっと見おろす。

「だけんが雪坊、学校の帰りに寄りたいなら好きにすればいいって、おめえが言ったんだに」

「それは、大ちゃん一人だって思ってたからで……友だち連れてくるなんてひと言も言わなかったじゃん。なのに、勝手に上がり込んでてさ。家に上げたのだってあたしじゃないもん」

「勝手に上がり込んだじゃねえだよ。大輝のやつは、みんなして外の縁側で待ってるっつってただわ。それを、いいからまあ上がっておやつでも食っててくんなって勧めたのはこの俺だに」

「なんでそんなよけいなこと」

「よけいな、こと？」白っぽい眉が、ぎゅっと真ん中に寄る。「なんでって、雪乃。そんなこともわかんねえだか

— 17 —

「……だって」

茂三が、ふーっと、深くて長いため息をつく。

「嬉しかったからだわ」

⑥雪乃は、どきっとした。

（村山由佳「雪のなまえ」徳間書店より。問題作成の都合上、一部に省略や改変をしたところがあります。）

* プリズム……ガラスなどで作った三角の柱。光の進む向きを変えたり、光をいろいろな色に分けたりするはたらきがある。
* 踵を返す……引き返す。
* 納屋……物をしまっておく小屋。
* しゃらっつねえ……ずうずうしい。

問一 ──線A「毒気を抜かれてしまう」・──線B「こともなげに」・──線C「腫れ物に触るみたいにして」の文中での言葉の意味として最も適切なものを次の中から一つずつ選び、記号で答えなさい。

A「毒気を抜かれてしまう」

ア 思ってもいなかったことをされて腹を立ててしまう

イ 思ってもいなかったことをされてうれしくなってしまう

ウ 思ってもいなかったことをされてぼう然としてしまう

エ 思ってもいなかったことをされて疑問に思ってしまう

オ 思ってもいなかったことをされて心配になってしまう

B「こともなげに」
ア 何ごともないかのように平気な様子で
ウ 何も変わらないことに不満な様子で
オ 何でもないふりをしているが実は不安でたまらない様子で
イ 何でも知りたいと興味しんしんな様子で
エ 何ごともなかったので安心している様子で

C「腫れ物に触るみたいにして」
ア 機嫌が悪くならないように何もしない様子で
ウ 機嫌が悪くなるように悪口を言いまくる様子で
オ 機嫌が悪くならないようにおそるおそる接する様子で
イ 機嫌が悪くならない程度に適当にあしらう様子で
エ 機嫌が悪くなるような態度を取り続ける様子で

問二 〔 ① 〕に入る言葉として最も適切なものを次の中から一つ選び、記号で答えなさい。
ア 虫が知らせて　イ しっぽを巻いて　ウ 目くじらを立てて　エ 後ろ髪を引かれて　オ 牙をむいて

問三 〔 ② 〕に入る敬語表現として最も適切なものを次の中から一つ選び、記号で答えなさい。
ア おじゃましてます　イ いらっしゃってます　ウ うかがってます　エ さしあげてます　オ いただいてます

問四 ──線③「ああもう、と雪乃は下唇をかみしめた」とありますが、この時の雪乃の気持ちはどのようなものだったでしょうか。最も適切なものを次の中から一つ選び、記号で答えなさい。
ア 自分が前の小学校で女子からいじめられたのを知っているのに、大輝は自分の言葉に従わず、勝手に女子を入れた友達を連れてきたという不満と、大輝の友達の女の子が自分だけをのけ者にすることに対するうらみ。
イ 自分が前の小学校で女子からいじめられたのを知っているのに、大輝はその嫌な記憶を思い出させようと女子を入

ウ　自分が前の小学校で女子からいじめられたのを知っているのに、大輝が勝手に自分を喜ばせようと女子を入れた友達を連れてきたという不信感と、大輝の友達の女の子がなれなれしい態度で接してくることに対する嫌悪感。

エ　自分が前の小学校で女子からいじめられたのを知っているのに、大輝が信頼を裏切って勝手に女子を入れた友達を連れてきたという腹立たしさと、自分以外にも大輝には親しい女の子の友達がいたのだという事実に対するとまどい。

オ　自分が前の小学校で女子からいじめられたのを知っているのに、大輝が突然自分の家に女子を入れた友達を連れてきたという驚きと、大輝には優しそうな女の子の友達がいたのだという安心感。

れた友達を連れてきたという怒りと、大輝の友達の女の子がうわべだけの笑顔を向けてくることに対する恐怖（きょうふ）。

問五　――線④「自分の話しているいわゆる標準語が、体温を持たない言葉のように思えることがある」とありますが、それはどのようなことでしょうか。最も適切なものを次の中から一つ選び、記号で答えなさい。

ア　それぞれの地方で使われる田舎（いなか）くさいお国言葉と比べて、自分の話している標準語は主に都会で使われるので、かっこよくしゃれた言葉のように思えることがあるということ。

イ　それぞれの地方でしか使えないお国言葉と比べて、自分の話している標準語は全国どこでも使えるので、自分が発している言葉なのに他人が発している言葉のように思えることがあるということ。

ウ　それぞれの地方で生活する人々にしか理解できないお国言葉と比べて、自分の話している標準語はだれでも理解できるので、いい加減で重みのない言葉のように思えることがあるということ。

エ　それぞれの地方の特徴（とくちょう）が出るお国言葉と比べて、自分の話している標準語は何の特徴もないので、日本語ではなく英語など外国語の言葉のように思えることがあるということ。

オ　それぞれの地方で生活する人々に根ざしたお国言葉と比べて、自分の話している標準語は特定の地方に根ざしていないので、機械的で味気ない言葉のように思えることがあるということ。

問六 ──線⑤「気まずさに顔を上げられない」とありますが、それはなぜでしょうか。最も適切なものを次の中から一つ選び、記号で答えなさい。

ア 雪乃は、むちゃくちゃなことばかりを言い続けた大輝が謝ったので、よけいにくやしいと思っているから。

イ 雪乃は、本当は悪いことをしていない大輝が謝ったので、自分自身をはずかしいと思っているから。

ウ 雪乃は、自分にずっと遠慮してきた大輝が謝ったので、どうしていいのか分からないと思っているから。

エ 雪乃は、自分をふつうだと言っていた大輝が謝ったので、本当の所はどうなんだろうと思っているから。

オ 雪乃は、言い争いをしていた大輝が謝ったので、逆に大輝を傷つけたのではないかと思っているから。

問七 ──線⑥「雪乃は、どきっとした」とありますが、それはなぜでしょうか。九〇字以上一〇〇字以内で説明しなさい。

問八 この文章を読んだはるこさんは、その内容や表現について考えたことを、次のようにまとめました。これを読んで、後の問いに答えなさい。

　この文章は、ア多くの会話文で構成されているので、登場人物たちの声が聞こえてくるような臨場感にあふれ、生き生きとした場面展開が見られます。だから、文章を読んでいる私は登場人物たちと一緒に話しているように感じて、とても楽しかったです。イいじめにあって学校に通えなくなってから人を信じることができず、他人に対して冷たい態度しか取ることができない雪乃。何だかかわいそうだな。ウ雪乃が逃げ込んだ土と藁の匂いのする薄暗い納屋は、ずっと雪乃の心の中にある暗い寂しさや悲しさを表しているようです。つらい経験をした雪乃のことを思うと、私は胸が痛みます。そんな雪乃に、

エ 不器用な優しさで必死に関わろうとする大輝の姿が、とても印象的です。雪乃は大輝と友達になれてよかったなと思いました。また、オ雪乃の大輝への感情が特別なものになりつつあるようでもあり、二人の関係がこれからどう変化していくのかも気になります。カ曾祖父の茂三は、雪乃にあまり関心がないけれども友だちを追い返した時は厳しくしかるなど、雪乃を遠くから見守る人物として描かれており、これから雪乃の成長に大きく関わっていくのだろうと思いました。

そして、私はこの文章を読んで、次のような a 短い詩を作りました。

　　待ちのぞむ　　空と雪乃の　　梅雨明けを

ここには、私の〔　　b　　〕という思いが込められています。

（Ⅰ）　本文の理解として**適切でないもの**を、——線ア ～ ——線カから二つ選び、記号で答えなさい。

（Ⅱ）　——線aについて、これを言いかえる最も適切な言葉を、漢字二字で答えなさい。

（Ⅲ）　〔　　b　　〕にあてはまる内容として最も適切なものを次の中から一つ選び、記号で答えなさい。

ア　梅雨が明けて空がきれいに晴れると雪乃の農作業も早く進むので、早く梅雨が明けてほしい

イ　梅雨が明けて空がきれいに晴れると雪乃の様子も変化するのかどうか、誰か教えてほしい

ウ　梅雨が明けて空がきれいに晴れるように、雪乃も早く楽しい小学校生活が過ごせるようになってほしい

エ　梅雨が明けて空がきれいに晴れるように、雪乃も将来の自分の夢をかなえてほしい

オ　梅雨が明けて空がきれいに晴れるように、雪乃もしっかり努力して友達を増やしてほしい

【三】 次の各文の——線のカタカナを、漢字に改めなさい。
（とめ・はね・はらいもふくめて、一字一字ていねいに書きなさい。）

① 選手たちは**イッシ**乱れず行進した。

② 地震の**ゼンチョウ**をとらえる。

③ 長年の研究を**シュウタイセイ**する。

④ 幼い時からバイオリンを山田先生に**シジ**してきた。

⑤ 楽しそうに**クチブエ**をふく。

⑥ 膝を**マジ**えて語り合った。

2023 年度

南山中学校女子部　入学試験問題

算　数

【　注意　】

1．試験開始の合図があるまで、この問題冊子の中を見てはいけません。

試験開始まで、この【　注意　】をよく読んでください。

2．試験時間は５０分です。

3．解答用紙の受験番号、名前は最初に記入してください。

4．この問題冊子は１１ページで、問題は $\boxed{1}$ ～ $\boxed{13}$ です。

5．試験開始の合図後、問題冊子や解答用紙に印刷が悪くて見にくいところや汚れなどのある場合は、だまって手をあげて監督の先生に知らせてください。

6．答えはすべて解答用紙に書いてください。

7．計算用紙はありません。各問題の余白で計算してください。

8．指定がない問題の円周率は３．１４とします。

9．試験終了後は解答用紙のみを提出し、問題冊子は持ち帰ってください。

$\boxed{1}$

（1）から（5）の$\boxed{}$にあてはまる数を答えなさい。

（1）$7-\{9\div3\times(5+2\times4-1)\div6\}+8=\boxed{}$

（2）$\dfrac{1}{38}-\dfrac{1}{76}+\dfrac{1}{152}=\boxed{}$

（3）$2.94\div\dfrac{21}{200}+294\times\dfrac{3}{49}-29.4\times1\dfrac{3}{7}=\boxed{}$

（4）2兆8275億÷750万＝$\boxed{}$

（5）$2\dfrac{1}{2}\div\left[1\dfrac{1}{17}\times\left\{1\dfrac{2}{5}\div\left(1\dfrac{3}{5}\times2\dfrac{1}{3}\right)-\dfrac{1}{8}\right\}-\dfrac{2}{17}\right]=\boxed{}$

（6），（7）のア～オには１ケタの整数があてはまります。

（6）　$\dfrac{22}{17} = 1 + \dfrac{\bigstar}{\Leftcorner}$　となります。

$1 + \dfrac{\bigstar}{\Leftcorner} = 1 + \cfrac{1}{\boxed{ア} + \cfrac{\boxed{イ}}{\boxed{ウ}}}$　となる整数ア，イ，ウを求めなさい。

ただし，$\boxed{イ} < \boxed{ウ}$ とします。

（7）　$\dfrac{22}{17} = 1 + \cfrac{1}{\boxed{ア} + \cfrac{1}{\boxed{エ} + \cfrac{1}{\boxed{オ}}}}$　となる整数エ，オを求めなさい。

3

(8)，(9)の ☐ にあてはまる数を答えなさい。

(8) 小数第1位以下で1がくり返し現れる0.111111…… があります。この小数を分数で表してみましょう。

◎＝0.111111…… とします。◎を10倍すると，◎×10＝△ となります。

◎×10＝△ と ◎＝0.111111…… から，0.111111…… を分数で表すと，

☐ になります。

(9) 小数第1位以下で2と1がくり返し現れる1.212121…… があります。この小数を分数で表すと ☐ になります。

4

(10) $\dfrac{12}{\boxed{ア} \times \boxed{ア} - 3}$ が整数となるような2以上の整数アをすべて求めなさい。

5

（１１）花子さんにはお兄さんがいて，お母さんはお兄さんより 22 才年上です。
いまから 5 年後に，花子さんとお兄さんの年令の和がお母さんの年令と
同じになります。いまの花子さんの年令を答えなさい。

6

（１２）すべての辺の長さが整数である直方体の容器があります。これに
360 cm³ の水が入っていて，ある面を底面にしたときの水の高さは 12 cm，
別の面を底面にしたときの水の高さは 9 cm でした。この容器の容積は最も
小さくて何 cm³ ですか。ただし，辺の長さの単位は cm とします。

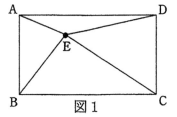

図1

7

　ノートに，長方形 ABCD をかきました。

　図1では，点 E を長方形の内部にかき，図2では，点 E を長方形の外部にかきました。

　図1，図2のどちらも，三角形 EAB の面積は 64 cm²，三角形 EDA の面積は 48 cm²，三角形 ECD の面積は 128 cm² です。

（13）図1の三角形 EBC の面積は何 cm² ですか。

（14）図2の三角形 EBC の面積は何 cm² ですか。

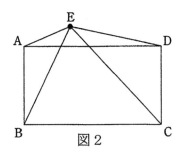

図2

8

次のルールにしたがって，中学1年生16人ですもう大会を行います。

《 ルール1 》常に2人で対戦します。

《 ルール2 》8組の対戦がすべて終わってから，次の対戦の組み合わせ
を先生が決めます。そのとき，勝ち数がまったく同じ人ど
うしが対戦することとします。

《 ルール3 》全て勝っている生徒が1人になったら終了します。

（15）この大会は，何回戦まで行いますか。

（16）大会が終了したとき，ちょうど2敗した人は何人いますか。

9

（１７）妹のひかりさんは家から 1500 m のきょりにある学校を 3 時に出て，と中の公園で遊んでから家に帰ります。下のグラフは，ひかりさんの進むようすを表したものです。

　姉ののぞみさんは 3 時を過ぎてから家を出て，公園に向かいます。のぞみさんはひかりさんの 2 倍の速さで歩くことができます。のぞみさんが公園でひかりさんに会うためには，のぞみさんは遅くても 3 時 ☐ 分に家を出なければなりません。

　☐ にあてはまる数を答えなさい。ただし，2 人はそれぞれ一定の速さで歩くものとします。

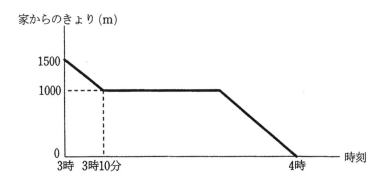

（18）正五角形 ABCDE の内部に，図のように点 F をとりました。AE と
　　　AF の長さは同じです。図のアの角の大きさを求めなさい。

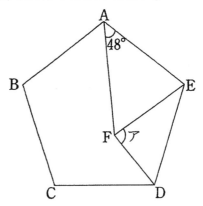

$\boxed{11}$

（１９）８つの面がすべて正三角形の立体があります。図の点●は，立体の頂点または辺のまん中の点です。

　　立体を図の点 A を通る平面で切ります。切り口が次の①，②のような図形になるときの切り口を，定規を使ってそれぞれ１つかきなさい。そのとき，できた図形の頂点に✕印をかきなさい。

　　① ４つの頂点がすべて点●である台形
　　　（ただし，平行四辺形ではないものとする）
　　② ６つの頂点がすべて点●である正六角形

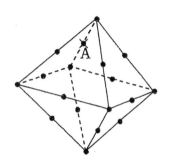

12

（２０）（図１）太陽と観測地点を結ぶ直線と地平面との角度を太陽の高度と
　　　　　いいます。

　　　　（図２）太陽が真南にきたときを南中といい，そのときの高度を南中
　　　　　高度といいます。

　　　　（図３）ある日の名古屋市のある地点 A での南中高度は 78.3°，札幌
　　　　　市のある地点 B での南中高度は 70.4° でした。図の太陽光は平行
　　　　　です。

　　　　（図４）２点 A，B の間のきょりは 955.6 km です。

　　　地球を球としたとき，地球の中心と２点 A，B を通る平面で地球を切
　　ったときにできる円の周は何 km ですか。小数第１位を四捨五入して答
　　えなさい。

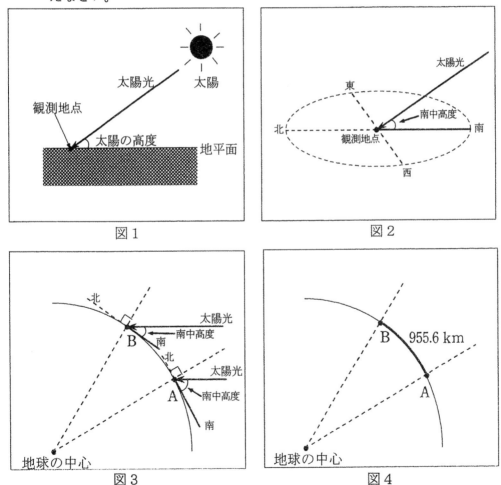

図１　　　　　　　　　　　　　図２

図３　　　　　　　　　　　　　図４

13

（２１）正七角形 ABCDEFG の頂点は同じ円の周の上にあります。解答用紙に
は，その円と，正七角形の頂点のうち，点 A と点 D がかかれています。
他の頂点 B，C，E，F，G を作図し，かき方の手順を説明のらんに書き
なさい。**この問題では，コンパスの針をちょうど３回さします。**

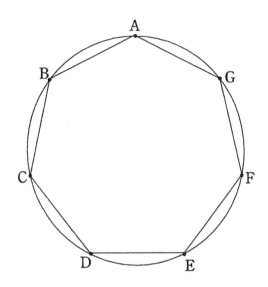

《 コンパスを使用するときの注意 》

・作図するのに使った線は消さずに残しておくこと。

・円または円の一部をかくときだけ，針をさす。

・長さをはかりとるときは，針をささない。

・この問題では，コンパスの針をちょうど３回さす。

・１番目にかいた円または円の一部の横に①と書く。

・２番目にかいた円または円の一部の横に②と書く。

・３番目にかいた円または円の一部の横に③と書く。

2023 年度

南山中学校女子部　入学試験問題

理　科

【　注意　】

1．試験開始の合図があるまで，この問題冊子の中を見てはいけません。

　　試験開始まで，この【　注意　】をよく読んでください。

2．試験時間は５０分です。

3．解答用紙の受験番号，名前は最初に記入してください。

4．この問題冊子は１８ページで，問題は $\boxed{1}$ ～ $\boxed{4}$ です。

5．試験開始の合図後，問題冊子や解答用紙に印刷が悪くて見にくいところや汚れ（よご）などのある場合は，だまって手をあげて監督（かんとく）の先生に知らせてください。

6．答えはすべて解答用紙に書き，記号で答えるものはすべて記号で答えなさい。

7．試験終了（しゅうりょう）後は解答用紙のみを提出し，問題冊子は持ち帰ってください。

1 文章を読んで下の問いに答えなさい。

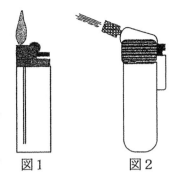

図1　　　図2

　リカさんは，ある風の強い日に屋外で図1のようなライターを使って線香に火を着けようとしました。しかし，ライターの赤い炎はすぐに消えてしまい，なかなか着けることができませんでした。いっしょにいた親せきのお姉さんが，そのライターに図2のような特別な装置をつけたところ，炎が青く強くなり，すぐに線香に火を着けることができました。

　お姉さんは「この特別な装置は，空気を取りこんでライターの燃料を燃やすことで炎が青く強くなる」ことを教えてくれました。そして，これはガスバーナーという理科室で使う器具と同じ仕組みだということも教えてくれました。

　リカさんは赤い炎と青い炎のちがいにとても興味を持ったので，それについて調べることにしました。インターネットで調べてみると図3と図4の炎の温度のちがいを見つけることができました。

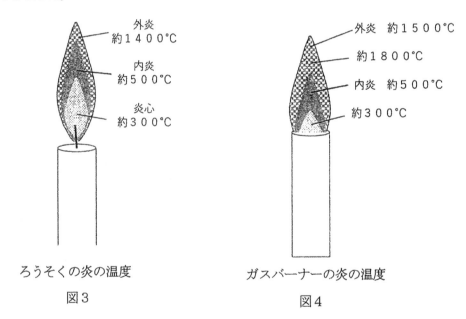

ろうそくの炎の温度

図3

ガスバーナーの炎の温度

図4

[1] 次の①，②の問いに答えなさい。

①　空気の成分の中で，燃料などを燃やす時に必要な成分の名前を漢字で答えなさい。

②　どのような言葉をインターネットで検索すれば，すぐに図3と図4を見つけることができますか。次のあ～おから選び記号で答えなさい。

　　　あ　ほのお　　　　　い　炎　温度　　　　　う　ろうそく　温度

　　　え　ガスバーナー　　お　ガスバーナー　温度

インターネットで見つけた図から炎は場所によって温度が異なることがわかりましたが,「赤い炎」は強い風で消えやすく,「青い炎」が消えにくい理由はわかりませんでした。そこで理科室でガスバーナーを使って実験をすることにしました。ガスバーナーは図5のような装置で,空気調節ねじを回さず(空気を入れず)にガスを燃焼させると赤い炎,空気を入れて燃焼させると青い炎になります。

リカさんは次のような理科ノートを書きました。

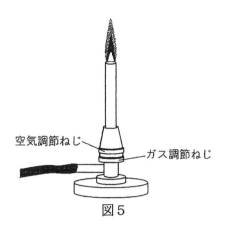

空気調節ねじ

ガス調節ねじ

図5

7月22日(金)　晴れ　室温27℃

①:赤いほのおと青いほのおの強さのちがいは何だろうか。

②:ほのおの温度にちがいがある。赤いほのおの方が低く,青いほのおの方が高いと思う。青いほのおで加熱した方が水は早くふっとうする。

③:右の図のような装置を組み,ガスバーナーを赤いほのおや青いほのおにして試験管の中の水を加熱し,ふっとうするまでの時間を測った。
　ほのおの大きさは,先が試験管の底にふれるぐらいにした。

④:

ほのおの色	ふっとうするまでの時間〔秒〕
赤	69
赤	68
赤	33
赤	34
青	60
青	61

試験管と温度計を固定する
スタンドは省略した

⑤:予想とちがって,赤いほのおの方が早くふっとうした。

⑥:赤いほのおで加熱した試験管の水の方が早くふっとうしたことから,赤いほのおの温度が高い。

⑦:赤いほのおの方が勢いは弱かったが,早くふっとうしたのは意外だった。
　また,赤いほのおで加熱した試験管の底には黒いものがついていた。

---

[2]理科ノートのタイトル①～⑦に当てはまる語句を次の**あ**～**く**からそれぞれ選び記号で答えなさい。

あ　感想　　　**い**　考察　　　**う**　資料　　　**え**　予想

お　問題　　　**か**　結論　　　**き**　実験方法　　**く**　結果

［３］ガスバーナーのように燃料などを燃やす時に，送りこむ空気の量を多くすると周りの温度がより高くなることは昔から知られていました。江戸時代にこの現象を利用して砂鉄から鉄をつくっていた製法を「●●●ぶき」といいます。●●●に入るひらがなを答えなさい。

理科ノートを見た先生は，リカさんに「水の量は全て同じにしましたか」また「加熱前の水の温度は同じですか」と聞きました。リカさんは「加熱する水の量」と「加熱する前の水の温度」が結果に影響することを知りました。そこで，加熱する水の量のちがいが，ふっとうするまでの時間に影響することを確かめるために，実験を行いました。

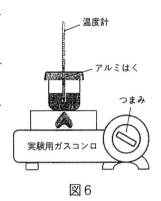

図６

６個の２００ｍＬビーカーにそれぞれ，水道水を５０ｍＬ，７５ｍＬ，１００ｍＬ，１２５ｍＬ，１５０ｍＬ，１７５ｍＬ入れ，全てのビーカーをしばらく冷蔵庫の中へ入れておきました。

加熱するビーカーだけを冷蔵庫から出してふっとう石を入れ，図６のように実験用ガスコンロで加熱しました。

ビーカーの中の水がわき立って，温度が１００℃近くになるまでの時間を測りました。図６では温度計を固定するスタンドは省略してあります。

［４］全てのビーカーをしばらく冷蔵庫へ入れたのはなぜですか。２０字以内で答えなさい。
　　ただし，句読点（「、」と「。」）も１字として数えなさい。

［５］温度計をビーカーの底につけて，温度を測ってはいけません。それはなぜですか。１５字から２５字で答えなさい。ただし，句読点（「、」と「。」）も１字として数えなさい。

［６］次の①，②の問いに答えなさい。

①　加熱してしばらくしてから，温度計を見たところ，図７のように液の先がめもりの線と線の間にありました。この温度計の読みを数字で答えなさい。

②　図８の温度計の矢印の部分を何といいますか。

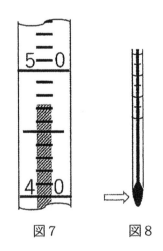

図７　　　図８

この実験の結果は次のようになりました。

水の量〔mL〕	加熱前の水の温度〔℃〕	ふっとうした時の水の温度〔℃〕	ふっとうするまでの時間〔秒〕	ガスコンロのつまみのレベル
50	10	100	30	3
75	10	100	44	3
100	10	100	58	3
125	10	100	69	3
150	10	100	85	3
175	10	100	97	3

〔7〕 ガスコンロのつまみのレベルを全て「3」にしたのはなぜですか。15字以内で答えなさい。ただし，句読点(「、」と「。」)も1字として数えなさい。

〔8〕 リカさんは，この実験からわかったことを次のようにまとめました。

「加熱する水の量が多くなるとふっとうするまでの時間が■■■■ことがわかった。」

■■■■にはいる言葉を，漢字をふくめて4字で答えなさい。

〔9〕 実験用ガスコンロの火を消す時の手順として正しいものをあ〜おから選び記号で答えなさい。

あ つまみを「消」の方へ回して火を消し，冷えてからガスボンベを外し，つまみが「消」になっていることを確認する。

い つまみを「消」の方へ回して火を消し，すぐにガスボンベを外し，つまみが「消」になっていることを確認する。

う つまみを「消」の方へ回して火を消し，冷えてからガスボンベを外し，もう一度つまみを「点火」まで回し，再び「消」の方へ回す。

え つまみを「消」の方へ回して火を消し，すぐにガスボンベを外し，もう一度つまみを「点火」まで回し，再び「消」の方へ回す。

お つまみを「消」の方へ回して火を消し，もう一度つまみを「点火」まで回し，再び「消」の方へ回した後，ガスボンベを外す。

リカさんの理科ノートには「赤いほのおで加熱した試験管の底に黒いものがついた。」と書いてありました。先生にこの黒いものは「すす」だということを教えてもらいました。「すす」についてインターネットで調べてみると「ものが燃えるときに必要な成分の量が足りないとすすが出ることがある」ということがわかりました。また「すす」を出す炎には特ちょうがあることもわかりました。

[10] あ～きの炎ですすを出すものをすべて選び記号で答えなさい。

  あ ガスバーナーの赤い炎

  い ガスバーナーの青い炎

  う 実験用ガスコンロの炎

  え アルコールランプの炎

  お ろうそくの炎

  か マッチの炎

  き 通常のライターの炎

[11] すすを出す炎の上に容器をかざし，その容器についたすすを利用したものをあ～おから選び記号で答えなさい。

  あ 線香

  い 書道の墨

  う 木炭

  え マッチの頭

  お 花火の火薬

2 文章を読んで下の問いに答えなさい。

図1

イネの実を2つに切り，その切り口にヨウ素液をつけるとこいむらさき色になる部分とならない部分があります。こいむらさき色になる部分は「胚乳（はいにゅう）」といい，私たちが食べるところになります。また，こいむらさき色にならない部分は「胚（はい）」といい，根とくきと葉になります。

[12] 図1はイネの実を2つに切ったところを表していますが，胚乳と胚はかかれていません。解答用紙の図の中に胚をかき，胚乳の部分は黒くぬりつぶしなさい。

私たちはイネの胚乳を「米（こめ）」，そして米を炊（た）いたものを「ご飯」と呼んでいます。

[13] 下のグラフは「100gのご飯」と「100gの米」をつくっているものの種類とその重さ〔g〕を表しています。「100gの米」について表しているグラフはどちらですか。あ または い の記号で答えなさい。

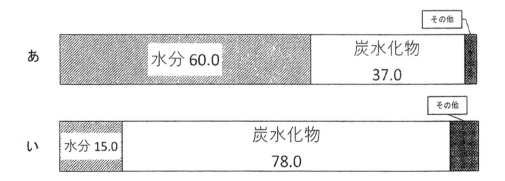

[14] 100gの米を炊いてご飯にすると，何gの水分を吸収することになりますか。[13]のグラフの数値を使って計算しなさい。答えは小数点以下を四捨五入して整数にすること。ただし，米がご飯になるときには水分だけが出入りするものとします。

6

私たちヒトは食べ物を口の中でよくかみ，細かくして飲みこみます。ご飯を食べると，口の中ではだ液が出てご飯と混ざり，別のものに変えていきます。

[15] ご飯がだ液と混ざって別のものに変わったことを確かめるために必要な実験を**あ～か**からすべて選び，記号で答えなさい。
    あ　３６℃くらいのご飯にヨウ素液をかける。
    い　ご飯とだ液を混ぜたものを冷蔵庫に１０分入れた後，ヨウ素液をかける。
    う　ご飯とだ液を混ぜたものを３６℃くらいで５分温めた後，ヨウ素液をかける。
    え　ご飯と少量の水を混ぜたものを３６℃くらいで５分温めた後，ヨウ素液をかける。
    お　ご飯と少量の水を混ぜたものを冷蔵庫に１０分入れた後，ヨウ素液をかける。
    か　だ液を冷蔵庫に１０分入れた後，ヨウ素液をかける。

[16] ご飯がだ液と混ざってできる別のものがふくまれているものを，**あ～お**から選び記号で答えなさい。
    あ　水あめ
    い　片くり粉
    う　小麦粉
    え　ハチミツ
    お　酢

[17] 次の文中の①～⑤に当てはまる語句を漢字で書きなさい。
    ご飯を歯でかみくだいたり，だ液の働きで変化し，体に吸収されやすい養分に変化することを消化といいます。また，だ液や胃液のように，消化に関わる働きをする液を　①　といいます。肉を食べたときは，だ液と混ざっても別のものに変わることはなく，胃の中で胃液と混ざり，別のものに変わります。胃液でも消化されなかったものは　②　で消化されます。消化によってできた養分のほとんどは　②　で吸収され，　③　によって体のすみずみに運ばれていきます。
    ここまでで消化されなかったものは　④　へ運ばれて，最終的には　⑤　として体の外へ出されます。

[18] 前問［17］の文中の②と④の臓器の場所を図2の**あ～え**からそれぞれ選び記号で
　　 答えなさい。

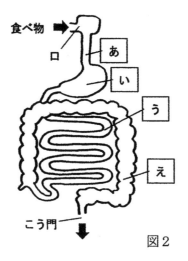

図2

[19] 身長が150cmのヒトの消化管の長さに近いものを，**あ～お**から選び記号で答え
　　 なさい。

　　 あ　約1.5m

　　 い　約3m

　　 う　約6m

　　 え　約9m

　　 お　約15m

[20]「養分」をたくわえたり，必要な時に全身に送ったりする働きをする臓器の位置を，
　　 図3の**あ～え**から選び記号で答えなさい。

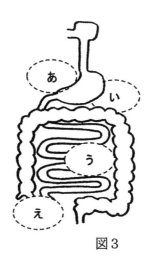

図3

3 文章を読んで下の問いに答えなさい。

　名古屋市にある南山中学校女子部の屋上で，月の様子を数か月の間にそう眼鏡や望遠鏡で観察したところ，月は日によって形が変わって見え，約1か月でもとの形にもどることがわかりました。下の図①〜⑧は約1か月の間に観察した月の形を大きさが等しくなるように表したスケッチです。ただし，①は月が明るくかがやいているようには見えないことを表しています。

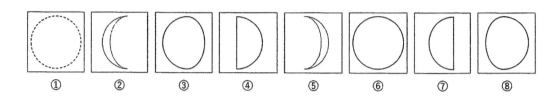

[21] 月が明るくかがやいて見えるのはなぜですか。１５字以内で答えなさい。ただし，句読点（「、」と「。」）も１字として数えなさい。

[22] ①をはじまりとして，②〜⑧について約1か月間の月の形の変化を正しい順に並べかえなさい。

[23] ①，②の月は何と呼ばれていますか。最も適するものを**あ**〜**く**からそれぞれ選び記号で答えなさい。
　　あ　新月
　　い　満月
　　う　上弦の月
　　え　下弦の月
　　お　三日月
　　か　立待月
　　き　十三夜月
　　く　有明の月

[24] 日没直後に④を観察したときの月の位置を表したものとして最も適するものを次の
あ〜くから選び記号で答えなさい。

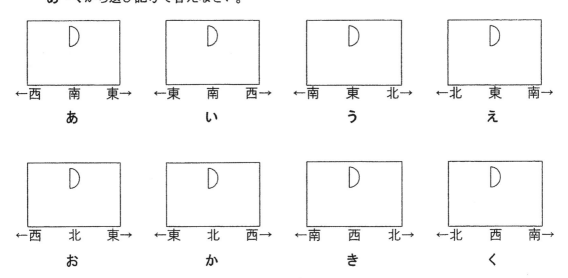

また，②〜⑧については写真でも記録していました。この写真を使って数か月間の⑥の
表面の様子をくらべてみたところ，ほぼ変化がなく同じに見えることがわかりました。月
が地球のまわりを円をえがいて回っているとすると，この結果から月はフィギュアスケー
ト選手のスピンのように自らも回っていると考えることができます。

[25] 月の表面はでこぼこしていますが，くぼんだ部分を何といいますか。

[26] 月が約1か月間で自ら回っていると考えられる回数について，最も適するものを
あ〜きから選び記号で答えなさい。

あ　1回

い　1回半

う　2回

え　1回，2回，3回，・・・

お　1回，1回半，2回，2回半，・・・

か　1回半，2回半，3回半，・・・

き　⑥の写真をくらべるだけでは考えることができない

[27] 今回の観察を通して月に興味をもちインターネットや本でさらに調べたところ，「月がもとの形にもどる日数」は「月が地球のまわりを１周する日数」とはちがうことがわかりました。授業ではどちらも約１か月と教わっていたので，日数にちがいがあることはおどろきでした。そこで，これまでの自分の考えと今回調べたことを，模型を使って次のようにまとめました。A，Bに当てはまる日数を答えなさい。割り切れない場合は小数第２位を四捨五入して小数第１位まで答えなさい。

平らな発泡スチロールの面を宇宙と見立てて，太陽，地球，月を同じ長さのまち針で同じ深さだけさして表す。地球には観測者を表す印をつけ，観測者は同じ時刻・場所で観測するとする。また，月が地球のまわりを１周するのに３０日かかるとする。太陽と地球の位置を固定して考えれば，月は図１のときから３０日たてば１周してまた同じ位置にもどるので，観測者から見ると月がもとの形にもどる日数は　A　日になる。しかし，実際は地球も太陽のまわりを回っている。１年は３６５日であり，地球（月）は太陽（地球）のまわりを円をえがいて回っているとすると，図１から３０日後は図２のような位置関係になる。つまり，観測者から見ると３０日たっても月がもとの形にもどるにはまだ　B　日たりないことになる。よって，「月がもとの形にもどる日数」は「月が地球のまわりを１周する日数」とはちがう。

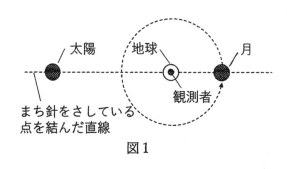

図１

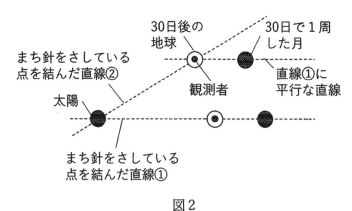

図２

このページには問題がありません。

4 文章を読んで下の問いに答えなさい。

　鉄のくぎを磁石に近づけると，鉄のくぎは磁石になります。図1のように3本の鉄のくぎA〜Cを磁石のS極に並べてつけます。磁石からはずしたあとでは，2本の鉄のくぎAとBが小さい鉄のくぎを引きつけるので，2本の鉄のくぎAとBは磁石になったことがわかります。

　次に，磁石からはずしたあとの鉄のくぎAを発泡スチロールの板の上にのせて水面にうかせると，鉄のくぎAの磁石についていた部分は　①　の方角をさし，先のとがった部分は　②　の方角をさします。これは地球を大きな磁石だと考えると説明できます。磁石には引きあったりしりぞけあったりする性質があるからです。つまり，方位磁針とは小さな磁石を自由に動かせるようにして方角を調べることができるようにしたものです。

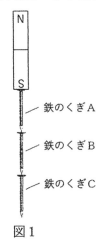

図1

[28] 鉄のくぎの他に磁石につくものを**あ〜か**からすべて選び記号で答えなさい。
　　　あ　1円玉
　　　い　10円玉
　　　う　アルミニウムの缶
　　　え　スチールの缶
　　　お　使用前の使い捨てカイロ
　　　か　紙

[29] ①，②にあてはまる方角を**東，西，南，北**からそれぞれ選び答えなさい。

[30] 地球の北極は**N極，S極**のどちらか選び答えなさい。

[31] 鉄のくぎBのとがった部分は**N極，S極**のどちらか選び答えなさい。

[32] いくつかの方位磁針を磁石のまわりに置いたとき，方位磁針のさす向きとして最も適するものを**あ〜か**から選び記号で答えなさい。ただし，まわりに磁石のないところでこの方位磁針を使うと，針の「▲」が北をさします。

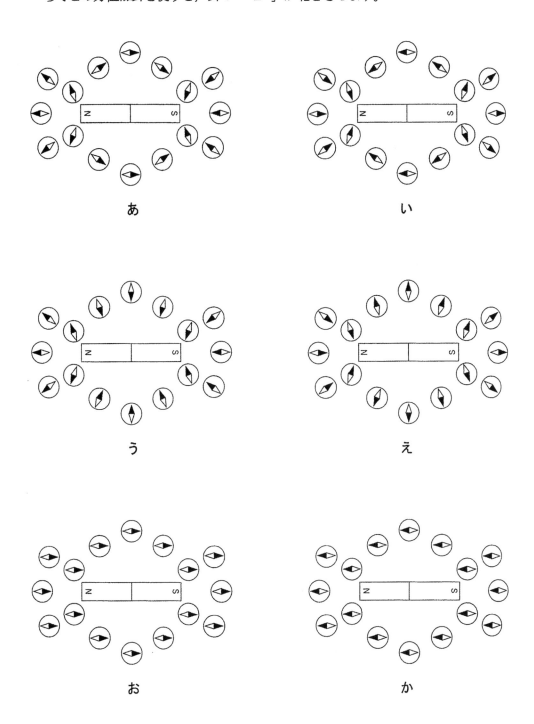

磁石のもつはなれていても引きあったりしりぞけあったりする性質についてさらに調べるために，まず図2のように電子てんびんに固定した棒磁石AのS極に，同じ形をした別の棒磁石BのS極を近づける実験をしました。棒磁石Bを近づける前の電子てんびんの値は30gでした。棒磁石A，Bが一直線になるように棒磁石の間の長さを変えて電子てんびんの値を読んでいくと，結果は表1のようになりました。

　また，図3のように他の条件は変えずに棒磁石BのN極側を近づけて同じ実験をしたところ，結果は表2のようになりました。

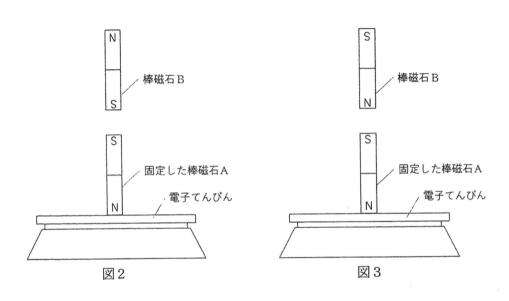

図2　　　　　　　　　　　　図3

表1　　図2の実験結果

棒磁石の間の長さ〔cm〕	3.0	2.5	2.0	1.5	1.0	0.5
電子てんびんの値〔g〕	32	33	34	37	42	56

表2　　図3の実験結果

棒磁石の間の長さ〔cm〕	3.0	2.5	2.0	1.5	1.0	0.5
電子てんびんの値〔g〕	28	27	26	23	18	4

[33] 表1，2について，棒磁石の間の長さと電子てんびんの値の関係を解答用紙のグラフにかきなさい。線で結ばずに表1は ● で，表2は △ でかきなさい。

[34] 図2と図3の実験からわかることやいえることを**あ～く**からすべて選び記号で答えなさい。

 あ 磁石のはなれていても引きあう性質は磁石どうしが近づくほど強まる。

 い 磁石のはなれていても引きあう性質は磁石どうしが近づくほど弱まる。

 う 磁石のはなれていてもしりぞけあう性質は磁石どうしが近づくほど強まる。

 え 磁石のはなれていてもしりぞけあう性質は磁石どうしが近づくほど弱まる。

 お 図2において棒磁石の間の長さを0.25cmにすると，電子てんびんの値は60gより大きくなる。

 か 図2において棒磁石の間の長さを0.25cmにしても，電子てんびんの値は60gより大きくはならない。

 き 図3において棒磁石の間の長さを0.75cmにすると，電子てんびんの値は10gより小さくなる。

 く 図3において棒磁石の間の長さを0.75cmにしても，電子てんびんの値は10gより小さくはならない。

次に，図4のように棒磁石A，Bが一直線になるように棒磁石の間の長さを2.0cmに固定して，棒磁石BのS極に当たるように鉄の板，プラスチックの板，厚紙を棒磁石の間に入れて電子てんびんの値を読んだところ，結果は表3のようになりました。

　また，図5のように他の条件は変えずに棒磁石BのN極側を近づけて同じ実験をしたところ，結果は表4のようになりました。

　図4，5の実験で棒磁石の間に入れた3種類のものはどれも厚さ1.0mmで，一辺の長さが3.0cmの正方形にしています。図6は真上から見た実験の様子です。ただし，スタンドは省略してあります。

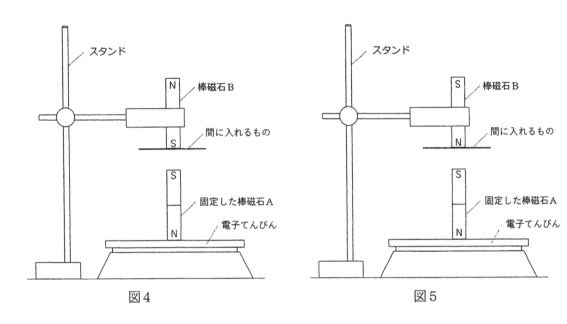

図4　　　　　　　　　　　　　　　　　図5

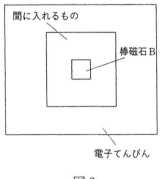

図6

表3　　図4の実験結果

間に入れたもの	鉄の板	プラスチックの板	厚紙
電子てんびんの値〔g〕	３０	３４	３４

表4　　図5の実験結果

間に入れたもの	鉄の板	プラスチックの板	厚紙
電子てんびんの値〔g〕	３０	２６	２６

　　図4と図5の実験から，磁石のもつはなれていても引きあったりしりぞけあったりする性質を強めるものは　①　，弱めるものは　②　，この性質に影響を与えないものは　③　ということがわかりました。

[35] 上の文の①～③に当てはまるものを，次の**あ**～**く**からそれぞれ選び記号で答えなさい。ただし，同じ記号を何度用いても構いません。

　　　あ　鉄の板
　　　い　プラスチックの板
　　　う　厚紙
　　　え　鉄の板とプラスチックの板
　　　お　鉄の板と厚紙
　　　か　プラスチックの板と厚紙
　　　き　鉄の板とプラスチックの板と厚紙
　　　く　鉄の板とプラスチックの板と厚紙のどれでもない

2023 年度

南山中学校女子部　入学試験問題

社　会

このページには問題がありません。

このページには問題がありません。

1 　将棋が大好きな花子さんは，山形県を訪れました。夏休みの都道府県調べの宿題で，山形
　　県の地理について調べることにしました。

問1　花子さんが，山形市内を歩いていると「ヤッショ，マカショ」のかけ声と太鼓の音が聞
　　こえてきました。花笠まつりです。花笠まつりは，県の花としても有名な「紅花」の豊作
　　を願い，水のめぐみに感謝するおどりです。これに関する次の問いに答えなさい。

（1）　この祭りは東北４大祭の一つとして知られています。次のA〜Cの写真は，他の３つ
　　　の祭りの様子です。それぞれの祭りがひらかれる都道府県名を，次のア〜オから１つず
　　　つ選びなさい。

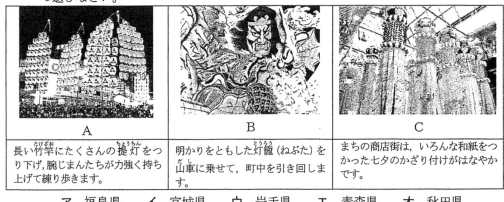

A	B	C
長い竹竿にたくさんの提灯をつり下げ，腕じまんたちが力強く持ち上げて練り歩きます。	明かりをともした灯籠（ねぷた）を山車に乗せて，町中を引き回します。	まちの商店街は，いろんな和紙をつかった七夕のかざり付けがはなやかです。

　　　ア　福島県　　イ　宮城県　　ウ　岩手県　　エ　青森県　　オ　秋田県

（2）　紅花の生産には，地形だけでなく，気候条件も大きく関係しています。次のグラフ
　　　は，山形県の酒田市と岩手県の宮古市における月別平均気温と月別日照時間について表
　　　したものです。グラフのaとb，cとdは，それぞれ酒田市か宮古市のいずれかです。
　　　正しい組み合わせを，次のア〜エから１つ選びなさい。

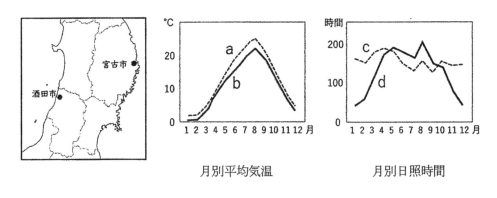

　　　月別平均気温　　　　　　　　月別日照時間

　　　ア　酒田市 － a　宮古市 － c　　　　イ　酒田市 － b　宮古市 － c
　　　ウ　酒田市 － a　宮古市 － d　　　　エ　酒田市 － b　宮古市 － d

問2　右の図は, 紅の道と呼ばれる, 紅花の交易ルート
　　　です。戦国時代以前, 近江（現在の滋賀県）の商人
　　　を中心として地図のようなルートが使われていま
　　　した。江戸時代になり, 西廻り航路が整備され北前
　　　船が中心になると, このルートは衰退していきま
　　　す。

（1）　西廻り航路を使った場合, 酒田から大阪までど
　　　のような航路をたどったのか, 解答用紙の地図に
　　　線で書き込みなさい。

（2）　最上川河口にある酒田市では, 雑煮に丸餅を使います。東日本では, 角餅が圧倒的に
　　　多いのに対して, この庄内地域は, 西日本に多いはずの丸餅文化なのです。ここから西
　　　日本との交易が盛んであったことがわかります。下の図は, 当時の日本の特産物の番付
　　　を決めた「諸国産物見立相撲番付」です。東の関脇が最上の紅花で, 西の関脇が阿波の
　　　藍玉でした。下線部の両方に共通する用途について正しいものを, 次のア～エから１つ
　　　選びなさい。

　　　ア　香料
　　　イ　食用
　　　ウ　搾油
　　　エ　染料

問3　右の写真は, 酒田市にある山居倉庫という米の保
　　　管倉庫です。県内各地の米は, 最上川によって互い
　　　に結ばれ, 河口の酒田で保管されました。江戸時代
　　　の多い時では 18 万もの俵が保管されたと言いま
　　　す。花子さんは, 山形県の米文化や農業の様子につ
　　　いて調べました。

2

（1）　次のグラフは，青森，山形，茨城，新潟，鹿児島の５つの県について，それぞれの県の農業産出額にしめる耕種（こうしゅ）（米，野菜，果実，その他）と畜産（ちくさん）の割合について表したものです。山形県にあてはまるものを，次の**ア〜オ**から１つ選びなさい。

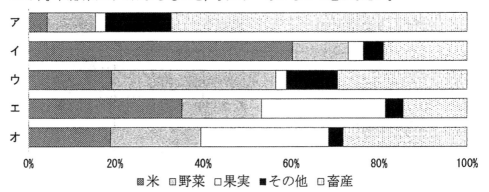

「データでみる県勢　2022年版」より作成

（2）　次のグラフは「庄内地方の総農家数と兼業（けんぎょう）・専業・自給的農家※1の割合」と「日本における農業で働く人数の変化」を示したものです。ＰとＱには，兼業か専業のどちらかが，またＲＳＴには，「16〜29才※2」「30〜59才」「60才以上」のいずれかがあてはまります。専業農家と30〜59才を示した組み合わせとして正しいものを，次の**ア〜カ**から１つ選びなさい。

※１　2000年から分類の方法が変わり「自給的農家」が加わりました。
※２　1995年からは15〜29才

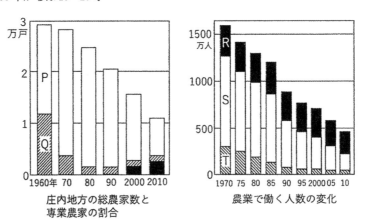

庄内地方の総農家数と
専業農家の割合

農業で働く人数の変化

	ア	イ	ウ	エ	オ	カ
専業農家	P	P	P	Q	Q	Q
30〜59才	R	S	T	R	S	T

問4　花子さんは，山形県の工業について調べると，電子部品が多くをしめることがわかりました。山形には，半導体※関連の工場が集中しています。花子さんは，日本の工業について工場の立地のとくちょうについて調べました。

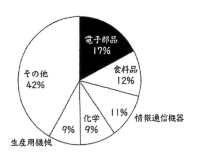

山形県の製造品出荷額等の割合

※半導体とは，ふだんは電気を通さないが，ある条件を加えると電気を通す物質のことです。

（1）次の図は，半導体，製紙工場，セメント工場，自動車工場の分布を示したものです。半導体以外の工場の分布について，それぞれにあてはまる組み合わせとして正しいものを，次のア〜カから1つ選びなさい。

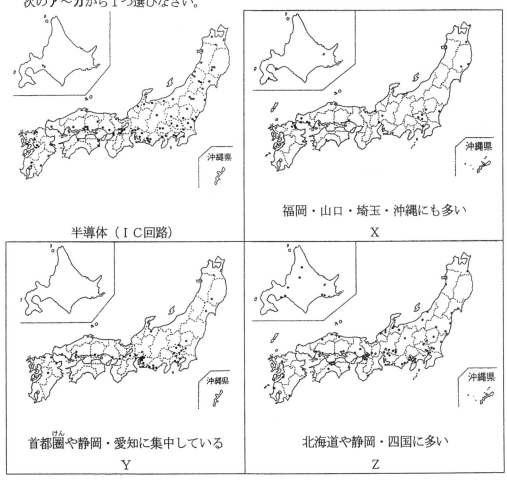

半導体（IC回路）

福岡・山口・埼玉・沖縄にも多い
X

首都圏や静岡・愛知に集中している
Y

北海道や静岡・四国に多い
Z

「日本国勢図会　2022/23年版」より作成

	ア	イ	ウ	エ	オ	カ
製紙工場	X	X	Y	Y	Z	Z
セメント工場	Y	Z	X	Z	X	Y
自動車工場	Z	Y	Z	X	Y	X

4

（2）次の文章は，半導体の工場の分布を他の図と比べて，その結果についてまとめた文章です。（　）にあてはまる語句の組み合わせとして正しいものを，次のア〜エから１つ選びなさい。

半導体工場の分布図をみると，半導体の工場は，九州地方と東北地方にも多いことがわかります。きれいな水と広い土地が豊富であるのに加えて，東京や大阪などの都市圏と比べると人件費が（　X　）のも理由の一つです。また，空港の近くなど，輸送しやすい場所に工場があり，半導体が製品として，軽く，生産費に占める輸送費の割合は（　Y　）こともとくちょうです。

	ア	イ	ウ	エ
X	高い	高い	安い	安い
Y	大きい	小さい	大きい	小さい

問5　次の地形図は，それぞれ右の図の①庄内平野の海岸付近の様子と，②鳥海山を示したものです。それぞれの地図を参考にしながら，あとの問いに答えなさい。

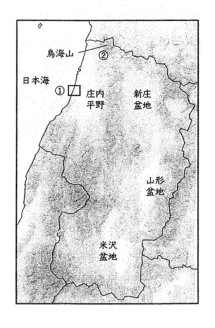

① 庄内平野の海岸付近の地形図

地理院地図を一部改変

（1）地形図中の●，△，■には，それぞれ「﹀」，「‖」，「⋀」のいずれかの地図記号が入る。
　　正しい組み合わせを，次の**ア〜カ**から1つ選びなさい。

	ア	イ	ウ	エ	オ	カ
●	﹀	﹀	‖	‖	⋀	⋀
△	‖	⋀	﹀	⋀	﹀	‖
■	⋀	‖	⋀	﹀	‖	﹀

（2）次の文章と図は，地形図のXの地点における集落のとくちょうについてのべたものです。
　　（　　　）にあてはまる語句として，最も適当なものを，次の**ア〜エ**から1つ選びなさい。

　　集落規模で，屋敷林が形成されています。
この林の主な目的は，（　　　）の被害を軽
くするためです。

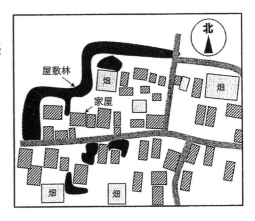

ア　やませ
イ　たつ巻
ウ　冬の季節風
エ　フェーン現象による高温の風

（3）次の地形図は，鳥海山を示したものです。下の図に示した鳥海山の立体図は，地形図中のどの方向からみたものでしょうか。次の**ア～エ**から１つ選びなさい。

②鳥海山の地形図

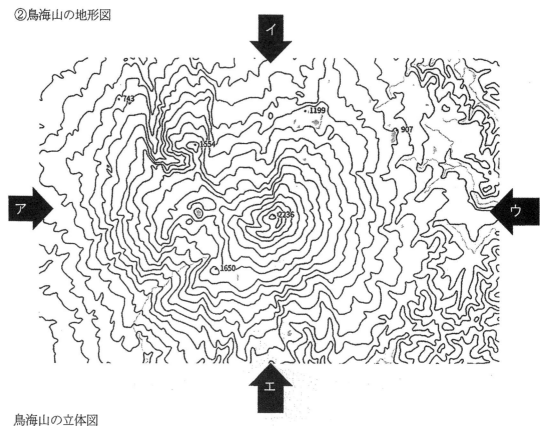

鳥海山の立体図

教英出版

二〇二三年度

国語 解答用紙

受験番号

名前

※200点満点
（配点非公表）

【二】

問一　A　B　C　問二

問三　問四

問五　すること。

問六　↓　↓　↓　↓

問七　問八

問九　「相手の気持ちがわかる」とは、相手の気持ちを

ことであって、

作図　　　　　　　　　　　　　　　　説明

13 (21)

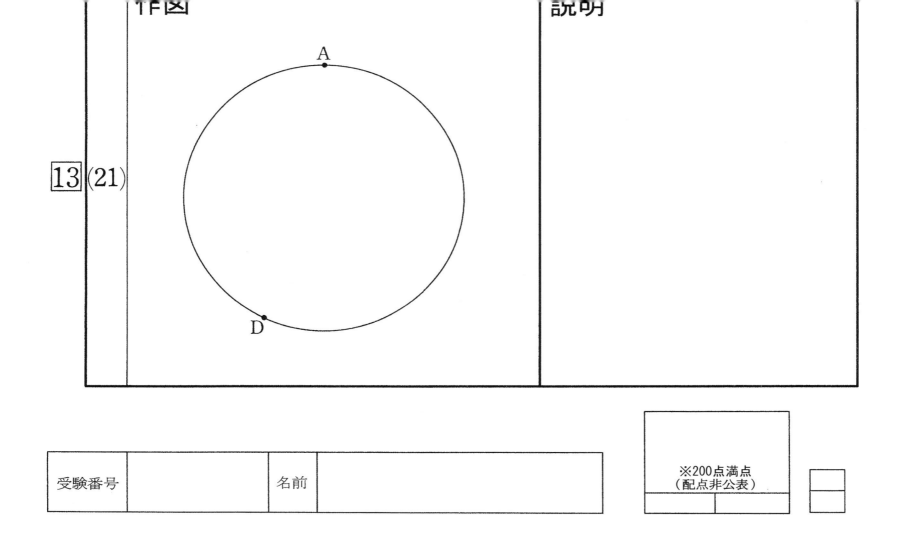

受験番号　　　　　　　名前

※200点満点
（配点非公表）

4	[28]	[29] ①	②	[30]	[31]	[32]	[34]	[35] ①	②	③
				極	極					

4 の [33]

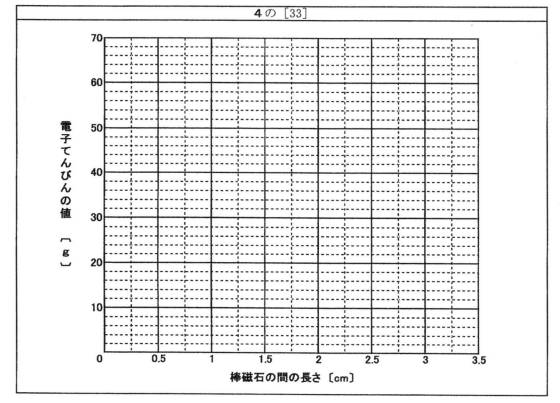

電子てんびんの値 〔g〕

棒磁石の間の長さ 〔cm〕

受験番号	名　前

※200点満点
（配点非公表）

問15（2）	問16
→　　　→　　　→　　　→	

問1（1）					問1（2）	問2（1）	
①	②	③	④	⑤		A	B

問2（2）	問2（3）
	だれもが（　　　　　　　）して利用できるしくみや環境が（　　　　　　　　　　　　）実情

3

問3（1）			問3（2）
①	②	③	

問4		問5（1）		問5（2）
④	⑤	⑥	⑦	

受験番号	名　前

※200点満点
（配点非公表）

2023(R5) 南山中（女子部）
K 教英出版

2023年度　社会　解答用紙

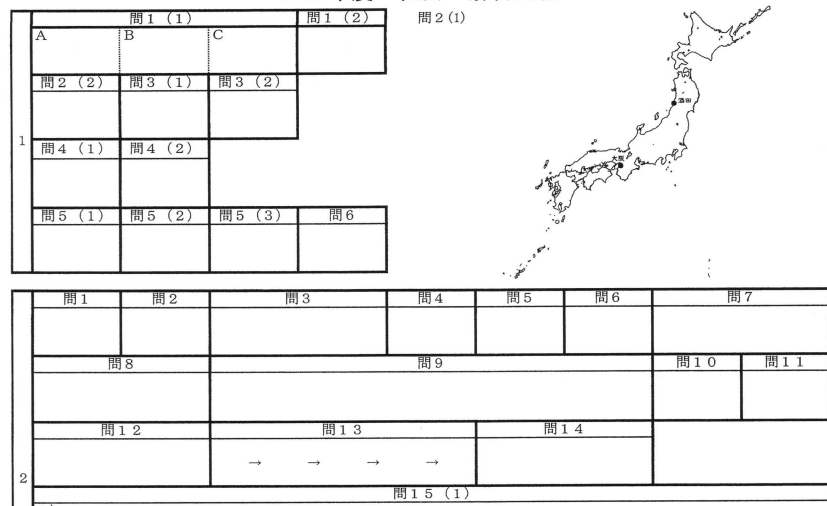

問2(1)

問1（1）			問1（2）
A	B	C	

問2（2）	問3（1）	問3（2）

問4（1）	問4（2）

問5（1）	問5（2）	問5（3）	問6

1

問1	問2	問3	問4	問5	問6	問7

問8	問9	問10	問11

問12	問13	問14
	→ → → →	

問15（1）
1)

2

２０２３年度　理科　解答用紙

1

[1] ① ②
[2] ① ② ③ ④ ⑤ ⑥ ⑦
[3]

[4]

[5]

[6] ① ℃ ②
[7]

[8] [9] [10] [11]

2

[13] [14] [15] [16] [17] ① ②
g

[17] ③ ④ ⑤ [18] ② ④ [19] [20]

2の[12]

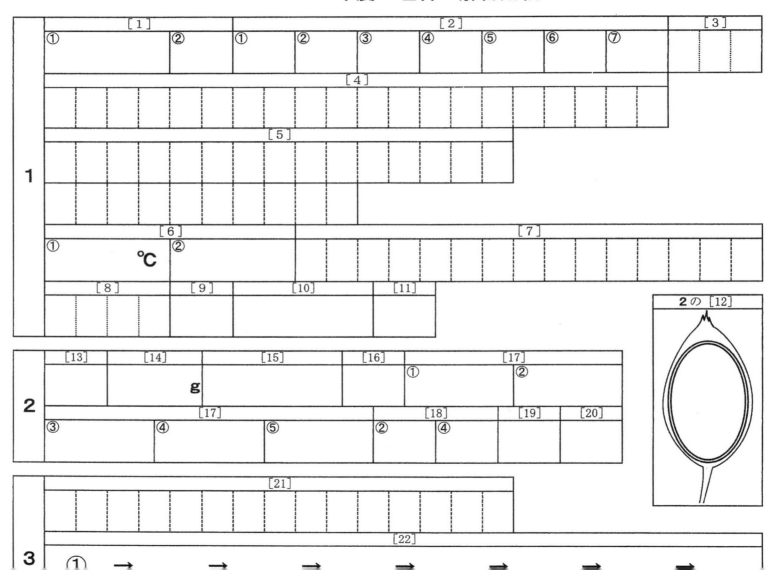

3

[21]

[22] ① → → → → → → →

2023 年度　算数　解答用紙

1	(1)	(2)	(3)	(4)	(5)

2	(6)	ア	イ	ウ	(7)	エ	オ

3	(8)	(9)		4	(10)		5	(11)	オ

6	(12)	cm³	7	(13)	cm²	(14)	cm²

8	(15)	回戦	(16)	人	9	(17)	10	(18)	度

11 (19)

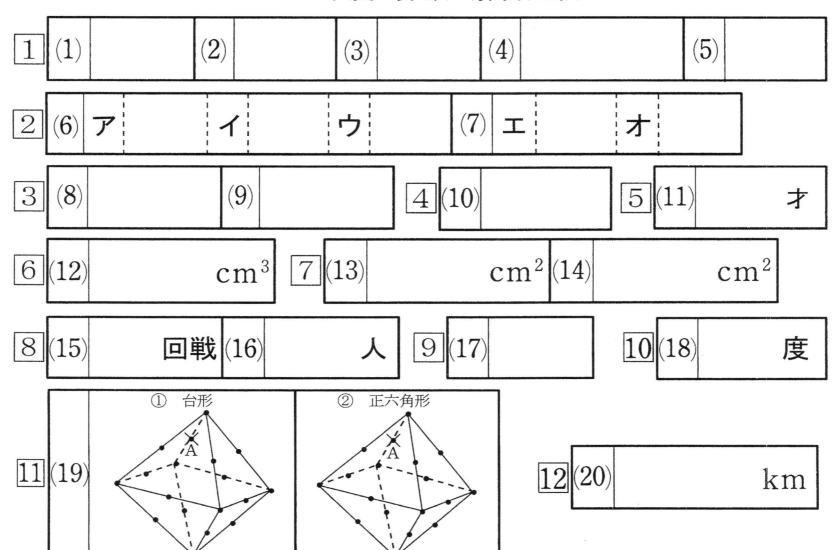

① 台形　　　② 正六角形

12	(20)	km

【三】

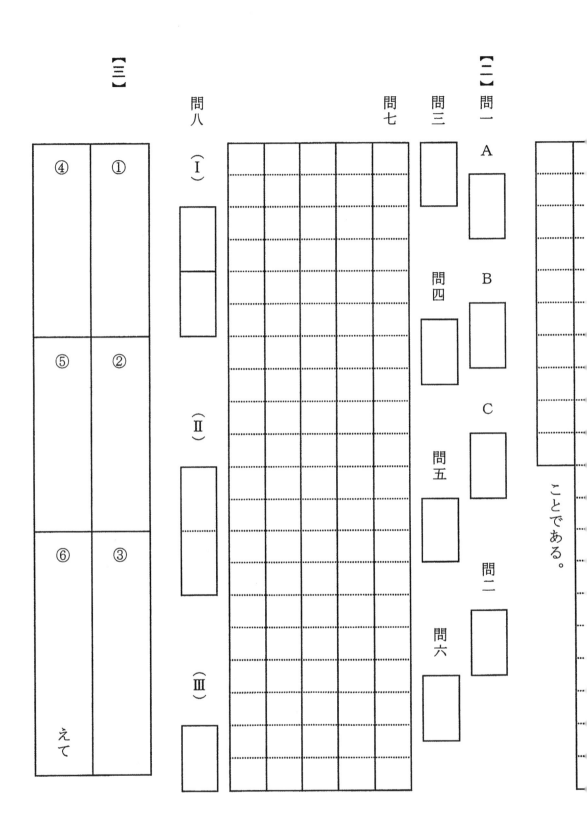

① ④

② ⑤

③ ⑥
えて

問八
（Ⅰ）

（Ⅱ）

（Ⅲ）

【二】問一
A

B

C

問二

問三

問四

問五

問六

問七

ことである。

問6　花子さんは，交通と地域の産業や生活との関わりについて調べるために，テーマに沿った図をいくつか作成することにしました。右の図は，山形県の主な交通と，山形県におけるいくつかの指標を市区町村別に示したものです。X～Zは，市区町村ごとの，「市町村の製造品出荷額の県全体に占める割合」，「県内における他市町村への通勤・通学者の割合」，「65才以上の人口の割合」のいずれかです。X～Zとの正しい組み合わせを，次のア～カから1つ選びなさい。

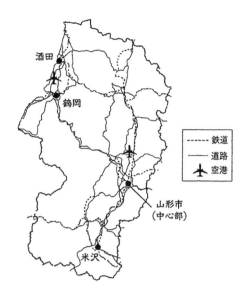

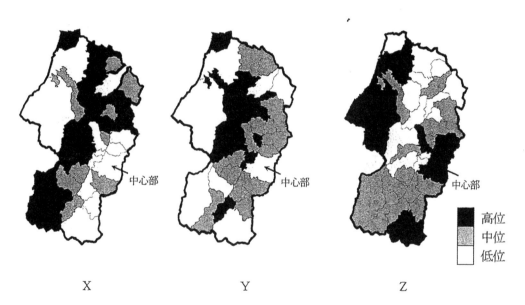

	ア	イ	ウ	エ	オ	カ
市町村の製造品出荷額の県全体に占める割合	X	X	Y	Y	Z	Z
65才以上の老年人口割合	Y	Z	X	Z	X	Y
県内における他市町村への通勤通学者の割合	Z	Y	Z	X	Y	X

2 次の文章を読み，問いに答えなさい。

　新型コロナウィルス感染症が世界をおびやかして４年になろうとしています。①この前と後では世界は大きく変わってしまったようにも思われますが，しかし医学はつねに感染症とのたたかいで発展してきましたし，そのような人間が自らの意思で自由に生きるために未来をよりよくしようとして世の中をつくりかえることこそ，人間が生きるということ，すなわち人間の歴史そのものともいえるでしょう。

　②人類が古くから知っていた病気のひとつにハンセン病があります。これが不幸な病気といわれたのは，顔や手などがただれて変形し，人にうつると恐れられたからです。③エジプトや西アジアの数千年前の文書にもでてきます。日本では，④聖徳太子や⑤聖武天皇の后がハンセン病患者のための施設をつくったといわれます。⑥鎌倉時代には，⑦忍性というお坊さんが北山十八間戸という建物を建てて，また一遍上人も病人たちを救おうとしたことが知られています。

　⑧キリスト教が伝わると宣教師によってハンセン病患者の救済活動がおこなわれましたが，⑨100 年ほどしかつづきませんでした。⑩それ以後，ほとんどの患者たちは差別を受けつづけました。

　⑪明治の初めにノルウェーの医師がハンセン病の原因菌を発見しましたが，⑫日本ではこのことがなかなか認められず，多くの人は遺伝による病気だと信じていました。⑬昭和には「無らい県運動」という病気を絶滅させる運動がひろがりました。それは患者を人里離れた療養所へ⑭強制収容する方法だったため，さらにひどい差別につながりました。この運動が愛知県からはじまっているのは残念ですが，その愛知県出身の小笠原登医師は，科学的な立場から隔離政策に反対し，治療を献身的におこなったことで知られています。

　⑮戦後は治療法も確立し，恐ろしい病気であるというまちがいは少しずつ直されていきましたが，患者に対する差別は続きました。日本国政府が，国の隔離政策の誤りを正式に認め，患者や家族たちに謝罪したのは，実は⑯21 世紀に入ってからのことです。もう二度とこのような悲しいできごとをくりかえしてはいけませんね。

問1　下線部①について，最近のできごとについて，みなさんが小学校に入学した 2017 年から
　　現在までのできごとにあてはまらないものを次のア～オから１つ選びなさい。
　ア　天皇が退位することが決まり，平成が終わった。
　イ　アメリカの大統領がはじめて広島を訪れた。
　ウ　アメリカの大統領と北朝鮮の最高指導者が会談をおこなった。
　エ　森友問題・加計問題・桜を見る会の問題が国会でとりあげられた。
　オ　消費税が 10％になった。

問2　下線部②に関係して，原始時代（弥生時代まで）の日本について述べた文として**適当でないもの**を，次のア〜エから1つ選びなさい。

ア　乳幼児の死亡率がたいへん高く，またお産で亡くなる女性も少なくなかった。

イ　大人になると病気やけがで亡くなる人も減るので，15歳以上の残りの人生は平均50年くらいだった。

ウ　年輪のような模様がのこる骨が発見されているのは，食べ物が少なく成長がとまった印だと思われている。

エ　弥生時代以降のような，余った農業生産物をうばいあうための村と村の殺しあいのいくさはほとんどなかった。

問3　下線部③について，ここでの文字は，エジプトではパピルスという紙のような繊維，西アジアでは粘土の板に刻み，情報を伝えていました。現在ではテレビやインターネットがその役割を果たしています。このように情報を送る方法や手段のことを何といいますか，**カタカナ4字**で答えなさい。

問4　下線部④の人物について述べた文として最も適当なものを，次のア〜エから1つ選びなさい。

ア　聖徳太子は四天王寺や法隆寺などを建てた。

イ　聖徳太子は犬小屋の前で生まれ，10人の訴えを一度に聞いたなどの伝説が残されているが，その多くは蘇我氏のたくらみで亡くなった太子をあわれに思った人びとによって，つけくわえられていったものだ。

ウ　冠位十二階の制度や十七条の憲法は，天皇中心の国づくりをすすめるため，蘇我氏の勢力を完全におさえるものだった。

エ　遣隋使の小野妹子は，中国に対して対等の立場をしめそうとして隋の都で殺されたので，すすんだ制度や文化・学問をとりいれることはむずかしかった。

問5　下線部⑤の人物について述べた文として**適当でないもの**を，次のア〜エから1つ選びなさい。

ア　病気でたくさんの人が亡くなり，災害や反乱も次つぎにおきたので，仏教の力で社会の不安をしずめようとして，政治からは遠ざかり，東山の別荘でくらした。

イ　平城京から恭仁京，難波宮，紫香楽宮，そしてまた平城京と都をてんてんと変えた。

ウ　仏教の力をひろめるために全国に60もの国分寺をつくらせた。

エ　全国の国分寺の中心に東大寺を建て，金銅の巨大な大仏をつくるために200万人以上の人が何年も働かされた。

問6　下線部⑥について述べた文として最も適当なものを，次の**ア〜エ**から１つ選びなさい。

ア　鎌倉幕府を開いて武士の頂点にたった源頼朝（みなもとのよりとも）は，北条時政（ほうじょうときまさ）に殺された。

イ　源義経（みなもとのよしつね）はいくさじょうずで平家を滅ぼしたが，鎌倉で兄の頼朝に毒をもられて殺された。

ウ　鎌倉幕府にしたがった武士は，自分の大切な領地を保護してもらうみかえりに，一所懸命（いっしょけんめい）に命がけで戦った。

エ　源氏の将軍は３代で滅（ほろ）んだので，北条氏が将軍職の後をついで政治をすすめた。

問7　下線部⑦について，この建物は「南都（なんと）」とよばれた場所に現在も残っています。それはどこですか。都市名を答えなさい。

問8　下線部⑧について，キリスト教とともにほぼ同じころ日本へ伝えられたもので，はじめに伝わった島の名前でもよばれるこの武器は，その後のいくさの様子を変えました。その島の名前を答えなさい。

問9　下線部⑨について，なぜ100年ほどで終わったのか，簡単に説明しなさい。

問10　下線部⑩について，江戸時代の差別は身分によるものが代表的です。身分制度について述べた文として，**適当でないもの**を次の**ア〜エ**から１つ選びなさい。

ア　支配者である武士のすべてが江戸城下の武家地に住むことが義務付けられた。

イ　百姓（ひゃくしょう）は，農村や山村，漁村に住み，米をはじめとする農産物や山や海からの自然のめぐみをえて生活していた。

ウ　百姓は，村ごとに庄屋（しょうや）などの村役人を中心に自治をおこなっていたが，それは年貢（ねんぐ）を納める単位でもあり，幕府と藩（はん）の政治をすみずみまでいきわたらせるしくみにもなった。

エ　皇族や公家などの特権階級，武士，百姓や町人とは別に厳しく差別されてきた身分の人びとのなかには芸能者や治安をになう人がいた。

問11　下線部⑪について，このころのできごとについて古い順に並べると**3番目**はどれか，次の**ア〜エ**から１つ選びなさい。

ア　藩が廃止され，県がおかれる。

イ　自由党がつくられる。

ウ　地租改正（ちそかいせい）がはじまる。

エ　大日本帝国憲法（ていこくけんぽう）が発布された。

問12　下線部⑫に関係して，明治の半ばごろから，医学の分野でも日本人の研究が国際的に認められるようになってきました。当時死亡する人の多かった破傷風の治療方法を発見し，伝染病の研究所をつくった人物の名前を漢字で答えなさい。

問13　下線部⑬について，昭和のはじめにおきたできごとを古い順に並べかえなさい。
ア　日本軍がマレー半島のイギリス軍やハワイの軍港を攻撃して戦争がはじまる。
イ　日本軍が満州の中国軍を攻撃して満州事変が起こる。
ウ　日本が国際連盟を脱退する。
エ　日本軍と中国軍がペキン（北京）郊外でしょうとつして戦争がはじまる。
オ　日本軍がナンキン（南京）を占領してたくさんの人を殺した。

問14　下線部⑭について，病気や障がいをもった人びと，朝鮮や中国など日本が植民地支配した地域の人びとなどに強制収容や強制連行，強制労働などの差別政策がおこなわれました。現在の日本国憲法では「□の下の平等」がうたわれ，これらは厳しく禁止されています。□にあてはまる語句を答えなさい。

問15　下線部⑮について次の問いに答えなさい。

（1）アメリカなど連合国軍の下でさまざまな戦後改革がおこなわれました。そのうち「農地改革」とは，1）どのような改革で，2）なぜそれが侵略戦争を二度と起こさないことにつながるのか，説明しなさい。

（2）戦後史のできごとを古い順に並べかえなさい。
ア　サンフランシスコ平和条約が結ばれる。
イ　日本の国民総生産額が世界第2位になる。
ウ　沖縄が日本に復帰する。
エ　日中平和友好条約が結ばれる。
オ　日本が国際連合に加盟する。

問16　下線部⑯について，21世紀のできごとにあてはまらないものを，次のア〜オから1つ選びなさい。
ア　アメリカで同時多発テロが起きる。
イ　EUが発足する。
ウ　日本と韓国でサッカーワールドカップが開催される。
エ　東日本大震災が起こる。
オ　イラク戦争が起きる。

3 小学6年生の愛子さんは，中学受験の時事問題の対策にしようと，お父さんが読み終えた新聞をもらって，気になった記事の見出しを自分のノートに簡単にメモすることを夏休みの日課の一つにしました。次のメモはその一部です。これを読んで，あとの問いに答えなさい。

メモ1

2022. 8. 3 夕刊
○臨時国会 召集 参院初当選議員ら登院 「期待ひしひし」「緊張 感持ち」

メモ2

2022. 8. 30 夕刊
○待機児童，最少2944人 5年連続減 受け皿整備進む
2022. 8. 31
○待機児童，5年で9分の1 最少の2944人，子育て 環境 改善
　　「隠れ待機※」なお6万人 ・・・ 安全性や利便性 質向上に軸足を
　　　　　　　※特定の施設を希望しているなどの理由で待機の数に入れられない児童

メモ3

2022. 8. 27
○JFEスチール，高炉を電炉に転換 大手初，28年メド CO$_2$排出 量を4分の1に
○米カリフォリニア州，35年に（ ① ）販売禁止 （ ② ）も規制，日本勢試練
2022. 8. 29
○スズキとトヨタ インドで（ ③ ）共同開発，25年までに発売 20兆円市場，競争激化
○日中50年と企業 （ ③ ）が 促す攻守逆転
○蓄電池人材3万人育成 経産省，30年までに （ ③ ）・再エネ後押し
○ANA，CO$_2$回収で提携 スイス新興企業と「排出ゼロへ」活用
○日経SDGsフォーラム特別シンポジウム
　　　プラスチック資源 循環 で目指す 　　　？　　　

メモ4

2022. 8. 20
○データで読む地域再生 （ ④ ）活用 宮崎先行 市町村の3割，農畜産を省力化
　　高知 自然災害，迅速に把握
　　　（東海4県での活用は？ →静岡16.7%，岐阜16.3%，三重6.7%，愛知5.5%）
2022. 8. 5
○（ ⑤ ） 広範囲で頻発 東北・北陸6県54万人避難対象 17河川が氾濫，浸水
　　台風起源の水蒸気 影響 か

メモ5

2022.8.6夕刊
○核の過ち 繰り返さぬ 77回目 （⑥）原爆の日 語り継ぐ決意新たに

2022.8.7
○平和の祈り 一層切実 （⑥）原爆の日 核の脅威 懸念高まる

2022.8.9夕刊
○「核は駄目」涙の訴え 77回目 （⑦）原爆の日 「平和が一番」ささぐ祈り

2022.8.10
○核なき世界 願い一つ （⑦）原爆の日 市長「使用の危機に直面」

2022.8.27夕刊
○NPT（核拡散防止条約），合意できず 最終文書 ロシア，原発巡り反発
　　決裂，初の2回連続

出典：日本経済新聞

問1　メモ1 に先立って，7月10日には，第26回参議院議員選挙の投開票が行われました。
　これについて，次の問いに答えなさい。

（1）次の文章中の下線部①〜⑤それぞれについて，その内容が正しければ〇を，誤っていれ
　ば×を記入しなさい。

　　参議院議員の任期は6年ですが，①参議院には衆議院とちがって解散がなく，3年おき
　に半数が改選される決まりになっています。これは，②国会に空白の期間ができないよう
　にするためともいわれています。

　　参議院の定数については，2022年7月26日以降は③6人増えて248人（選挙区選出と
　比例代表選出の合計）になるため，今回はその半数124人（欠員補充1人を除く）を決め
　る選挙となりました。

　　投開票の結果，与党である自民党，公明党は選挙区選挙，比例代表選挙とも議席を伸ば
　し，改選定数124人の過半数をこえました。また，今回の選挙により，憲法改正に前向き
　な勢力が議員定数の3分の2の議席を上回ることになったとも報じられました。憲法改正
　には，④各議院の総議員数の3分の2以上の賛成で，国会がこれを発議することがまずは
　必要だからです。⑤戦後二度目の日本国憲法改正につながるのではないかと注目されてい
　ますが，最終的に決めるのは国民です。

14

（2）選挙区は原則として都道府県ごとで，人口の多さに応じて改選定数が割り当てられています。今回の選挙で最も多かったのは6議席を争った東京です。

一方で，2016年から「〇〇〇〇〇」をなくすためという理由で，鳥取と島根，徳島と高知はそれぞれ一つの選挙区（「合区」という）に統合されました。この2つの合区をふくめ，改選定数が1の選挙区（「1人区」という）は全国に32あり，全体の勝敗を左右するといわれています。「〇〇〇〇〇」に入れるのに適当な5文字（漢字とひらがな）の言葉を答えなさい。

問2　メモ2　について，次の問いに答えなさい。
（1）次の文章中の空らんAにあてはまる政府の機関を下のア〜オから1つ選びなさい。
また，空らんBにあてはまる語句を答えなさい。

公表された数字は，こうした問題を担当している　A　が2022年4月1日時点での数を発表したもので，「待機児童」とは，希望しても　B　などに入れない子どものことです。
ア　文部科学省　　イ　法務省　　ウ　経済産業省　　エ　厚生労働省　　オ　総務省

（2）次の文章中の空らんCにあてはまる適当な語句を答えなさい。

記事によれば，1994年の調査開始以来初めて3000人を下回り，最近のピークだった2017年の2万6081人から88.7%減少したとのことです。「待機児童」が減ったのは，国や自治体による受け入れ施設の整備が進んだほか，　C　も関係していますが，ここ数年は新型コロナで希望する人が減ったことも影響しています。

（3）愛子さんは，公表された数字よりも，下線部の「隠れ待機・・・・」などの言葉から，「だれもが（　　　）して利用できるしくみや環境が（　　　　　　　　）実情」を知りました。空らんにあてはまる語句を入れなさい。

問3　集めたメモを読み返してみると，日本や世界の産業が変わりつつあることも少しわかるようになりました。メモ3　は愛子さんが書きとったもののうち関連したものをまとめたものです。次の問いに答えなさい。
（1）空らん①〜③それぞれに入れるのに最も適当なものを，次のア〜ウから1つずつ選びなさい。
ア　EV（電気自動車）　　　　イ　HV（ハイブリッド車）　　　ウ　ガソリン車

（2）メモの　　？　　には，最近よく目にするようになった，二酸化炭素などの温室効果ガスの排出量を差し引きゼロにすることをめざすカタカナの用語が入ります。それは何か答えなさい。

問4　次の文章は，[メモ4]の記事の一部です。これを読んで，空らん④，⑤それぞれに入れるのに適当な語句を答えなさい。ただし，⑤は下のような画像で示され，危険性が長く続き，近年，増えているといわれる気象現象です。

　　導入自治体の割合が最も高かったのは，宮崎県の29.6%だった。高知県（25.7%），石川県，鳥取県，島根県（いずれも25%）が続く。

　　宮崎県都城市は職員が1日がかりで確認していた農地の耕作状況調査に（　④　）を活用する。上空から確認すれば耕作状況は一目瞭然となる。遠隔確認の利点は外部からの病原菌を持ち込ませないことが重要な畜産業でも効果を発揮する。

50
30
10
降水量　mm/h
2020年7月4日AM3

　　2位の高知県は災害発生時に（　④　）を活用することで被災状況の迅速な把握を目指す。県土に占める森林は全国1位の84%で，県内には容易に足を運べない土地が多い。7月，（　⑤　）による大雨で土砂崩れが起きた中土佐町でも（　④　）が出動し，被害を把握するとともに復旧工事の計画策定に活躍した。四万十町では，買い物弱者の救済に向け，21年度には生活用品を運ぶ実証実験も実施した。

（出題のために一部改編）

問5　[メモ5]について答えなさい。

（1）空らん⑥，⑦にはそれぞれ都市名が入る。**漢字2字**で答えなさい。

（2）見出しにある「核」の一語はある言葉を省略したものです。何のことか，**漢字3字**で答えなさい。

二〇二二年度　南山中学校女子部　入学試験問題

国　語

【　注　意　】

一、試験開始の合図があるまで、この問題冊子の中を見てはいけません。

試験開始まで、この【　注　意　】をよく読んでください。

二、試験時間は五〇分です。

三、解答用紙の受験番号、名前は最初に記入してください。

四、この問題冊子は二二ページで、問題は【一】～【三】です。

五、試験開始の合図後、問題冊子や解答用紙に印刷が悪くて見にくいところや汚れ（よご）などの
ある場合は、だまって手をあげて監督（かんとく）の先生に知らせてください。

六、答えはすべて解答用紙に書き、記号で答えるものはすべて記号で答えなさい。

七、本文中の＊印の語句には、本文の後に注がついています。
字数制限のある問題は、句読点（「、」と「。」）や記号も一字として数えなさい。

八、試験終了後は解答用紙のみを提出し、問題冊子は持ち帰ってください。

【一】　次の🅐と🅑の二つの文章を読んで、後の問いに答えなさい。🅐は、「ぼくはいつ大人になるの？」という問いに対して熊野純彦（くまののすみひこ）さんが書いた「大人とは、遙かにとおい思いをいだく存在である」という文章で、🅑は、それについて野矢（のや）茂樹（しげき）さんが書いた文章です。

🅐　「大人とは、遙かにとおい思いをいだく存在である」熊野純彦

　たとえば「あのひとは猫だ」と語ったとします。「あのひと」と語りはじめているくらいですから、問題が人間であることはだれでも分かっています。

　人間はネコ科にぞくする＊愛玩（あいがん）動物ではありませんし、いちにち寝（ね）てすごすこともできません。言われているのは、たぶん、「あのひとは気ままなひとだ」くらいのところでしょうか。

　大人や子どもといったことばにも、似ているようですこしちがう、とくべつな使われかたがあります。このことから考えておきましょう。

　たとえば、四十歳（さい）もすぎた「立派な」大人を指して、「あいつは子どもだ」と言うことがあります。〈　①　〉中学に入ったばかりの「ほんの」子どもについて、「あの子も大人になった」と語ることもあるでしょう。二番目の例は、答えなければならない内容にかかわっていますから、ここではまず最初の場合を考えておきます。

　四十面さげたおとこに向かって「子どもだ」と語るときにも、いろいろなケースがあるでしょう。働こうともしないとか、働いていても自分の仕事に責任を持とうとしないとか、相手の気持ちが分からないとか、その他さまざまです。じゅうぶんな検討はできませんけれども、「子どもだ」が、すくなくとも批難の意味をこめて口にされるときには、そこではたいていの場合、「自分勝手」とか「自分以外のことを考えない」といった内容が入りこんでいるように思います。

　じっさい、子どもとはそうしたものです。子どもはときに「自分勝手」ですし、ときとしてひどく「〈　②　〉」です。それは無理もないところで、子どもは「自分以外のもの」をほとんど知らないし、知る必要もないからです。

1

自分とおなじくらい大切なもの、かけがえのないこと、置きかえのできないひと、そうしたなにかを知ることが、おそらくは「大人」になる入口になるのでしょう。それまではただの「子ども」、③ある意味では「幸福な」子どもであった存在が、自分以外のもの、こと、ひとを考えざるをえなくなります。自分とおなじくらい大事、あるいはもしかすると自分よりも大切ななにかと感じてしまうことになります。

そのなにかとは、ものでしょうか、ことでしょうか、ひとでしょうか、夢でしょうか。そのどれかは分からないし、そのどれでもいいと言ってもよいのでしょう。

もうひとつ付けくわえるなら、これはたぶん、ただの入口です。ほんとうに「大人」になるためには、その大切ななにか、かけがえのない或るものを失うこと、大きななにかを諦めることが必要な気がします。

それまで「子ども」だったものは、そのとき、「切なさ」とか「懐かしさ」を覚えることになります。「切なさ」や「懐かしさ」は子どもには理解しにくい感情なのです。手にしたいのに手が届かないもの、もう二度と帰ってはこないものや、こと、ひとへの、それは遠くはるかな想いであるからです。

B 野矢茂樹さんの文章

子どもは『自分以外のもの』をほとんど知らないし、知る必要もない」、熊野さんはそう書いています。しかし、率直に言って、この指摘には〈 ④ 〉人もいるでしょうね。子どもにだって子どもの人間関係があります。親、先生、友だちとの関係、クラブ活動等々、そんな中で、自分以外の他人を知らないわけがないし、知る必要がないわけでもありません。

ポイントは「かけがえのなさ」というところにあります。「かけがえがない」とは、たんに「だいじ」ということではないのです。「掛け替え」というのは代替物です。ですから、「かけがえがない」というのは「代わりになるものがない」、ということ。熊野さんも「置きかえのできない」と書いています。

例えば、好きな人ができたとしましょう。そのとき、もしその人の容姿がいいということで好きになったのなら、容姿が

よければ他の人でもいいということになります。容姿＊端麗でやさしくて仕事ができるからというのであれば、代わりになる人はあまりいないかもしれませんが、同じような人がまったくいないわけではないでしょう。一般に、ある特徴をもっているから好きだというのであれば、その別の人で代わりになるわけです。

それに対して、ある人をその人のもっている特徴で好きになったとき、それは「かけがえのない」人になるのではなく、まさにその人がその人だからというただその一点だけで好きになるのであって、他の誰かで（その誰かがどのような特徴をもっていようとも）だめなのです。それが、「かけがえのない」ということです。そう考えると、かけがえのないものって、そんなに多くはないかもしれません。あなたには、何がありますかね。

この点を動物についてさらに考えてみましょう。動物はかけがえのないものをもっているのでしょうか。私はどうもそれに対しては否定的なんですね。例えば、「エサ」とか「水」は動物たちにとってだいじなものでしょう。でも、「このエサ」じゃなければだめだということはありません。他のエサが手に入るなら、それでもかまわない。つまり、代替可能であり、だいじだけれど、かけがえのなさはありません。まあ、動物たちのことはよく分からないので、私も絶対そうだと言い張るつもりはありませんが、彼らは「エサ」とか「水」とか「敵」といったある特徴をもったパターンを認識しているだけだと思うのです。

ペットを飼っている人は、自分のペットがかけがえのないものと認識していると思いたいでしょうね（私だってそう思いたい）。いまは犬や猫はどうなのかということが問題ではありませんから、ペットのことは棚上げにしておきましょう。擬人化しにくくてもっと反論されにくい動物、例えばイソギンチャクを考えてみます。イソギンチャクがエビをつかまえて食べる。このエビじゃなくちゃだめだということはなくて、ある特徴をもったものならば、なんでもかまわないわけです。イソギンチャクにはかけがえのないものなど、ないでしょう。かけがえのないもの、それは個別性のレベルにあります。

こうしたことを、個別性と一般性という、ちょっと硬い言葉で捉えることができます。かけがえのないもの、それは個別性のレベルにあります。それに対して、同じ特徴をもった他のものと交換可能なもの、それは一般性のレベルにあります。

「容姿端麗」という一般性で捉えているか、「〈　⑥　〉」という個別性で捉えているか、という違いです。

同じ特徴をもってさえいれば他のものでもかまわないという一般性の態度と、これじゃなければだめなんだという個別性の態度はまったく違うものです。それで、⑦ここに人間以外の動物と人間の違いを私は重ねたいんです。そして、子どもはまだ動物に近いのだと、私は言いたいのです。子どもは最初イソギンチャクと同じように一般性のレベルだけで生きている。でもだんだん人間のレベルになってくる。熊野さんが指摘した子どもが大人になるための条件「かけがえのない何かを知ること」を、私はこのような話として理解します。

子どもがまず最初に意識するかけがえのないものというのは、自分自身でしょう。自分自身は他のものに取り換えることができません。自分以外のものはまだ一般性のレベルで捉えていても、自己意識が芽生えた子どもにとって、自分自身は他の何ものにも代えられないかけがえのないものです。イソギンチャクには自己意識はないでしょうから、自分自身をかけがえのないものと捉えている子どもは、イソギンチャクから人間に向けての一歩を踏み出していると言えます。

でも、それだけではまだ十分に人間的とは言えません。〈　⑧　〉のかけがえのないものと出会うこと。それが必要なのだと、熊野さんは主張するのです。

しかし、〈　⑧　〉のかけがえのないものと出会うだけでもまだ足りない。熊野さんに従えば、それはまだ「大人になる入口」にすぎません。大人になるためにはかけがえのない何かを失うこと、諦めることが必要だというのです。なぜでしょう。ここは分かりにくいところです。熊野さんも、「たぶん」とか「気がします」という弱い言い方しかしていません。それ以上何も書いてありませんから、自分で考えてみましょう。

かけがえのない何かを失った経験を思い出してください。まだそういう経験がないという人、熊野さんの基準によればまだ十分に大人になりきれていないということになりますが、その人はかけがえのない何かを失うことを想像してみてください。それはたんにだいじなものを失うというだけではありません。他のものに代えることのできない、それ、そのこと、その人を失うのです。〈　⑨　〉絶対的な喪失です。

かけがえのない何かを失い、その絶対的な喪失を受け入れる。そのとき、私の中に変化が生じるのではないでしょうか。

飼っていた犬に死なれたとしましょう。似たような特徴をもった犬は他にもいるかもしれません。でもそれは私が飼っていたあの犬ではありません。似たような犬を見かけたときに、似ているけれど違うというそのことが、私にさまざまな思いを呼び起こすでしょう。悲しみや切なさといった感情が湧き起こるかもしれませんし、一緒に散歩した思い出がよみがえるかもしれません。

私の中に生じる変化がいっそう顕著(けんちょ)なのは、やはりかけがえのない人を失ったときでしょう。この場合も、折に触れて悲しみ・切なさや思い出が呼び起こされるでしょうが、それだけではなくて、こんなときあの人だったらどうするだろうとか、あの人だったら何て言うかなあといった思いも生じます。つまり、いまはもういないその人のまなざしでものごとを見るということが起こります。

これはどういう変化なのでしょうか。ちょっと曖昧(あいまい)な言い方ですが、こうしたことを私は「失われたかけがえのないものが私の中に息づき始める」のように言いたくなります。かけがえのないものが私の目の前から姿を消してしまうことによって、私の内側に入り込(こ)んでくるのです。私はそのかけがえのないものを通してものごとを見るようになります。もう死んでしまったかけがえのない人のまなざしを通して、ものごとを捉えるようになる。そうして私のものの見方の内にさまざまなものの見方が入り込み、息づき、私の⑩ものの見方は重層化していくのです。かけがえのないもの、かけがえのないこと、かけがえのない人を自分の中に息づかせ、そのまなざしでそうしたかけがえのないものが失われた世界を見るとき、そこには切なさという感情が伴(ともな)いもするでしょう。そして確かに、これは子どもにはない大人たちの感情であるように思われます。

子どもは目の前のことで手一杯(ていっぱい)なのかもしれません。自分の目の前にある遊び道具、目の前にいる人、目の前にある食べもの……、それらに*一喜一憂(いっきいちゆう)する。その意味では、子どもは無邪気(むじゃき)で単純です。でも大人は必ずしもそうではありません。またイソギンチャクの話を引き合いに出しますが、いまはイソギンチャクは触れたものにしか反応しません。しかし人間は違います。折に触れて、目の前にあるものごとを、いまは失われてしまった目の前にないものや人を通して見ることをします。そ

こにあるものを、そこにないものの不在の思いが意味づけ、そうして意味づけられた世界に人間は生きています。その意味づけが複雑になり、重層化していく、それが大人になるということなのかもしれません。

（Ａ・Ｂともに野矢茂樹『そっとページをめくる——読むことと考えること』岩波書店より。

問題作成の都合上、一部に省略や改変をしたところがあります。）

＊一喜一憂……情勢の変化につれて喜んだり心配したりすること。

＊端麗……姿・形が整っていて美しいこと。

＊愛玩……大切なものとしてかわいがること。

問一　〈　①　〉に入る最も適切な言葉を次の中から一つ選び、記号で答えなさい。

ア　ただし　　イ　逆に　　ウ　したがって　　エ　確かに　　オ　しかも

問二　〈　②　〉に入る最も適切な言葉を次の中から一つ選び、記号で答えなさい。

ア　残酷（ざんこく）　イ　従順　ウ　寛大（かんだい）　エ　親切　オ　慎重（しんちょう）

問三 ――線③「ある意味では『幸福な』子どもであった存在」とありますが、ここで言う「幸福」とは、文章Bの中の言葉で言うと、どういうことだと言えますか。最も適切なものを次の中から一つ選び、記号で答えなさい。

ア 「子どもの人間関係がある」こと。
イ 「かけがえのないものをもっている」こと。
ウ 「自己意識が芽生え」ていること。
エ 「悲しみや切なさといった感情が湧き起こる」こと。
オ 「無邪気で単純」なこと。

問四 〈 ④ 〉に入る言葉として最も適切なものを次の中から一つ選び、記号で答えなさい。

ア 頭が下がる　　イ 口をとがらす　　ウ 首をひねる　　エ 耳が痛い　　オ 目を丸くする

問五 〈 ⑤ 〉に入る言葉として最も適切なものを次の中から一つ選び、記号で答えなさい。

ア 同じくらい好きな人　　イ その容姿をした人　　ウ 多くの特徴をもった人
エ もっと容姿がいい人　　オ その特徴をもった人

問六 〈 ⑥ 〉に入る最も適切な言葉を、文章Bの中から五字以内でぬき出しなさい。

問七 ――線⑦「ここに人間以外の動物と人間の違いを私は重ねたいんです」とありますが、ここで筆者はどういうことを言いたいのですか。最も適切なものを次の中から一つ選び、記号で答えなさい。

ア 人間以外の動物は一般性のレベルで生きているが、人間は個別性のレベルで生きている。

7

イ　人間以外の動物は個別性のレベルで生きているが、人間は一般性のレベルで生きている。

ウ　人間以外の動物は個別性のレベルだけで生きているが、人間は個別性のレベルではなく、一般性のレベルでも生きている。

エ　人間以外の動物は一般性のレベルだけで生きているが、人間は一般性のレベルだけではなく、個別性のレベルでも生きている。

オ　人間以外の動物は一般性のレベルで生きているが、人間は一般性のレベルとも個別性のレベルとも異なるレベルで生きている。

問八　〈　⑧　〉（二か所あります）に入る最も適切な言葉を、文章Ａの中から五字以内でぬき出しなさい。

問九　〈　⑨　〉に入る最も適切な文を次の中から一つ選び、記号で答えなさい。

ア　それがいつまた現われるかわかりません。

イ　その特徴は他にはありません。

ウ　それをお金で買うことはできません。

エ　似たようなものはどこにもありません。

オ　それはもう二度ともどってきません。

問十　──線⑩「ものの見方が重層化していく」とはどういうことですか。六十字以上七十字以内で説明しなさい。ただし、解答は「……から、……ようになること。」という文の形で答えること。

問十一　野矢茂樹さんは、「大人になること」について、熊野純彦さんの文章をどのように理解し、考えていますか。その説明として最も適切なものを次の中から一つ選び、記号で答えなさい。

ア　まず「かけがえのないことを知ること」に注目して、それを人間以外の動物と人間の態度の違いを例に挙げて説明し、次に「かけがえのない何かを失うこと」について、それがどういう変化を引き起こすのか、かけがえのない人を失ったときのことをもとに考えている。

イ　まず「自分以外のことを考えないこと」に注目して、それをペットとイソギンチャクの違いを例に挙げて説明し、次に「大人になる入り口」について、それがどんなに曖昧なものなのか、子どもから大人への変化の場合を引き合いに出して考えている。

ウ　まず「かけがえのないことを知ること」に注目して、それを人間以外の動物と人間の違いを例に挙げて説明し、次に「かけがえのない何かを失うこと」について、それがどういう感情を引き起こすのか、ペットの場合とイソギンチャクの場合とを比較して考えている。

エ　まず「かけがえのないことを知ること」に注目して、それを人間以外の動物と人間の違いを例に挙げて説明し、次に「大人になる入り口」について、それがどんなに曖昧なものなのか、かけがえのない人を失ったときのことをもとに考えている。

オ　まず「自分以外のことを考えないこと」に注目して、それをペットとイソギンチャクの違いを例に挙げて説明し、次に「かけがえのない何かを失うこと」について、それがどういう感情を引き起こすのか、子どもと大人の違いを引き合いに出して考えている。

9

このページには問題はありません。

【二】 次の文章を読んで、後の問いに答えなさい。

小学六年生の子を持つ弥生子は、離れて暮らす母親に同居するように説得しに久しぶりに実家を訪れていた。実家はドリーム・パークという閉園した遊園地のそばの団地で、父親と家とへの愛情を語る母親に弥生子はいらだち、思わず「わたし、大嫌い、こんな家」と言い切ってしまった。その夜、母親に並んで寝ようかと誘われた弥生子は、ひどいことを言ってしまった申し訳なさもあって、素直に応じた。そこで母親が語った「昔の親は、家族の幸せを考えるときに自分自身を含めていなかった」という言葉に、父親の気持ちが理解できたような気がした。母親は、ドリーム・パークでの思い出を語っていた。

「あ……ほら」（A）母親が、声を少し跳ね上げて言った。「聞こえない？ 遊園地の音」

「え？」

「あのね、そうなのよ、昔のドリーム・パークのことを思い出してると、絶対に聞こえてくるの、ほら、聞こえるでしょ。昔の日曜日みたいに」

耳をすましました。ざわめきがかすかに聞こえてくるような、空耳のような……。

目をつぶって、耳にすべての神経を集中させた。気持ちを落ち着かせるために、深呼吸を一回、二回……三回目の息を吐き出したとき、（B）足元の床がすぽんと抜けて、まっさかさまに落っこちるような感覚に襲われた。

驚いて目を開ける。

外にいた。

夜の遊園地——まばゆいイルミネーションに彩られたドリーム・パークに、弥生子はたたずんでいた。

11

遊園地の中は家族連れでにぎわっていた。父親に肩車された男の子もいるし、両親の真ん中で両手をつないで歩いている女の子もいる。服装や髪型は、みんなばらばらだった。弥生子が子どもの頃に流行った古めかしいファッションの家族もいれば、つい最近の流行のいでたちをした家族もいる。

弥生子の目の前では、メリーゴーラウンドの木馬が『子犬のワルツ』に乗って回っていた。どの木馬や馬車にも子どもたちが乗っている。

弥生子の前を通り過ぎるときに、笑って手を振ってくる。

ジェットコースターがコースを駆け抜けていく。ウォーターシュートの水しぶきが上がる。観覧車の鉄骨には円い大きなヒマワリの形にイルミネーションが灯り、中がレストハウスになった西洋の古城からは、園内遊覧バスがゆっくりと走りだすところだった。

メリーゴーラウンドの木馬は、上下に*ギャロップしながら、ぐるぐると回りつづける。

木馬に乗って、ひときわ楽しそうな笑顔を向けてくる女の子がいた。小学二年生か三年生くらいの、おかっぱ頭の、ちょっと体がひ弱そうな少女——。

かつての、弥生子だった。

木馬はゆっくりとスピードをゆるめ、静かに止まった。こどもたちは歓声をあげて、柵の外で待つ両親のもとへ駆けていく。

（C）おかっぱ頭の少女は、まっすぐに弥生子に駆け寄った。

「こんにちは！」

甲高い、はずんだ声で言う。間違いない、彼女は、この街に引っ越してきたばかりの——みんなから「やえちゃん」と呼ばれていた頃の自分自身だった。

「やっと来てくれたんだね」とやえちゃんは言った。

「……ねえ、これ、なんなの？」

弥生子は震える声で訊いた。

「遊園地だよ、わたしたちの」

「ドリーム・パーク……だよね?」

「うん。でも、もう、ここはわたしたちの遊園地なの」

やえちゃんは「わたしたち」のところで、まわりを見わたして、お父さんやお母さんを連れて遊びに来てるの」

「みーんな、ドリーム・パークで遊んだことのある子なの。お父さんやお母さんを連れて遊びに来てるの」

「……どういうこと?」

「つぶれちゃった遊園地は寂しいから、ときどきわたしたちのことを招待してくれるの」

やえちゃんはそう言って、もう一度手を大きく広げながら、つづけた。

「死んじゃった子どもなの、わたしたち」

病気、事故、一家心中や誘拐事件……幼い頃に死んでしまった子どもたちが、つぶれたドリーム・パークに招き寄せられて、遊んでいるのだった。

夢だ――。

これは、もう、絶対に、夢なんだ――。

懸命に自分に言い聞かせて、無理やり納得させて、

やえちゃんは、〈 X 〉「そういうひともいるの」と答えた。「早く大人になりすぎたひとも、ここに遊びに来てるの」

「(D)でもわたしは死んでないよ。なんであなたがいるの?」

そう言って弥生子を見上げたやえちゃんは、寂しそうに微笑んだ。

「早くおとなになりすぎちゃったよね、お父さんが死んだせいで」

「……そんなことない」

「でも、遊園地が嫌いになったでしょ。そういう子どもなんて、いないんだ

やえちゃんの微笑みは、子どもらしい屈託のないものだった。なのに、すべてを見透かして、受け容れて、あきらめたように頬をゆるめる老人の笑みのようにも見える。

「遊園地って、ほんとうに嫌い？」

やえちゃんは確かめるように訊く。

弥生子は、何も答えられない。

ジェットコースターが、急な坂を滑り落ちる。メリーゴーラウンドは新しい子どもたちを乗せて、また回りはじめる。

「知ってる？」やえちゃんはつづけた。「遊園地の乗り物って、ぐるぐる回るものが多いでしょ。ジェットコースターだって、最初にスタートしたところに戻ってくるでしょ。それ、どうしてだと思う？」

「……わからないよ、そんなの」

「いまの時間がずうっと、永遠に続いたらいいのになあ、って、子どもは思うの。同じところをぐるぐる回って、どこにもいかなくて、お父さんやお母さんの前を通るたびに、やっほーって手を振って……ずうっとこのままでいたいのに、ずうっとこうしていたいのに。子どものままで遊園地にいたいのに……その気持ちを味わいたいから、子どもはみんな、遊園地の乗り物が好きなの」

①弥生子は黙ってうなずいた。戸惑いや怖さが、ゆっくりと薄れていくのがわかる。代わりに、悲しさとも悔しさとももつかないものが胸の奥から湧いてくる。

「遊園地って、ほんとうに嫌い？」

やえちゃんは、もう一度訊いた。

弥生子はやえちゃんをじっと見つめ、無言のまま、小さくかぶりを振った。

②やえちゃんはうれしそうに笑った。その笑顔が見る間に透き通って、カゲロウが飛び立つように〈　Ｙ　〉中空に浮か

から〕

んで、弥生子の体をすり抜けていった。

やえちゃんが姿を消したあとも、弥生子はその場にたたずんだままだった。数えきれないほどの親子連れの姿を、ぼんやりと見つめた。最近の服を着た家族より、③古い時代の服を着た家族のほうに目がいってしまう。

忘れていた光景を思い出した。日曜日の朝、平日より開園時間の早いドリーム・パークを眺めながら、休日出勤する父親はワイシャツにネクタイを締めていた。「もう切符売り場に行列してるなあ」とつぶやくように言った。母親は台所で朝食をつくっていて、居間には弥生子——やえちゃんだった頃の弥生子しかいなかった。

「ごめんな」父親は言った。「来週の日曜日は、絶対にドリーム・パークに連れていってやるから」

ああそうか、と記憶の薄皮がまた一枚めくれたのだ。

弥生子はすねて返事をしなかった。父親は「ごめんな」ともう一度言って、「帰りになにか本を買ってきてやるからな」とつづけた。だが、弥生子は、それにも応えず、自分の部屋に黙って戻ってきてしまった。

その日、父親が買ってきてくれた本がなんだったのかは、思いだせない。(E)どんなふうに父親と仲直りしたのかも、忘れた。ただ、父親の「ごめんな」の声が、まるですぐ目の前で聞いているように、〈 Z 〉よみがえった。タクシー乗り場で倒れた夜も、最後はそうつぶやいていたのかもしれない。

その日は、父親が「遊園地に行こう」という約束を破って仕事に出かけたのだ。

どこに行こう。これから、なにをすればいいんだろう。夢は、いつ醒めるんだろう……。

④きっとそうだ、お父さんならきっとそうだ、と決めた。

振り向くと、父親と母親が、こっちこっち、と手招いていた。昔の、まだ若かった頃の両親だ。

背中に声が聞こえた。懐かしい声だった。

歩きながら自分の体を見た。体はいまの弥生子のままだった。

弥生子は歩き出す。それでも両親はやえちゃんを呼ぶ顔と声で、弥生子を呼ぶ。

家族が揃った。いまの自分よりも年下の両親と会っているのに、（F）奇妙な感じはなにもしない。迷子になってしまって、長い間泣きながら遊園地の中を歩いたすえに、やっと会えた、そんな気がした。

「次はなにに乗りたい？」と父親が訊いた。

弥生子は「みんなで乗ろうよ」と言って、両親の手を取り、メリーゴーラウンドの入り口に向かって歩き出した。

「メリーゴーラウンドなんていいんじゃないの？」と母親が笑う。

「お父さんはいいよ、ここで見てるから。お母さんと二人で乗ってこいよ」

父親は照れくさそうに言ったが、弥生子は笑顔で「だめだよ、お父さんも一緒じゃないと」と足を速めた。

「だったら、やえちゃんとお父さんが乗ってるところを、お母さん、カメラで撮ってあげるね」と言う母親の手も、「だめだよ」と強く握り直した。「三人で乗りたいんだもん」

うまいぐあいに、メリーゴーラウンドはちょうど客を入れ替えるタイミングだった。

白い木馬に、三人並んでまたがった。先頭が父親で、真ん中が母親。⑤弥生子はしんがりを選んだ。

お父さん、知ってる——？

わたし、もう、お母さんになっちゃって、息子は小学六年生なんだよ——。

メリーゴーラウンドが回りはじめた。

『子犬のワルツ』が、音をひずませながら鳴り響く。

「お父さん、こっち向いて」

父親が振り向いて、笑う。

「お母さん、こっち向いてよ」

母親はバーにしっかりつかまって、こわごわ振り向いて、笑う。

木馬はギャロップしながら、ぐるぐると回る。⑥同じところを、どこにも行かずに回りつづける。

弥生子は何度も両親に「こっち向いて」と声をかけ、そのたびに両親も笑顔を向けてくれた。よかったね。

やえちゃんの声が耳の奥で聞こえた。

イルミネーションがきらきらと輝く。『子犬のワルツ』のメロディーが、包みこむように頭上から降りそそぐ。木馬は回りつづける。追いつくことができないかわりに引き離されることもなく、家族三人、〈　⑦　〉鬼*ごっこをつづける。

「お父さん、こっち向いて」

父親は振り向いて笑う。笑う。笑う。笑う。笑う。笑う。ワルツのリズムで、ギャロップのテンポで、懐かしい笑顔が中空を滑っていく……。

（重松清『送り火』文春文庫刊より。問題作成の都合上、一部に省略をしたところがあります。）

＊ギャロップ……馬が早く走っている様子を表す言葉。

問一　〈　Ｘ　〉〜〈　Ｚ　〉に入る言葉の組み合わせとして、最も適切なものを次の中から一つ選び、記号で答えなさい。

ア　Ｘ＝はきはきと　　Ｙ＝ぱたぱたと　　Ｚ＝ゆっくりと

イ　Ｘ＝さらりと　　　Ｙ＝ふわっと　　　Ｚ＝くっきりと

ウ　Ｘ＝しっかりと　　Ｙ＝ゆらりと　　　Ｚ＝ぼんやりと

エ　Ｘ＝もごもごと　　Ｙ＝ゆったりと　　Ｚ＝ぱっと

オ　Ｘ＝にこにこと　　Ｙ＝ばさばさと　　Ｚ＝はっきりと

問二 ——線「屈託のない」とありますが、この言葉の意味として最も適切なものを次の中から一つ選び、記号で答えなさい。

ア 相手への気配りがない

イ かざり気のない

ウ 後悔（こうかい）をしていない

エ いやみがない

オ くよくよとしていない

問三 ——線①「弥生子は黙ってうなずいた」とありますが、「やえちゃん」の言葉を聞いて、弥生子の気持ちはどのように変化したでしょうか。その説明として最も適切なものを次の中から一つ選び、記号で答えなさい。

ア はじめは夢の中の出来事にちがいないと考えていたが、「やえちゃん」に説得されて遊園地に対する考えを改めると同時に、もう子どものころには戻ることができないことを痛感している。

イ はじめは自分のおかれた状況（じょうきょう）を受け入れられないでいたが、「やえちゃん」と話しているうちに心が落ち着くのと同時に、なかなか遊園地で両親と楽しく過ごすことができなかった子どものころのことを思い返してもやもやとした気持ちになっている。

ウ はじめは自分の身に何が起こったのか理解できないでいたが、「やえちゃん」と言葉を交（か）わすうちに勇気がわいてくると同時に、遊園地に遊びに行けなかった時の悲しい気持ちを思い出していたたまれない気持ちになっている。

エ はじめは冷静にこの出来事を受け入れて、「やえちゃん」の言うことも落ち着いて聞いていたが、ふと我に返って子どものころの遊園地に行けなかった日曜日のことを思い出すと同時に、そのときの情けない気持ちがよみがえってきている。

オ はじめは自分の身に起こったことが受け入れられないでいたが、「やえちゃん」と話しているうちに気持ちが落ち着くのと同時に、このような目にあっている自分のふがいなさを残念に思っている。

問四 ——線②「やえちゃんはうれしそうに笑った」とありますが、それはなぜでしょうか。その理由として最も適切なものを次の中から一つ選び、記号で答えなさい。

ア 弥生子が本当は遊園地が好きだということが分かり、ようやくこの遊園地から解放されることになったから。

イ 弥生子がいつまでも遊園地は嫌いだと意地を張るのは自分を信用しているからだと思ったから。

ウ 弥生子がやはり遊園地を好きだとは思えないということを伝えてくれたので、弥生子と一つになる理由ができたから。

エ 弥生子が遊園地で家族そろって楽しく遊びたかったという心の底にある思いを表してくれたから。

オ 弥生子が遊園地に両親と遊びに来たかったことが分かり、自分がここにいる理由をようやく知ることができたから。

問五 ——線③「古い時代の服を着た家族のほうに目がいってしまう」とありますが、それはなぜでしょうか。その理由として最も適切なものを次の中から一つ選び、記号で答えなさい。

ア 古い時代の服装の子どもたちはすでに死んでいると聞いて、かわいそうに思えたから。

イ 昔なつかしい服装を着た家族の様子がものめずらしかったから。

ウ 古い時代の服を着た人がここにいる理由をなんとか理解したかったから。

エ 最近の服を着た家族に目を向けても自分がここに来た理由がつかめないから。

オ 自分が子どもだったころの記憶とつながり、自然と心をひかれるから。

問六 ——線④「きっとそうだ、お父さんならきっとそうだ、と決めた」とありますが、弥生子がこのように「決めた」のは、父親をどういう人だと考えたからですか。その説明として最も適切なものを次の中から一つ選び、記号で答えなさい。

ア 家族の幸せを第一に考え、自分のことよりも弥生子や母親のことを大切にしていた人。

19

イ　弥生子に優しくしたい気持ちはあるが、その気持ちを素直にあらわすことができない人。

ウ　弥生子や母の思いにこたえることができずに、最後の最後まで苦しんでいた人。

エ　家族のみんなが幸せになるために、自分自身も楽しく過ごすことを考えていた人。

オ　優しさにあふれ、約束を果たせなかった時にはちゃんとうめ合わせをするしっかりした人。

問七　——線⑤「弥生子はしんがりを選んだ」とありますが、それはなぜでしょうか。その理由として最も適切なものを次の中から一つ選び、記号で答えなさい。

ア　夢の中で木馬に乗ることが不安で、両親に先に行ってもらいたかったから。

イ　木馬に乗りはしゃぐ自分の姿を両親に見られたくなかったから。

ウ　家族三人でいっしょに楽しむ父母の姿を見ることができるから。

エ　両親が久々に顔を合わせるので、二人を近くで過ごさせてあげたかったから。

オ　両親に言われるまま後からついていくと自然とそうなったから。

問八　——線⑥「同じところを、どこにも行かずに回りつづける」とありますが、この文章の「回る」という表現には子どもたちのどのような気持ちがこめられていますか。三十五字以上四十五字以内で説明しなさい。

問九　〈　⑦　〉にあてはまる言葉として最も適切なものを次の中から一つ選び、記号で答えなさい。

ア　心のこもった　　イ　果てのない　　ウ　にぎやかな　　エ　めまぐるしい　　オ　取り返しのつかない

問十　次に示すのは、この文章の〜〜〜線（A）〜（F）の表現について六人の児童が話し合っている場面です。〜〜〜線の表現を正しく理解している発言を次の中から二つ選び、記号で答えなさい。

ア　さわこさん——〜〜〜線（A）の「母親が、声を少し跳ね上げて言った」という表現から、母親も弥生子といっしょに夢の中でドリーム・パークを訪れていることがわかるね。

イ　くにこさん——〜〜〜線（B）の「足元の床がすぽんと抜けて、まっさかさまに落っこちるような」などの比ゆ表現がいくつかあるけど、その効果で想像力が刺激されて、イメージ豊かに文章を読むことができるね。

ウ　なおやさん——〜〜〜線（C）の「おかっぱ頭の少女は、まっすぐに弥生子に駆け寄った」というところで、「やえちゃん」が他の子たちとちがって自分だけが両親に会えずさみしい思いをしていたことがよく伝わったよ。

エ　あきこさん——〜〜〜線（D）の「でもわたしは死んでないよ」という弥生子の言葉で、弥生子がひょっとしたら自分は幼いころに死んでいたのではないかという強い不安を感じていることが読み取れるね。

オ　あんごさん——〜〜〜線（E）に「どんなふうに父親と仲直りしたのかも、忘れた」とあるから、弥生子にとっては遊園地に行けなかったこの日曜日のことはそれほど大きな出来事ではなかったんだと思った。

カ　ひでおさん——若いころのこの父母と再会するという不思議なことを弥生子が素直に受け入れているのは本来おかしいんだけど、〜〜〜線（F）の「奇妙な感じはなにもしない」という表現のおかげでその不自然さが感じられないね。

21

【三】 次の各文の——線のカタカナを、漢字に改めなさい。

（とめ・はね・はらいもふくめて、一字一字ていねいに書きなさい。）

① みんなが**イチドウ**に会する。

② 正確な長さを**ハカ**る。

③ 荷物を**シュウノウ**する部屋。

④ 出品作品中ではこれが**アッカン**だ。

⑤ **ツト**めて冷静にふるまう。

⑥ **リロセイゼン**と意見を述べる。

2022 年度

南山中学校女子部　入学試験問題

算　数

1

(1) から (5) の ▢ にあてはまる数を答えなさい。

(1) $7 + 3 \times 5 - 100 \div (9 \times 2 + 7) = $ ▢

(2) $34 \times 13 + 62 \div 11 + 13 \times 31 - 18 \div 11 = $ ▢

(3) $3\frac{5}{21} \times \frac{3}{2} \div \left(3\frac{2}{7} - \frac{6}{7}\right) - \left(\frac{3}{2} - \frac{2}{3}\right) \div \left(\frac{1}{2} + \frac{1}{3}\right) = $ ▢

(4) $0.75 \div \left\{0.2 \times 1.6 + 0.5 \times 0.11 + \frac{1}{3} \times (0.2 + 1.3)\right\} = $ ▢

(5) $\left(12.3 + \boxed{}\right) : 7 = 5 : 2$

（6）地点 A と 120 km はなれた地点 B の間を車で往復しました。行きは時速 60 km，帰りは時速 40 km で走りました。往復の平均の速さを答えなさい。

（7）自由研究で愛知県のことを調べようとしています。いくつかの市町村を選んで，その特徴_{とくちょう}をグラフで比べたいと思います。どのようなグラフを使うのがよいか，もっとも適するものを下から選び，**ア～エ** の記号で答えなさい。ただし，各記号は 1 回しか使えません。

① 市町村ごとの面積の大きさ
② 市町村ごとの年代別の人口
③ 名古屋に通勤している人の市町村ごとの人数の割合
④ 市町村ごとの月ごとの平均気温の変化

ア．棒グラフ　　　　**イ**．ヒストグラム
ウ．折れ線グラフ　　**エ**．円グラフ

3

（8）下図の地点 A から地点 B までの最短の道順は何通りあるか答えなさい。

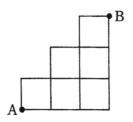

（9）多角形の頂点を頂点とする三角形に分割する方法を考えましょう。例えば，下図のように四角形を分割する方法は 2 通りあります。では，五角形を分割する方法は何通りあるか答えなさい。

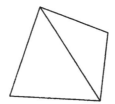 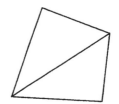

4

（１０）２つの整数があります。それらの和は36であり，最小公倍数は105です。この２つの整数を答えなさい。

（１１）異なる５つの素数について考えます。５つの素数の平均が18，ある３つの素数の平均が15であるとき，５つの素数の中でもっとも大きいものを答えなさい。

5

　病気の診断のための検査にはいろいろな方法があります。検査を受けたとき，その結果から，陽性（病気である）か陰性（病気でない）と判断されます。病気であれば100％陽性、病気でなければ100％陰性と判断される検査が理想ですが，理論上100％にすることは不可能なので，病気であっても陰性になったり，病気でなくても陽性になったりします。

　どんな検査にも，『感度』と『特異度』というものがあります。『感度』とは，病気である人を陽性と判断する割合を，『特異度』とは，病気でない人を陰性と判断する割合を表します。例えば，感度が90％の検査では，病気である人を100人検査すると，90人は陽性と判断されますが，10人は陰性と判断されるということです。

　ある病気について，感度が70％，特異度が99％である検査を日本在住の人1億2000万人に行います。病気である人は，日本在住の人の0.1％とし，次の問いに答えなさい。

（１２）病気である人は何人いますか。億や万などの漢数字を使わずに答えなさい。

（１３）この検査で陽性と判断された人のうち，病気である人の割合は何％ですか。四捨五入して小数第1位まで答えなさい。

K 教英出版

6

　細い棒に下の図（A）のように半円を張り付けて棒を回転させると，半円が描く立体は球になります。また，図（B）のように長方形を棒に張り付けて同じように回転させると円柱になります。

　図（C）のような三角形を棒に張り付けて回転させてできた立体を考えます。
　（図中の数字の単位は cm）

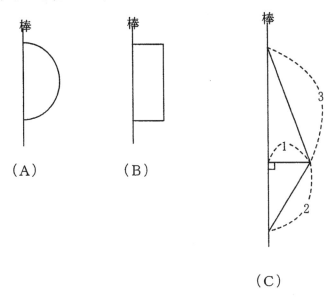

（A）　　　　（B）　　　　　　　　（C）

（１４）この立体の展開図でもっとも適するものを下から選び，**ア～オ** の記号で答えなさい。

（１５）この立体の表面積を答えなさい。

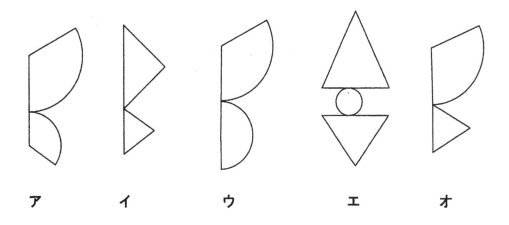

ア　　　　イ　　　　ウ　　　　エ　　　　オ

下図のように，辺の長さを $\frac{1}{2}$ に縮小した直角二等辺三角形を書き加えていきます。最初の直角二等辺三角形の直角をはさむ辺の長さは 1 cm です。

① 直角二等辺三角形の 2 辺に，もとの二等辺三角形の辺の長さを $\frac{1}{2}$ に縮小した直角二等辺三角形を書き加えます。

② ① で書き加えた三角形それぞれの 2 辺に，① と同じように辺の長さを $\frac{1}{2}$ に縮小した直角二等辺三角形を書き加えます。

③ ② で書き加えた三角形それぞれの 2 辺に，② と同じように辺の長さを $\frac{1}{2}$ に縮小した直角二等辺三角形を書き加えます。

以下，同じように，書き加えた三角形それぞれの 2 辺に，辺の長さを $\frac{1}{2}$ に縮小した直角二等辺三角形を書き加えていき，順に ④，⑤，⑥，…… とします。

（１６）下図 ③ の三角形の面積の合計は何 cm² か答えなさい。

（１７）④，⑤，⑥，…… とくり返したとき，三角形の面積の合計について，正しく述べたものを下から選び，**ア～エ** の記号で答えなさい。

ア．少しずつ大きくなっていくが，1 をこえることはない。

イ．少しずつ大きくなっていき，1 より大きくはなるが，2 をこえることはない。

ウ．少しずつ大きくなっていき，2 より大きくはなるが，3 をこえることはない。

エ．少しずつ大きくなっていき，くり返すほどどこまでも大きくなる。

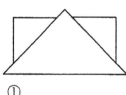

①

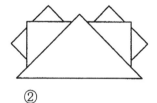

②

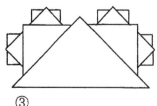

③

④，⑤，⑥，……

（１８）高さ 15 cm の直方体の水そうに鉄製の立体 A と鉄製の立方体を１つずつ入れ，上から一定の速さで水を入れました。立体Aの底面は平らであり，安定して水そう内に置くことができます。

立体Aが完全に水に入ったのは，水を入れ始めてから１分40秒後で，水そう内の水面の高さは４cm でした。立方体が完全に水に入ったのは，水を入れ始めてから５分20秒後で，水そう内の水面の高さは10cm でした。水そうが水でいっぱいになったのは，水を入れ始めてから８分40秒後でした。

立体 A の体積は何 cm³ か答えなさい。

9

（１９）１辺の長さが３cmの立方体（①,②）と，底面は１辺の長さが３cm
　　の正三角形で高さは３cm（③,④）の三角柱があります。
　　（図中の数字の単位はcm）

　　それぞれの図にある３点A,B,Cを通る平面で切ったとき，切り口は
　　どんな形になりますか。下から選び，**ア**〜**ケ**の記号で答えなさい。同じ
　　記号を何度使ってもかまいません。

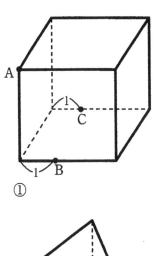

①

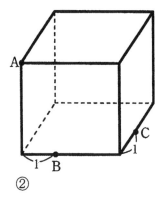

②

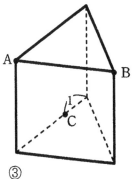

③

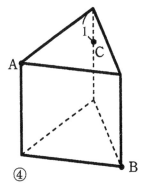

④

ア．正方形　　　　　　　**イ**．正三角形　　　　　　**ウ**．直角二等辺三角形

エ．ひし形（ただし，90°の角はない）

オ．平行四辺形（ただし，となり合う辺の長さが異なる）

カ．長方形（ただし，となり合う辺の長さが異なる）

キ．台形（ただし，向かい合う角の大きさが異なる）

ク．二等辺三角形（ただし，60°の角はない）

ケ．等しい長さの辺が無い三角形

10

（20）解答用紙には，円とその中心がかかれています。この円の円周上にすべての頂点がくるように正六角形をかき，かき方の手順を説明のらんに書きなさい。ただし，**コンパスの針は1回だけしかさせません。**

注意
・コンパスを使用するときの注意
（ア）円または円の一部をかくときだけ，針をさす。
（イ）長さをはかりとるときは，針をささない。
・かいた円（または円の一部）の中心（コンパスの針をさしたところ）に×印をかくこと。
・作図するのに使った線は消さずに残しておくこと。
・定規は直線を引くために用い，目盛りを使用しないこと。

K 教英出版

2022 年度

南山中学校女子部　入学試験問題

理　科

【　注意　】

1．試験開始の合図があるまで，この問題冊子の中を見てはいけません。

　　試験開始まで，この【　注意　】をよく読んでください。

2．試験時間は５０分です。

3．解答用紙の受験番号，名前は最初に記入してください。

4．この問題冊子は２５ページで，問題は$\boxed{1}$〜$\boxed{6}$です。

5．試験開始の合図後，問題冊子や解答用紙に印刷が悪くて見にくいところや汚れ<ruby>汚<rt>よご</rt></ruby>れなどの

　　ある場合は，だまって手をあげて監督<ruby>監督<rt>かんとく</rt></ruby>の先生に知らせてください。

6．答えはすべて解答用紙に書き，記号で答えるものはすべて記号で答えなさい。

7．試験終了後は解答用紙のみを提出し，問題冊子は持ち帰ってください。

1 動物について，下の問いに答えなさい。

> メダカのおすとめすを5匹（ひき）ずつ同じ水そうに入れて飼いました。やがて，めすが卵を産んだので，卵から子メダカになるまでを観察しました。

[1] メダカのおすとめすは，ひれの形や大きさで見分けることができます。次の①と②の特徴（とくちょう）は，おすのどのひれにみられるものですか。ひれの名前を，次の**あ～お**からそれぞれ選んで記号で答えなさい。
① 切れ込（こ）みがある
② ひれの後ろがめすより大きい

あ むなびれ　　**い** はらびれ　　**う** せびれ　　**え** しりびれ
お おひれ

[2] メダカを飼うときにしてはいけないことを，次の**あ～き**からすべて選んで記号で答えなさい。
あ 水そうの底に，水でよく洗った小石をしく。
い 水そうの水は，くみ置きの水道水や池の水を使う。
う 水面に浮（う）かぶ水草を入れる。
え えさは，食べきれる量よりすこし多めにあたえる。
お 水がにごったら，半分の量の水を取りかえる。
か 水そうは，直射日光がよく当たる明るい場所に置く。
き ふんや食べ残しを食べてくれるのでモノアラガイを水そうに入れておく。

［3］次の表は，メダカの卵のようすをまとめたものです。下の**あ〜う**は，３日目・

　　 ５日目・７日目のいずれかのようすです。５日目のようすを**あ〜う**から選びなさい。

　　　　　　 １日目　あわのようなものがたくさんみえる。

　　　　　　 ２日目　体のもとになるものが見えてきた。

　　　　　　 ３日目　[　　　　　　　　　　　　　　　　　　　　]

　　　　　　 ５日目　[　　　　　　　　　　　　　　　　　　　　]

　　　　　　 ７日目　[　　　　　　　　　　　　　　　　　　　　]

　　　　　　 ８日目　体がときどきくるりと動く。

　　　　 １０日目　卵のまくをやぶって，子メダカが出てきた。

　　 あ　心臓が動き，血液の流れがみられるようになった。

　　 い　体が大きくなり，色がついてきた。

　　 う　頭が大きくなって，目が黒くなりはっきりしてきた。

［4］かえったばかりの子メダカのはらには，ふくろがありました。次第^{しだい}に小さくなり，

　　 １３日目にはほとんど見えなくなりました。このふくろの中には何が入っているの

　　 か答えなさい。

ヒトもメダカも動物なので，受精してから子になるまでの変化は似ているところがありますが，ちがうところもたくさんあります。

　　ヒトは，受精したときは約0.14mmの大きさだった卵は，受精後4週で約0.4cmの大きさになり，心臓が動き始めます。約8週で大きさは3cmほどになり，目や耳ができます。

　　メダカは，子になるまでに必要な養分などは卵の中に入っているものを使いますが，ヒトは，子のへそのおが子宮のかべにある（　A　）とつながっていて，母親から運ばれてきた養分を受け取ることができます。また，（　A　）では，子がいらなくなった物を母親にわたすこともできます。

[5] ヒトの場合，手やあしの形がはっきりしてきて，体を動かし始めるのは，受精後何週くらいですか。次の**あ〜え**から選びなさい。

　　あ 8週　　　**い** 12週　　　**う** 16週　　　**え** 20週

[6] 上の文中の（　A　）にあてはまる語句を**ひらがな**で答えなさい。

ヒトは誕生後に，すぐに自分で息をして，食べ物をとるようになります。酸素や養分を取り入れた血液は心臓から送り出された後，血管の中を通って体中に行きわたります。また，不要になった二酸化炭素などは取り入れられて，（　B　）まで運ばれて体外に排出 されます。

[7] 上の文中の（　B　）にあてはまる器官の名前を答えなさい。

[8] 体外にはき出す息には，吸い込む空気とくらべて，二酸化炭素のほかに，何が多くふくまれていますか。

[9] 吸い込む空気とはき出す息の中の，酸素と二酸化炭素について調べるために，気体検知管を使いました。気体検知管は，測定できる気体の種類と空気中の体積の割合の範囲が決まっています。次の①と②は，それぞれどの範囲の気体検知管を使ったときに測定できますか。下の**あ～う**からそれぞれ選んで記号で答えなさい。
①　吸い込む空気の酸素
②　はき出す息の二酸化炭素
　　あ　0.03～1%用　　　**い**　0.5～8%用　　　**う**　6～24%用

[10] 次の図は，血液の流れ方について示しています。誕生するまでは，血液があまり流れていない部分があります。その部分を**あ～え**からすべて選んで記号で答えなさい。

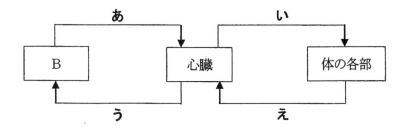

2 植物について，下の問いに答えなさい。

　　植物も動物と同じように呼吸をして，酸素を取り入れて二酸化炭素をはき出しています。植物は，日光が当たっているときは光合成をして，水と二酸化炭素をもとに，光を使って（　Ａ　）などの養分をつくり，酸素を出しています。
　　植物は，葉全体に日光がたくさん当たるような位置に葉をつけます。このため，育った植物を日光が当たる真上の方向から見ると，葉が広がって地面が見えなくなっています。

[11] 上の文中の（　Ａ　）にあてはまる語句を答えなさい。

[12] 日光が当たっているときも呼吸をしているのに，酸素をはき出すのはなぜですか。「光合成で」に続けて３０字以内で答えなさい。ただし，句読点（「、」と「。」）も１字として数えなさい。

[13] 右の図は，本葉が４枚のときのヒマワリを真上の方向から見たものです。次につく２枚はどの位置ですか。解答らんに葉をかき加え，その葉を黒く塗りつぶしなさい。

　　以前にアサガオを育てたとき，水をやり忘れて枯らしてしまったので，花を咲かせることができませんでした。アサガオを部屋の中で育ててみたくなって，お母さんに相談したら，植物がよく育つ光を出すライトを買ってもらえることになりました。さらにある工夫をすると，つるが長く伸びて大きく成長する前に花を咲かせられることを教えてもらいました。
　　種まきをしてから芽が出るまでが待ちどおしくて，買ってもらったライトで部屋の中にある他の植物の葉を照らしてみました。夜，暗くなった部屋の中で照らしてみると，葉の緑色がとてもきれいでした。白色の光を当てて，緑色に見えることが急に不思議に思えてきて，ちがう色の光を当てても葉は同じように見えるのか調べてみたくなりました。
　　次の日，セロハン紙を４色買ってきて，それぞれの色のセロハン紙でライトをおおい，

赤色，黄色，緑色，青色の光を葉に当てる実験をしてみました。赤色，青色の光を当てたときは葉が黒色に近い暗い色に見えました。黄色の光を当てたときも葉が暗い色でしたが，赤色や青色の光のときよりは少し明るい色に見えました。緑色の光を当てたときだけ，明るく，葉のすじもよく見えました。このように見え方がちがうのはなぜかを考えていたら，ふと，黒色は太陽の光を吸収しやすいので熱くなりやすく，白色は太陽の光を反射しやすいので熱くなりにくいことを思い出しました。そして，光を吸収するときは黒色に見えることに気がつきました。

[14] 実験の結果から，葉が吸収しやすい光の色と反射しやすい光の色はどれですか。次の**あ〜お**からそれぞれ選んで記号で答えなさい。

あ 赤色と青色　　　**い** 黄色　　**う** 緑色　　**え** 白色　　**お** 黒色

　　やがて，芽が出たのでライトの白色の光を当てて育てました。昼も夜もライトを当てていたので，よく育ちました。本葉が3枚になったところで，花を咲かせる工夫をしてみました。アサガオは，昼間が短くなって，光が当たらない時間が長くなると花を咲かせる植物なので，箱をかぶせて夜を長くしてやればよいことを教えてもらったので，毎日，午前8時から午後（　B　）時まで箱をかぶせて暗くして，それ以外の時間は白色の光を当て続けました。何日かすると小さなアサガオにつぼみができました。実験は大成功でした。

[15] 屋外でアサガオを育てた場合に花を咲かせる時期から考えて，夜の長さを決めて実験しました。Bにあてはまる時刻を，次の**あ〜え**から1つ選んで記号で答えなさい。

あ 3　　　　**い** 6　　　　**う** 8　　　　**え** 10

③　ものの燃え方について，下の問いに答えなさい。

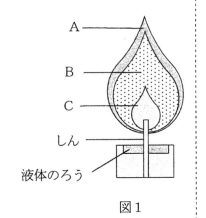

　燃えているろうそくのほのおを観察すると，
図1のようにA～Cの３つの部分からできている
ことがわかります。

　図1の液体のろうの部分に，チョークの粉を
いれて観察すると，液体になったろうがしんに
吸い寄せられ，<u>しんを伝わってのぼっていく</u>
ことがわかりました。

A

B

C

しん

液体のろう

図1

[16] 文中の下線部と同じように起こる現象を，次の**あ～く**からすべて選んで記号で
　　答えなさい。

　　あ　ぞうきんでこぼれた水をふく。

　　い　鉛筆けずりで鉛筆をけずる。

　　う　はさみで紙を切る。

　　え　サインペンで紙に字を書く。

　　お　掃除機でごみを吸う。

　　か　熱気球で空を飛ぶ。

　　き　浮き輪を使ってプールに浮く。

　　く　ドライヤーで髪をかわかす。

【実験1】

　図2のように，燃えているろうそくのしんを
ピンセットで強くはさみました。

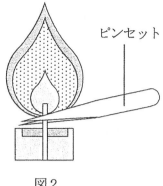

ピンセット

図2

[17]【実験1】について説明した文として最も適当なものを，次の**あ～か**から選んで
　　記号で答えなさい。

　あ　酸素がなくなるため，はさむ前よりほのおが小さくなり，やがて火は
　　　　消えた。

　い　酸素は十分にあるため，はさむ前と同じ大きさのほのおで燃え続けた。

　う　燃えるものがなくなるため，はさむ前よりほのおが小さくなり，やがて
　　　　火は消えた。

　え　燃えるものは十分にあるため，はさむ前と同じ大きさのほのおで燃え
　　　　続けた。

　お　二酸化炭素がまわりにたまるため，はさむ前よりほのおが小さくなり，
　　　　やがて火は消えた。

　か　二酸化炭素はまわりにひろがるため，はさむ前と同じ大きさのほのおで
　　　　燃え続けた。

【実験2】

　図3のように，図1のB部分にガラス管の一方の先を入れ，もう一方のガラス管の先を丸底フラスコに入れました。

【実験3】

　図1のC部分にガラス管の一方の先を入れ，もう一方のガラス管の先を，【実験2】とは別の丸底フラスコに入れました。

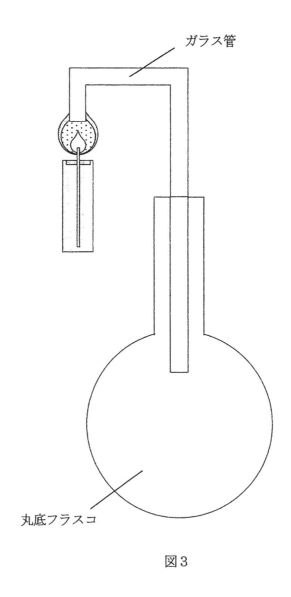

図3

[18]【実験2】,【実験3】の丸底フラスコ内のようすとして最も適当なものを，次の
あ〜かから選んで記号で答えなさい。

あ 【実験2】の丸底フラスコと【実験3】の丸底フラスコの両方に白いけむりの
ようなものがたまった。

い 【実験2】の丸底フラスコと【実験3】の丸底フラスコの両方に黒いけむりの
ようなものがたまった。

う 【実験2】の丸底フラスコには白いけむりのようなものがたまり，【実験3】の
丸底フラスコには黒いけむりのようなものがたまった。

え 【実験2】の丸底フラスコには黒いけむりのようなものがたまり，【実験3】の
丸底フラスコには白いけむりのようなものがたまった。

お 【実験2】の丸底フラスコは変化が見られなく，【実験3】の丸底フラスコには
黒いけむりのようなものがたまった。

か 【実験2】の丸底フラスコには白いけむりのようなものがたまり，【実験3】の
丸底フラスコは変化が見られなかった。

【実験4】

　下の写真は，ろうそくのほのおをとったものです。写真のD～Gの位置に，わりばしを水平に入れて，4秒後に取り出しました。

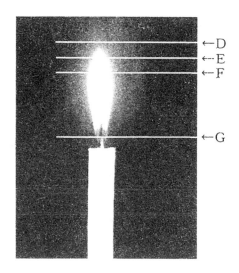

[19]【実験4】について，わりばしのようすとして適当なものを，次の**あ～く**からすべて選んで記号で答えなさい。

あ　Dの位置に入れたとき，わりばしはこげたが，すすはつかなかった。

い　Dの位置に入れたとき，わりばしの変化は見られなかった。

う　Eの位置に入れたとき，わりばしはこげたが，すすはつかなかった。

え　Eの位置に入れたとき，わりばしはこげ，すすもついた。

お　Fの位置に入れたとき，わりばしはこげたが，すすはつかなかった。

か　Fの位置に入れたとき，わりばしはこげ，すすもついた。

き　Gの位置に入れたとき，わりばしはわずかにこげたが，すすはつかなかった。

く　Gの位置に入れたとき，わりばしの変化は見られなかった。

私たちがお風呂のお湯をわかしたり，キッチンで調理したりするときに利用される
ＬＰガスにはプロパンという気体がふくまれています。プロパンは燃えるときにたく
さんの熱を出すことから私たちの生活に利用されています。
　プロパンを燃やすと空気中の酸素とむすびついて，二酸化炭素と水ができました。
ただし，プロパン，燃やした時に必要な酸素，できた二酸化炭素と水の重さの比は，
プロパン：酸素：二酸化炭素：水＝１１：４０：３３：１８となります。

[20] １００ｇのプロパンを燃やすために，必要な酸素は何ｇですか。また，そのときに
　　　できた二酸化炭素は何ｇですか。ただし，答えが整数にならない場合は，小数第１
　　　位を四捨五入して整数で答えなさい。

[21] ２７．５ｇのプロパンと１２０ｇの酸素を容器に入れて密閉し，燃やしました。燃や
　　　し終わったあと，容器内にあるものの重さの合計は何ｇですか。ただし，答えが整
　　　数にならない場合は，小数第１位を四捨五入して整数で答えなさい。

4 いろいろな水溶液（すいようえき）のはたらきについて，下の問いに答えなさい。

【実験1】

　アルミニウムはくを試験管の中に入れ，うすい塩酸を注ぐと，アルミニウムはくは，(A)気体を発生してとけました。次に，アルミニウムはくがとけた液を(B)ろ過し，ろ液をこまごめピペットでとり，蒸発皿に移しました。蒸発皿を弱火で加熱すると，(C)白い固体が出てきました。

【実験2】

　別の試験管に，同じこさの塩酸と水酸化ナトリウム水溶液を同じ体積ずつ入れ，混ぜ合わせました。その試験管にアルミニウムはくを入れると，気体は出ませんでした。

[22] 文中の下線部(A)で，発生する気体の説明として適当なものを，次の**あ～か**からすべて選んで記号で答えなさい。

あ この気体を集めるときは，火の気のない場所で行う。

い アルミニウムはくのかわりにスチールウールを入れても同じ気体が発生する。

う この気体は，空気より軽い。

え この気体は，水にとけやすい。

お この気体は，体積の割合で空気の約０．０４％をしめる。

か この気体は，プールの消毒や水道水の殺菌（さっきん）に利用される。

[23] 文中の下線部(B)の操作について答えなさい。

① 右図のように，ろ過をするときには，ろ紙を４つ折りにして開き，右図の実験器具に入れ，少量の水でしめらせ，密着させて使います。この実験器具の名前を答えなさい。

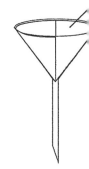

実験器具

② [23]の①のようにして，泥（どろ）のまざった水をろ過しました。ろ紙を広げたとき，ろ紙上に泥が残っている部分はどこですか。右の（例）を参考にして，解答らんに斜線（しゃせん）で表して答えなさい。ただし，点線はろ紙を折った時の折り目を表しています。

（例）

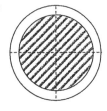

[24] 文中の下線部（C）の白い固体の説明として適当なものを，次の**あ～き**からすべて
選んで記号で答えなさい。

あ　うすい塩酸に入れるとあわを出さずにとける。

い　うすい塩酸に入れるとあわを出してとける。

う　水にとける。

え　水にとけない。

お　電気を通す。磁石につく。

か　電気を通さない。磁石につく。

き　電気を通さない。磁石につかない。

[25]【実験２】について答えなさい。

①【実験２】の結果になった理由としてあげられる，酸性の水溶液とアルカリ性の
水溶液を混ぜると，たがいの性質を打ち消し合うことを，何といいますか。
漢字２文字で答えなさい。

② [25] の①における答えの例として最も適当なものを，次の**あ～お**から選んで
記号で答えなさい。

あ　秋田県玉川温泉のお湯は塩化水素を多くふくんでおり，鉄くぎを入れると
とける。

い　石川県珠洲市では，日光でかわかすことで海水からこい塩水をつくり，こい
塩水を加熱することで塩をつくっている。

う　群馬県草津温泉から流れ出す湯川の水は，水に混ぜた石灰を入れることで，
魚がすめて，農業用水にも使える川となっている。

え　東京都千代田区にある金属の像は，雨水によりとけてしまったものがある。

お　長野県山ノ内町の長池では，冬の寒い朝などには，水面近くに湯気が
見えるときがある。

5 空気や水の性質を利用した実験について，下の問いに答えなさい。

【実験1】
図1のように，空気でっぽうの中に空気を入れ，押し棒で押しました。

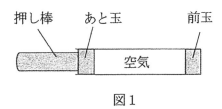

押し棒　　あと玉　　　　　　前玉

空気

図1

【実験2】
図2のように，空気でっぽうの中に水を入れ，押し棒で押しました。

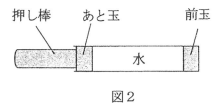

押し棒　　あと玉　　　　　　前玉

水

図2

[26]【実験1】，【実験2】では，前玉の飛び方にちがいがでます。前玉の飛び方にちがいがでる理由を解答らんの「水は力を加えても」に続けて１５字以内で答えなさい。ただし，句読点（「、」と「。」）も１字として数えなさい。

空気でっぽうの中の前玉とあと玉の間に，もう1つ玉を入れました。これを玉Aとします。

【実験3】
　図3のように，空気でっぽうの中に水と空気を入れ，押し棒で押しました。

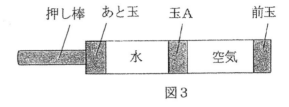

図3

【実験4】
　図4のように，空気でっぽうの中の水と空気を入れる場所をかえ，押し棒で押しました。

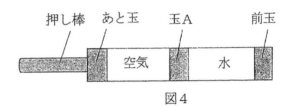

図4

[27]【実験3】，【実験4】の前玉のようすとして最も適当なものを，次の**あ～え**から選んで記号で答えなさい。ただし，玉Aはなめらかに動くものとします。

　あ　図3の前玉の方が，図4の前玉より勢いよく飛んだ。

　い　図4の前玉の方が，図3の前玉より勢いよく飛んだ。

　う　図3の前玉と図4の前玉は，どちらも同じくらい飛んだ。

　え　図3の前玉と図4の前玉は，どちらも飛ばなかった。

[28] 空気でっぽうのように，とじこめた空気や水の性質を利用した身近なものを，次の**あ～お**からすべて選んで記号で答えなさい。

　あ　掃除機　　　　　　　　**い**　きりふき　　　　**う**　やかん

　え　ペットボトルロケット（水ロケット）　　　　　**お**　温度計

【実験5】

　　図5のように，ペットボトルに１０℃の水と
二酸化炭素を入れ，キャップをした後，ペット
ボトルを振りました。

図5

【実験6】

　　図6のように，ペットボトルに７０℃のお湯と
二酸化炭素を入れ，キャップをした後，ペット
ボトルを振りました。

図6

[29]【実験5】，【実験6】について，次の文の①，②にあてはまる言葉を答えなさい。

　　【実験6】のペットボトルに比べると，【実験5】のペットボトルは（　①　）
いました。このようになったのは，二酸化炭素は水温が低いほど（　②　）から
です。

このページには問題がありません。

1.5Lペットボトルを3本使い，【実験7】～【実験10】を行いました。

【実験7】

　図7のように，ペットボトル側面に印をつけました。その印から2.5cmごとに
めもりをつけ，20.0cmのところに，きりで穴をあけました。これを穴Aとします。
穴Aはペットボトル側面の底から約3cmのところにあります。その後，穴Aにテープ
をはり，穴Aをふさいでから，ペットボトルいっぱいに水を入れ，キャップはあけた
ままにしました。

　次に，このペットボトルを台の上にのせ，穴Aのテープをはずすと，図8のように水
が流れ出ました。水が流れ始めたときから水面が各めもりになるまでにかかった時間を
3回測定し，平均値を計算しました。下の表1は，その結果を示したものです。ただし，
印から穴Aまでの間はペットボトルの太さはかわらないものとします。

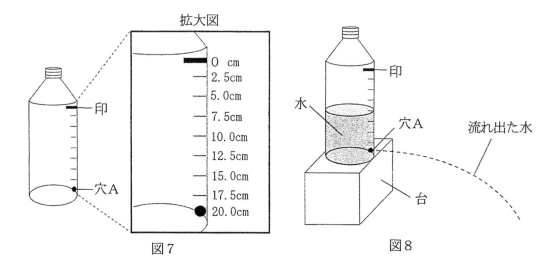

図7　　　　　　　　　　　　　　　図8

表1

印からめもり までの長さ〔cm〕	0	2.5	5.0	7.5	10.0	12.5	15.0	17.5
かかった時間 〔秒〕	21.0	40.5	60.4	82.4	107.1	135.3	169.2	216.9

[30] 表1より，印からめもりまでの長さと，水が流れ始めたときから水面が各めもり
　　になるまでにかかった時間の関係を表しているグラフをかきなさい。線で結ばず，
　　● でかきなさい。

[31] 【実験7】のとき，穴Aから流れ出た水のようすとして適当なものを，次の**あ～お**から選んで記号で答えなさい。

あ 穴Aから流れ出た水の勢いは，はじめから最後まで同じであった。

い 穴Aから流れ出た水は，はじめは勢いが強く，だんだん勢いが弱くなった。

う 穴Aから流れ出た水は，はじめは勢いが弱く，だんだん勢いが強くなった。

え 穴Aから流れ出た水は，はじめは勢いが弱かったが，だんだん勢いが強くなり，再び勢いが弱くなった。

お 穴Aから流れ出た水は，はじめは勢いが強かったが，だんだん勢いが弱くなり，再び勢いが強くなった。

【実験8】

別の1.5Lペットボトル側面の中央にきりで穴を1つあけました。これを穴Bとします。穴Bにテープをはり，穴Bをふさぎました。

次に，図9のように，ペットボトルに水を入れ，キャップをしました。台の上にのせ，穴Bのテープをはずしました。

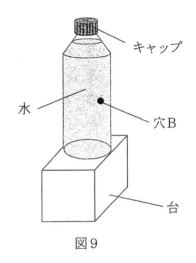

図9

[32] 【実験8】について，穴Bでのようすとして最も適当なものを，次の**あ～え**から選んで記号で答えなさい。

あ 水は穴Bから流れ出てこないが，キャップをゆるめると水が流れ出た。

い 水は穴Bから流れ出てこなく，キャップをゆるめても水は出てこなかった。

う 水が穴Bから勢いよく流れ出た。キャップをゆるめると，さらに勢いよく水が流れ出た。

え 水が穴Bから勢いよく流れ出た。キャップをゆるめると，水は出てこなくなった。

【実験9】

　別の1.5Lペットボトル側面に，きりで穴を2つ
あけました。上の穴を穴C，下の穴を穴Dとします。
穴C，穴Dそれぞれにテープをはり，穴C，穴Dを
ふさぎました。

　次に，図10のように，ペットボトルに水を入れ，
キャップはあけたままにしました。台の上にのせ，
穴C，穴Dのテープを同時にはずしました。

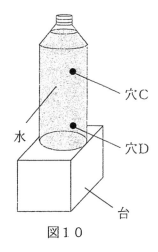

図10

[33]【実験9】のとき，穴C，穴Dでのようすとして最も適当なものを，次の**あ〜か**から
選んで記号で答えなさい。

　あ　穴Cからのみ水が流れ出た。

　い　穴Dからのみ水が流れ出た。

　う　穴C，穴Dの両方から水が流れ出たが，穴Cからの方が水の勢いが強い。

　え　穴C，穴Dの両方から水が流れ出たが，穴Dからの方が水の勢いが強い。

　お　穴C，穴Dの両方から水が流れ出たが，水の勢いはほぼ同じである。

　か　穴C，穴Dのどちらからも水は流れ出なかった。

【実験１０】

　【実験９】で使用した１.５Ｌペットボトル
を使いました。再び，穴Ｃ，穴Ｄそれぞれに
テープをはり，穴Ｃ，穴Ｄをふさぎました。

　次に，図１１のように，ペットボトルに水を
入れ，キャップをしました。台の上にのせ，穴Ｃ，
穴Ｄのテープを同時にはずしました。

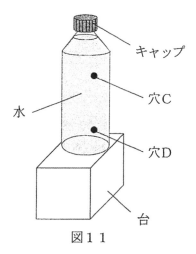

図１１

[34]【実験１０】のとき，穴Ｃ，穴Ｄでのようすとして最も適当なものを，次の**あ～か**
　　から選んで記号で答えなさい。

　　あ　穴Ｃからのみ水が流れ出た。

　　い　穴Ｄからのみ水が流れ出た。

　　う　穴Ｃ，穴Ｄの両方から水が流れ出たが，穴Ｃからの方が水の勢いが強い。

　　え　穴Ｃ，穴Ｄの両方から水が流れ出たが，穴Ｄからの方が水の勢いが強い。

　　お　穴Ｃ，穴Ｄの両方から水が流れ出たが，水の勢いはほぼ同じである。

　　か　穴Ｃ，穴Ｄのどちらからも水は流れ出なかった。

[35]【実験７】～【実験１０】で使用したペットボトルは炭酸飲料用のペットボトルで，
　　リサイクルのための識別マークがつけられていました。次の部分にはどのリサイク
　　ルマークがついていますか。最も適当なものを次の**あ～お**から，それぞれ１つずつ
　　選んで記号で答えなさい。ただし，同じ記号をくり返し選んでもよいものとします。

　　①　ボトル　　　　　　②　キャップ　　　　　　③　ラベル

21

6 天気について，下の問いに答えなさい。

　太陽光によって温められた地面が付近の空気を温めるので，太陽がのぼると気温が上がり始めます。また，太陽が沈むと，地面は次第に冷たくなります。これは熱が宇宙空間に逃げていくからです。このために気温は下がってきますが，上空に雲があると熱が宇宙空間に逃げにくくなります。

　南山中学校女子部では，自動気象観測装置で１０分間ごとに，気温，湿度，気圧や降水量などを測定しています。図１〜図３は，去年の４月に測定した記録のうちから３日分を選び，気温と降水量をグラフに表したものです。気温の変化は折れ線グラフで，１時間ごとの降水量は棒グラフで表されています。時刻は２４時間表記のため，例えば１８時は午後６時を表しています。

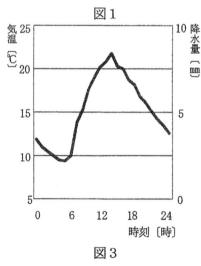

図1

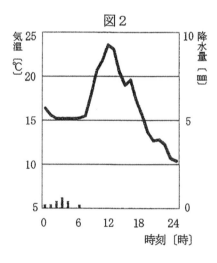

図2

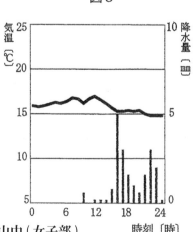

図3

[36] 次の①，②はそれぞれ，**図1〜図3**のどれか答えなさい。

①日中青空が広がっていて，夜中星もよく見えた日のグラフ

②日没から深夜にかけて，上空に雲があった日のグラフ

[37] 図4は別の日の気温と降水量をグラフに
表したものです。この日の天気について，
わかることを正しく述べているのはどれ
ですか。図1〜図3のグラフもふまえて
次の**あ〜え**からすべて選んで記号で答え
なさい。

図4

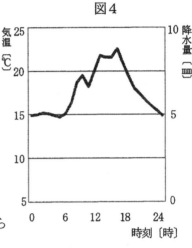

あ 雨は降らなかった。

い 夕方までうすい雲が空全体をおおっていたが，
その後は快晴だった。

う 日の出前はくもっていたが，日の出のころから
青空が広がり，快晴だった。

え 11時ごろに急に雨が降ったので，気温が下がった。

雲の形や色などは，自動気象観測装置では観測することはできないので，目で見て調べる必要があります。校舎の屋上で，空全体にある雲の量と雲の種類を記録しました。

　　雲は大まかな形のちがいから，次の１０種類に分けられています。

　　　　巻雲　　（すじ雲）　　　小さな氷の粒が集まってできる雲。
　　　　巻積雲（うろこ雲）　　　秋によく見られる魚のうろこのような形の雲。
　　　　巻層雲（うす雲）　　　　空全体をうすくおおって太陽に「かさ」がかかって見える
　　　　　　　　　　　　　　　　ときの雲。
　　　　高積雲（ひつじ雲）　　　白くてまだらな雲。太陽をおおうと暗くなる。
　　　　高層雲（おぼろ雲）　　　空全体をおおって太陽がすりガラスを通したようにかすん
　　　　　　　　　　　　　　　　で見えるときの雲。
　　　　積乱雲（かみなり雲）　　山のように立ち上がった大きな雲。短時間で大雨を降らせ
　　　　　　　　　　　　　　　　ることが多い。
　　　　乱層雲（雨雲，雪雲）　　空全体を灰色におおう雲。長い時間雨や雪を降らせること
　　　　　　　　　　　　　　　　が多い。
　　　　積雲　　（わた雲）　　　夏によく見られる綿あめのような形の雲。
　　　　層積雲（うね雲）　　　　畑のうねのような形に見える雲。
　　　　層雲　　（きり雲）　　　地上付近にできる雲。雨を降らせたり，きりをもたらし
　　　　　　　　　　　　　　　　たりする。

[38] 雲の量は，空全体を１０としたときにどれくらいの量があるかを記録します。これを雲量といいます。雲量によって，晴れ，くもりの天気が決められます。くもりは雲量がいくつからいくつまでのときか答えなさい。

[39] 次の文章は，雲の種類や量の変化についての記録です。文中の（　　　）にあてはまる雲の名前を１０種類の雲形から選んで答えなさい。

　　ある日の朝は，雲量１で，空の高いところに巻雲と巻層雲が見えました。夕方は，巻層雲が見られました。次の日の朝は，青空に高積雲が目立ちました。昼過ぎから次第に雲が多くなり，夕方には雲量８になりました。その次の日の朝は，空全体を高層雲と高積雲がおおっていました。次第に雲がぶ厚くなって暗くなり，夕方には西の方から現れた（　　　）が空をおおい，雨が降り出しました。

[40] 次の文章は，雲の移動について，お母さんから伝え聞いた話です。ひいおばあさんは，**大阪から名古屋へ**向かったのか，**名古屋から大阪へ**向かったのかどちらか答えなさい。

　　ひいおばあさんが若いころ，まだ新幹線などはなくて，名古屋と大阪を行き来するのに各駅停車の汽車に乗っていました。その日は汽車が駅を出発するときにちょうど雨が降り始めたそうです。雨雲と汽車の速さは同じくらいですが，少しだけ汽車の方が速かったので，次の駅に着くと雨はまだ降り始めていませんでしたが，汽車が駅に止まっている間にちょうど雨が降り始めたそうです。汽車が動き出すとすぐに雨はやみ汽車は雨に降られず，次の駅でも乗客たちは雨が降り始める前に汽車に乗り込むことができましたが，汽車が駅に止まっている間に雨雲が追いついてきて，出発するころちょうど雨が降り始めるといったことを繰り返したそうです。

K 教英出版

2022 年度

南山中学校女子部　入学試験問題

社　会

【　注意　】

1．試験開始の合図があるまで，この問題冊子の中を見てはいけません。
　　試験開始まで，この【　注意　】をよく読んでください。

2．試験時間は５０分です。

3．解答用紙の受験番号，名前は最初に記入してください。

4．この問題冊子は１６ページで，問題は①〜④です。

5．試験開始の合図後，問題冊子や解答用紙に印刷が悪くて見にくいところ
　　や汚れなどのある場合は，だまって手をあげて監督の先生に知らせてく
　　ださい。

6．答えはすべて解答用紙に書き，記号で答えるものはすべて記号で答えな
　　さい。漢字の指定のあるものはかならず漢字で書きなさい。

7．試験終了後は解答用紙のみを提出し，問題冊子は持ち帰ってください。

1 今朝，みなさんは今日の入学試験を乗り切るために，しっかりと朝ごはんを食べてきたことでしょう。この「食べる」という行為は，自然環境の多様さや社会のしくみの複雑さなどとつながっています。さまざまな角度から見える「食」について考えてみましょう。

問1　日本と世界にみられる食文化について，あとの問いに答えなさい。

（1）日本各地では，さまざまな郷土料理が作られ受け継がれてきました。次の図に示した都県①〜⑥の代表的な郷土料理に当てはまる最も適当な説明文を，あとの**ア〜カ**から1つずつ選びなさい。

③長野県
④福井県
①宮城県
②東京都
⑤香川県
⑥宮崎県

ア

「冷汁」　朝早くから仕事に出かける農家の人が，残った麦ごはんにみそと水を混ぜ，かきこんで食べていたといわれています。山の幸や海の幸，太陽の恵みをいっぱいに受けた夏の野菜が用いられ，食欲のなくなる暑い時期に食べやすい料理です。

［おもな食材：アジ・豆腐・きゅうり・しそ・白みそ・米・おし麦など］

イ

「昆布巻き」　江戸時代に活躍した北前船の寄港地として，北方から運ばれてきた昆布やニシンを使った料理が作られるようになりました。ニシンの干物を昆布で巻いてやわらかく煮た「昆布巻き」は“よろこぶ”として，ニシンも子孫繁栄を願う食材として縁起がよいとされています。

［おもな食材：昆布・ニシン・しょうゆ・みりん・砂糖など］

ウ
「年明けうどん」　年間を通して降水量が少ない気候は，うどんの原料となる小麦の栽培に向いていました。さらに，うどんに必要な塩，しょうゆ，いりこ（カタクチイワシのだし）なども身近ですべて調達できました。年明けの祝いに紅白をイメージし，白いうどんに赤い食材をそえます。

［おもな食材：うどん・赤い食材（エビ，イクラ，かまぼこ）など］

エ
「おやき」　険しい山が多く寒冷な地域では，小麦やソバが多く栽培されてきました。「おやき」は，小麦粉やソバ粉などを水で溶いて練った生地に，野沢菜やナス，きのこなど季節ごとに旬の野菜を調理した具材を包み焼いたものです。

［おもな食材：小麦粉・丸ナス・みそなど］

オ
「サンマのすり身汁」　サンマは回遊魚で，親潮にのって南下してきた10月から11月がこの地域の漁の最盛期です。地元ではお刺身や塩焼きはもちろんですが，すり身もよく食べられていて，野菜などといっしょに汁物に仕立てていただきます。

［おもな食材：サンマ・大根・ねぎ・豆腐など］

カ
「深川めし」　埋め立て前の沿岸は干潟が広がる遠浅の海で，たくさんのアサリがとれました。アサリ漁師たちは，さっと煮たアサリのむき身をごはんにのせた「深川めし」をよく食べていました。今は駅弁としても有名で，鉄道の利用を通じて全国の人に食されています。

［おもな食材：アサリ・ごぼう・さやえんどう・しょうゆ・酒・米など］

農林水産省 Web サイト「うちの郷土料理　次世代に伝えたい大切な味」などにより作成。

（2）グローバル化が進んでいる今日，外国の食文化にふれる機会も多くなりました。次のA～Cの文は，韓国，ベトナム，トルコのいずれかでみられる食文化の特色について述べたものです。A～Cと国名との正しい組み合わせを，下のア～カから1つ選びなさい。

A：羊の肉や野菜などを串焼きにしたケバブという料理がよく知られている。宗教上の理由から豚肉や酒などの食材は使用しない。

B：とうがらしやネギ，しょうが，ニンニクなど辛みや香りの強い野菜のほか，肉や魚介類を多く用いる。白いご飯と汁物を，品数の多いおかずと食べることが多い。

C：フォーという米粉の麺がよく知られている。フランスに統治されていた歴史からフランスの食文化の影響も受けていて，まろやかな味付けの料理が多い。

	A	B	C
ア	韓国	ベトナム	トルコ
イ	韓国	トルコ	ベトナム
ウ	ベトナム	韓国	トルコ
エ	ベトナム	トルコ	韓国
オ	トルコ	韓国	ベトナム
カ	トルコ	ベトナム	韓国

問2　食料生産を支える産業について，あとの問いに答えなさい。

（1）次の表中のア～オは，埼玉県・山梨県・新潟県・富山県・宮崎県のいずれかで，農業生産額と米・野菜・果実・畜産・その他の農業生産額にしめる割合を示したものです。埼玉県と富山県に当てはまるものを，表中のア～オから1つずつ選びなさい。

	農業産出額 (億円)	農業産出額にしめる割合（%）				
		米	野菜	果実	畜産	その他
ア	3429	5.2	19.5	3.8	64.4	7.1
イ	953	6.6	11.8	66.0	8.1	7.5
ウ	651	69.3	8.9	3.2	13.7	4.9
エ	2426	58.7	14.2	3.1	19.4	4.6
オ	1758	21.0	47.4	3.5	14.8	13.3

統計年次は2018年。　農林水産省「生産農業所得統計」により作成。

（2）次のA～Dの図は，日本国内において農業がさかんな地域を示したもので，下の**ア**～**エ**の文は，A～Dのいずれかの土地利用の様子を説明したものです。A～Dの説明として最も適当なものを，**ア**～**エ**から1つずつ選びなさい。

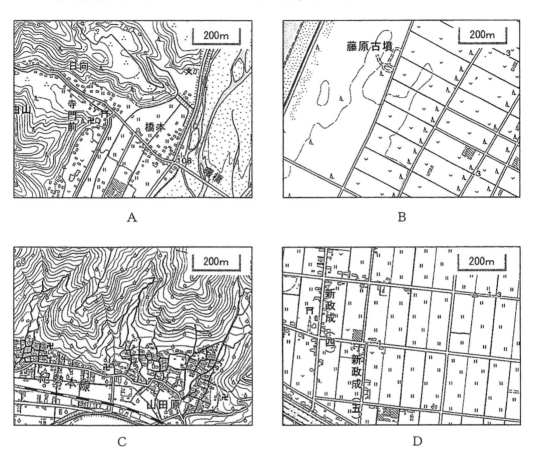

国土地理院ホームページ「地理院地図」により作成。
等高線は10m間隔で引かれている。

ア 山地の斜面を利用した段々畑で果樹の栽培がおこなわれている。
イ 干拓された海面より低い土地に水田がみられる。
ウ 防砂林が風で飛んでくる砂を食い止めて低地に広がる農地を守っている。
エ 土地の高いところでは茶畑が，土地の低いところでは水田がみられる。

4

（3）次のA～Cの文は，日本近海でみられる漁法について述べたもので，下の①～③は，A～Cのいずれかの漁法をイラストで示したものです。A～Cと①～③との正しい組み合わせを，あとの**ア～カ**から1つ選びなさい。

A：おもに沿岸の海底にすむカレイやヒラメ，タラなどをねらう漁法であるが，目的としていない生き物をとらないように，また海底の生態系にダメージをあたえないように注意が必要である。

B：沖合や沿岸で泳ぎ回るアジやサバ，イワシ，マグロなどを群ごとねらう漁法で，効率よく一度に大量の魚をとることができるが，乱獲という問題につながることがある。

C：季節ごとにどんな魚がどこでとれるかという情報や魚の習性，沿岸の潮の流れなどを読む「待ち」の漁法で，他の漁法にくらべて魚をとり過ぎることがなく，海にあたえる影響が少ないといわれている。

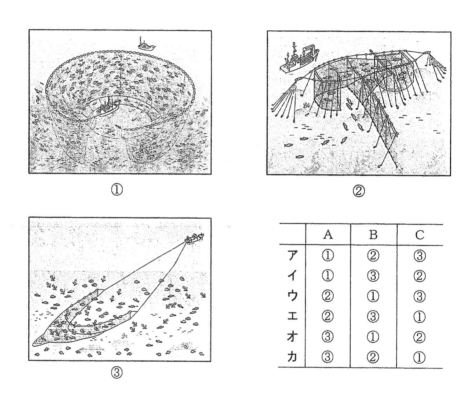

	A	B	C
ア	①	②	③
イ	①	③	②
ウ	②	①	③
エ	②	③	①
オ	③	①	②
カ	③	②	①

農林水産省 Web サイト「漁業種類イラスト集」により作成。

問3　日本の食料自給率について述べた次の文中の［　　　　　］に当てはまる語句を答えなさい。

　　　農林水産省の統計によると，重量から計算した2019年の日本のおもな食料の自給率は，米97％，小麦16％，大豆6％，野菜79％，果実38％，牛肉35％，豚肉49％，鶏肉64％，卵96％，牛乳・乳製品59％です。これらのなかで下線部の畜産物についてのみ，［　　　　　］の自給率を考慮した場合の数値は，牛肉9％，豚肉6％，鶏肉8％，卵12％，牛乳・乳製品25％となり，すべて大幅に低くなります。食料自給率が低いと何らかの理由で食料を外国から輸入できなくなった場合にたいへん困ることになります。

問4　日本が多く輸入している食料品について，あとの問いに答えなさい。

（1）次の表は，3つの食料品（サケ，コーヒー豆，オリーブ油）の輸入額をもとに，日本の輸入相手国上位3ヵ国を示したもので，表中のA〜Cはイタリア，チリ，ブラジルのいずれかです。A〜Cと国名との正しい組み合わせを，下のア〜カから1つ選びなさい。

	サケ	コーヒー豆	オリーブ油
1位	A	B	スペイン
2位	ノルウェー	コロンビア	C
3位	ロシア	ベトナム	トルコ

統計年次は2019年。　農林水産省「農林水産物輸出入統計」により作成。

	ア	イ	ウ	エ	オ	カ
A	イタリア	イタリア	チリ	チリ	ブラジル	ブラジル
B	チリ	ブラジル	イタリア	ブラジル	イタリア	チリ
C	ブラジル	チリ	ブラジル	イタリア	チリ	イタリア

（2）冬に売られているカボチャの産地を見ると，ニュージーランドやトンガといった（　あ　）に位置する国が多く，日本と（　い　）であることを生かした出荷をしていることが分かります。（　あ　）と（　い　）に当てはまる言葉を，それぞれ答えなさい。

（3）オーストラリア産の牛肉は，同じ重量の国産のものとくらべて，安い値段で売られています。オーストラリア産の牛肉が安い理由を，解答らんの文の一部に続けて，「人手」と「土地」の2つの語句を用いて説明しなさい。ただし，語句の使用順序は問いません。

6

（4）熱帯性の果実のアボカドは，栄養価が高く健康に
良いとされて人気が高まり，日本への輸入量が増えて
います。その産地を見ると，ほとんどが右図に示した
メキシコとペルーです。日本がこれらの国からアボカ
ドを大量に輸入することは，地球規模の環境問題につ
ながる，という指摘もあります。このように指摘され
る理由を，「輸送」という語句を用いて説明しなさい。

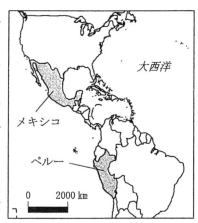

問5　世界が直面している食料問題について述べた次
の文中の（　X　）と（　Y　）に当てはまる地域
名の正しい組み合わせを，あとの**ア～カ**から１つ選
びなさい。

> 2021 年５月の国連食糧計画の報告によれば，世界人口の約９％にあたる６億
> 9,000 万人もの人びとが毎晩空腹のまま眠りについています。栄養不足の人びとの数
> が最も多いのは（　X　）で３億8,100 万人ですが，地域ごとの割合でみると（　Y　）
> が最も多く，19％強となっています。

	ア	イ	ウ	エ	オ	カ
X	アジア	アジア	アフリカ	アフリカ	南アメリカ	南アメリカ
Y	アフリカ	南アメリカ	アジア	南アメリカ	アジア	アフリカ

問6　次の資料Aは，自治体が作成したポスターで，資料Bは季節商品をあつかう販売店の
お知らせです。どちらも共通して ☐☐☐☐ をなくすための取り組み事例を示してい
ます。 ☐☐☐☐ に当てはまる言葉を答えなさい。

【資料A】

【資料B】

> もうすぐ節分ですね。
> 恵方巻きのご予約受付中です。
>
> 　　　　△△マート〇〇店　店長

「神奈川県ホームページ」より引用，一部改変。

② 海女さんを知っていますか？　海女とは，海にもぐってアワビなどをとる女性のことです。中学生のやよいさんは，「海女さんとアワビの歴史」について調べています。やよいさんのメモを見て，あとの問いに答えなさい。

やよいさんのメモ
［１］縄文時代の＿＿＿＿＿からアワビの貝がらや，アワビを岩からはがしとるための
　　　骨角器が出てくることがある。
［２］弥生時代の『魏志倭人伝』には「倭人は海中にもぐり，魚やアワビをとる」と
　　　いう記事がある。
［３］平城京に干しアワビが税として納められる。
［４］海女さんの漁を見た清少納言は「女の海女が海にもぐっている間，男は船の上
　　　で鼻歌を歌っている」と『枕草子』に書いている。
［５］鎌倉時代の武士の食事は，貴族とちがって質素で，玄米を主食に，おかずは干
　　　しアワビや梅干し，いのしし・しかなども食べた。
［６］江戸時代，干しアワビやフカヒレは，俵につめられて中国などに輸出された。

問１　［１］の＿＿＿＿＿は「縄文時代のごみ捨て場」といわれることがあります。＿＿＿＿＿に
　　　当てはまる語句を漢字２字で答えなさい。

問２　次の資料は［１］・［２］の時代の石器で，矢の先につける矢じりです。①は縄文
　　　時代，②は弥生時代のもので，弥生時代になると矢じりは大きくなり，大量生産され
　　　るようになりました。①は（　Ａ　）の道具でしたが，②は（　Ｂ　）の道具として
　　　用いられたと考えられています。

【資料】

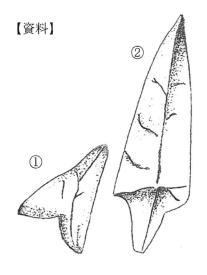

大きさ 23mm　　大きさ 48mm

（１）（　Ａ　）と（　Ｂ　）に当てはまる最も適
　　　当な語句をそれぞれ答えなさい。

（２）弥生時代になると（　Ｂ　）が始まった理由
　　　を説明しなさい。

問3　次の資料は［３］の時代のの歌です。　　　　　　　は九州の守りにあたっ
た兵士のことです。　　　　　　　に当てはまる語句を答えなさい。

【資料】
からころも　すそに取りつき　泣く子らを　置きてそ来ぬや　母なしにして
意味：着物のすそにとりすがって泣く子どもたちを，私は家においてきてしまっ
　　　たなあ。あの子たちには母もいないのに，今ごろどうしているのだろうか。
（『万葉集』より）

問4　［４］の時代の貴族の文化として**適当でないもの**を，次の**ア〜オ**から２つ選びなさ
い。
　　　ア　茶の湯　　　イ　いけ花　　　ウ　七夕（たなばた）　　　エ　囲碁（いご）　　　オ　ひなまつり

問5　次の資料は［５］の時代の武士をえがいたものです。武士のくらしについて述べた
下の文中の（　Ａ　）〜（　Ｃ　）に当てはまる語句をそれぞれ漢字で答えなさい。

【資料】

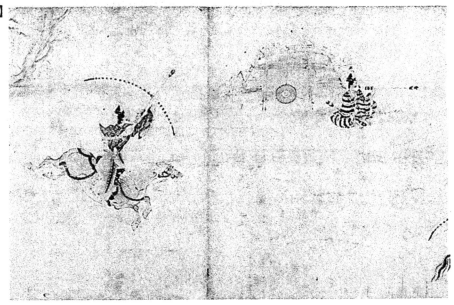

頼朝は，家来になった武士たちに先祖代々の（　Ａ　）の支配をみとめたり，新た
な（　Ａ　）を与えたりした。このようなご恩に対して武士たちは，鎌倉や京都を
守る役を務め，いざという時には幕府のある鎌倉にかけつけて奉公（ほうこう）した。武士は
（　Ａ　）を守るために日ごろから武芸をみがいて戦いに備え，とくに（　Ｂ　）
を射ることや（　Ｃ　）に乗ることは，子どものころから厳しく教えられた。

二〇二二年度

国語　解答用紙

受験番号

名　前

※200点満点
（配点非公表）

【二】

問一

問二

問三

問四

問五

問六

問七

問八

問九

問十

問十一

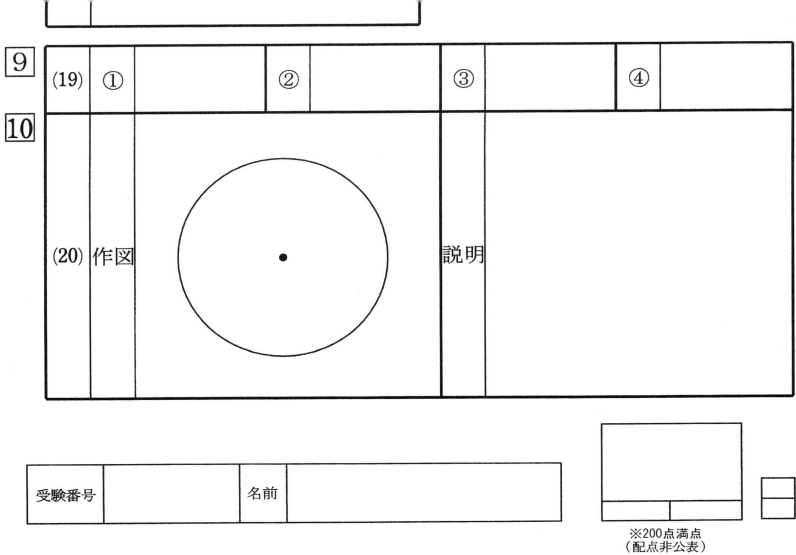

9	(19)	①		②		③		④	

10	(20) 作図	説明

受験番号		名前	

※200点満点
（配点非公表）

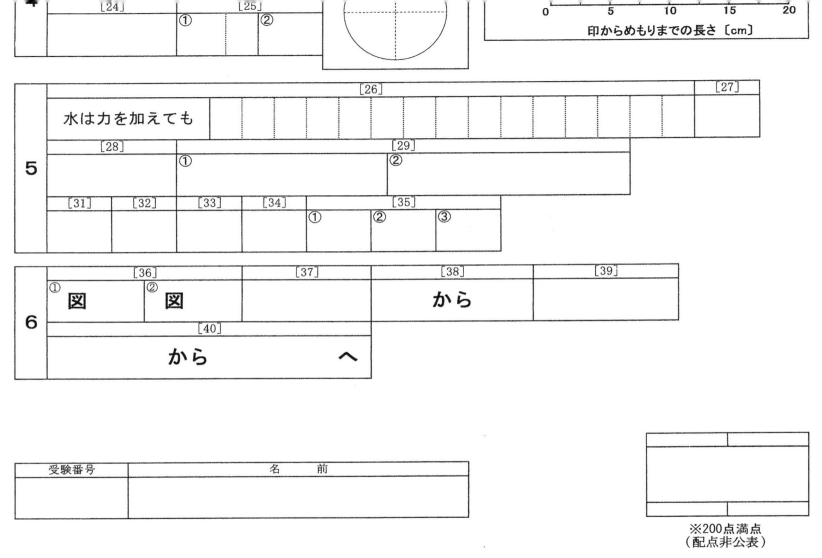

[24] [25] ① ②

5 [26] 水は力を加えても [27]

[28] ① [29] ②

[31] [32] [33] [34] [35] ① ② ③

6 ① 図 ② 図 [36] [37] [38] から [39]

[40] から　　　　　　　へ

受験番号　　　　　　名　前

※200点満点
（配点非公表）

2022(R4) 南山中（女子部）

K教英出版

	問5			問6	問7	問8
	A	B	C			

	問1		問2	問3	問4
3	①	②			

	問1		問2 (1)	問2 (2)
4				

問2 (3)

問3 (1)	問3 (2)	問4 (1)	問4 (2)	問5 (1)	問5 (2)		問6
					A	B	

受験番号	名　前

2022(R4) 南山中 (女子部)

Ⓚ 教英出版

※200点満点
（配点非公表）

2022年度　社会　解答用紙

1

問1（1）						問1（2）	問2（1）	
①	②	③	④	⑤	⑥		埼玉県	富山県

問2（2）				問2（3）	問3
A	B	C	D		

問4（1）	問4（2）	
	あ	い

問4（3）

肉牛1頭に対して，

問4（4）

問5	問6

問1	問2（1）	
	A	B

問2（2）

２０２２年度　理科　解答用紙

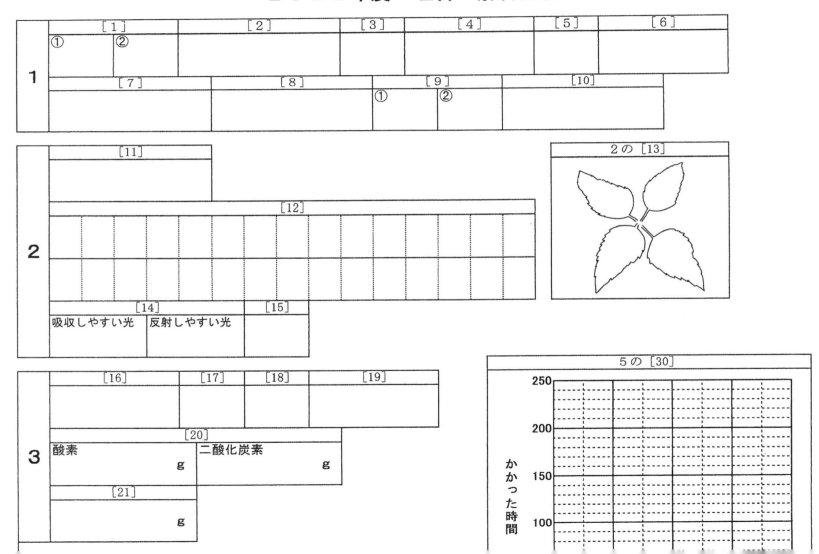

2022 年度　算数　解答用紙

1	(1)		(2)		(3)		(4)		(5)	

2	(6)	時速　　　　　　　　　km	

	(7)	①	②	③	④

3	(8)	通り	(9)	通り

4	(10)	と	(11)	

5	(12)	人	(13)	％

6	(14)		(15)	cm^2

7	(16)	cm^2	(17)	

【三】

⑥	④	①
	⑤ めて	② る
		③

【二】

問一

問二

問三

問四

問五

問六

問七

問八

問九

問十

【解答

問6　愛知県には，〔5〕の時代から続く焼き物の産地があります。その一つの▢焼は，江戸時代に尾張藩_{おわりはん}の保護のもとで新たな技術が加わって改良され，▢物といえば，焼き物をあらわす呼び名となるほど発展しました。▢に当てはまる語句を漢字で答えなさい。

問7　〔6〕の時代の魚市場では，千葉のイワシ，北海道のニシンがたくさん取り引きされていたという記録があります。イワシとニシンは食べるのではなく▢として使うために多く売り買いされました。▢に当てはまる語句を漢字で答えなさい。

問8　次の資料は▢王国の城を復元したものです。〔6〕の時代，▢王国を通じて中国や東南アジアとの貿易がおこなわれました。▢に当てはまる語句を漢字で答えなさい。

【資料】

3　長く続いた戦争の時代について，あとの問いに答えなさい。

問1　次の①②は，朝鮮半島と日本をめぐるできごとです。①②が起きた時期として正しいものを，年表中の**ア〜エ**から1つずつ選びなさい。

①朝鮮半島全土で大きな独立運動が起こる
②朝鮮が日本の植民地になる

ア
日清戦争が始まる
イ
日露戦争が始まる
ウ
第一次世界大戦が始まる
エ
第二次世界大戦が始まる

問2　次のグラフは1930年から1944年の国家予算にしめる軍事費の割合を示すもので，1937年に割合が増えていることがわかります。1937年のできごとを，下の**ア〜エ**から1つ選びなさい。

国家予算にしめる軍事費の割合

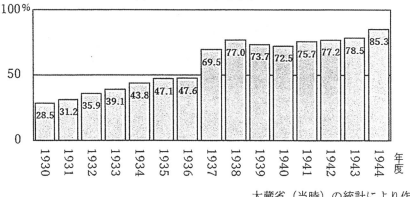

大蔵省（当時）の統計により作成。

ア　3月の東京大空襲をはじめ，全国各地で空襲の被害が広がり，名古屋城も焼けてしまった。

イ　満州にいた日本軍が南満州鉄道の線路を爆破し，これを中国軍のしわざとして戦争をはじめた。

ウ　日本軍はイギリス領のマレー半島や，ハワイのアメリカ軍基地を攻撃し，東南アジアや太平洋が戦場となった。

エ　日本と中国の戦争が中国全土に広がり，首都のナンキンでは多くの中国人が殺害された。

問3 1940年，ほとんどの [　　　] が解散し，戦争に反対することがしだいに難しくなっていきました。その後，[　　　] は戦後の改革によって復活しました。日本国憲法は，自由に [　　　] をつくったり，これに参加したりすることを保障しています。

[　　　] に当てはまる語句を漢字2字で答えなさい。

問4 次の資料は，1941年12月に文部省（当時）が大学に対して出した指示です。資料中の「現大学2年生」とは，1940年4月に大学に入学した学生のことで，本来なら4年後の1944年3月に大学を卒業するはずです。ところが，文部省は「1942年9月に卒業させるように」と指示しました。このような指示を出した理由を答えなさい。

【資料】

1　現大学2年生の卒業時期は1942年9月とすること。
2　これを実現するため毎週の授業時間数をくふうすること。
3　3年生の授業科目を前倒しして2年生で学習させてもかまわないこと。
4　冬休みや春休みは短縮すること。

12

4 2021年10月31日に，衆議院議員選挙がおこなわれました。選挙は私たちのくらしに大きな影響をあたえるものです。選挙や政治について，あとの問いに答えなさい。

問1 次のグラフは，日本の衆議院議員選挙において，選挙権をもっている人の数の推移を示したものです。このグラフを見ると1946年に実施された衆議院議員選挙では選挙権をもっている人の数が，急増していることがわかります。この年に，選挙権をもっている人が増えた理由を答えなさい。

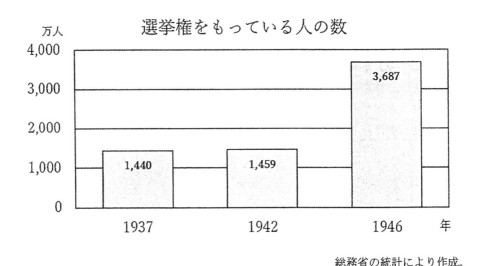

総務省の統計により作成。

問2 2021年10月31日におこなわれた衆議院議員選挙について，あとの問いに答えなさい。

（1）投票率を上げるためのくふうとして実際におこなわれているものを，次のア〜エから1つ選びなさい。

ア 投票は国民の義務であるため，選挙に行かないと罰金（ばっきん）をとられる。

イ 投票所に行かなくても自宅からインターネットで投票できる。

ウ 投票日に選挙へ行けなくても，決められた場所に行けば，事前に投票できる。

エ 投票所は投票日の午前0時から24時間開かれており，深夜まで投票できる。

（2）近年の国会では，自民党が単独で多くの議席をしめています。一つの政党が強すぎるのは民主主義にとってよくないという考えがあります。そのように考えたいくつかの政党が，今回の選挙で「□□共闘（きょうとう）」をおこないました。共闘とは「ともにたたかう」という意味です。□□に当てはまる語句を漢字2字で答えなさい。

（3）この選挙の投票所では「小選挙区制」の投票用紙、「比例代表制」の投票用紙，そして「国民審査」の投票用紙がわたされました。「国民審査」の内容を説明しなさい。

問3　国会について，あとの問いに答えなさい。

（1）国会の仕事として正しいものを，次のア～エから1つ選びなさい。

ア　国の予算を話し合って，決める。

イ　条例をつくったり，変えたりする。

ウ　県知事や県議会議員をやめさせる請求をする。

エ　天皇の国事行為に対して，助言と承認をおこなう。

（2）国会は衆議院と参議院の2つの議院から成り立っています。衆議院と参議院について述べた文として正しいものを，次のア～エから1つ選びなさい。

ア　衆議院は任期が6年であり，参議院は任期が4年である。

イ　参議院は，解散されることがある。

ウ　衆議院より参議院の方が，議員数が多い。

エ　内閣を信任しないことを決めるのは衆議院のみである。

問4　次の資料を見て，あとの問いに答えなさい。

【資料】

「中日新聞」2021年6月24日付

（1）資料中の裁判を起こした人たちは，夫婦別姓を認めないことは，日本国憲法が保障する「法の下の□□□」や「男女の□□□」に反すると主張しました。□□□に当てはまる語句を漢字2字で答えなさい。

（2）最高裁判所は，「憲法の番人」とよばれています。このようによばれる理由を説明した文として最も適当なものを，次のア〜エから1つ選びなさい。

ア　地方裁判所や高等裁判所の判決が政府の方針にあっているかどうかを調べ，最終的な判断をおこなうから。

イ　法律などが憲法に違反していないかどうかを調べ，最終的な判断をおこなうから。

ウ　憲法が時代にあっているかどうかを調べ，憲法を変える必要性についての最終的な判断をおこなうから。

エ　政府が決めたことに国民が従っているかどうかを調べ，最終的な判断をおこなうから。

問5　右の資料は，ある省庁が，インターネットに投稿した<ruby>投稿<rt>とうこう</rt></ruby>したよびかけです。このよびかけは，新型コロナウィルス<ruby>感染<rt>かんせん</rt></ruby><ruby>症<rt>しょう</rt></ruby>の拡大によって，生活に困っている人が増えていることからおこなわれています。

　　　資料中の「生活保護」とは，お金や住むところがないなど，経済的に苦しんでいる国

【資料】

> ［生活保護を<ruby>申請<rt>しんせい</rt></ruby>したい方へ］
> 「生活保護の申請は国民の権利です。」
>
> 生活保護を必要とする可能性はどなたにもあるものですので，ためらわずにご相談ください。相談先は，お住まいの自治体の福祉事務所までご連絡をお願いします。

民に対して，国や自治体が給付をおこなう制度のことです。この資料に関して，あとの問いに答えなさい。

（1）この投稿をした省庁は，国民の健康などに関する仕事をおもにおこなっています。この省庁を，次のア～エから1つ選びなさい。

ア　環境省　　　イ　総務省　　　ウ　厚生労働省　　　エ　経済産業省

（2）この制度は憲法にうたわれた（　A　）で（　B　）的な生活を送る権利を守るためのものです。（　A　）と（　B　）に当てはまる語句をそれぞれ漢字2字で答えなさい。

問6　ある弁護士さんが，政治について次のように述べています。　X　に当てはまる文として最も適当なものを，下のア～エから1つ選びなさい。

> 政治はあくまでも，国民の人権を守るために存在するのです。そして民主主義は，選挙によって代表者を選んだ後からが本番です。　X

伊藤真『中高生のための憲法教室』岩波ジュニア新書（2009）により作成。

ア　国民は，自分が投票した候補者が落選してしまったら，当選した候補者に協力して，従わなければなりません。

イ　国会議員がしっかりと仕事をしているかどうか，国民は<ruby>監視<rt>かんし</rt></ruby>し続けなければなりません。

ウ　国会で少数派となった政党は，自分たちの意見にこだわらずに，多数派の政党に協力することが重要です。

エ　国会で多数派となった政党は，できるだけ議論の時間を短くし，法律を次々と成立させることが重要です。

16

このページには問題がありません。

このページには問題がありません。

二〇二一年度　南山中学校女子部　入学試験問題

国　語

【一】 次の文章を読んで、後の問いに答えなさい。

これからの時代、①これまでとは少し違った勉強をする必要がある。

これまで考えられてきた勉強というものは、大体において「知識」、ないし情報を取りこむことであった。小学校からひたすらに知識を頭に入れ、試験の時にはその知識を使って答案を書いて、点をとるのである。この知識というものは、大変有用であると考えられている。それが大体今も続いている。

満点の答案を書こうとしている人たちが持っているような知識がたくさんあっても、それは本当の人間の力ではない。しかし、問題は、それが本当に②人間として大事な能力であるのかどうかだ。ただ知識ばかり集めて喜んでいると、だんだん馬鹿になる。もっとも、学校でこんなことを考えたら授業を行うことができなくなってしまう。それで、そういうことは言わないことになっている。

小学校からだんだん知識が増えていき、それと引き換えにどんどん頭がはたらかなくなってしまう。ここで言う「頭が悪い」というのは、「新しいことが考えられない」「判断をする力がない」ということ。

知識が増えると、どうしてもその知識をそのまま使用して物事を処理しようとしがちになる。自分自身で考えることが、ついついおっくうになりがちだ。本に書いてあることをそのまま頭の中に入れ、それによっていれば自分で考える必要はなくなる。

知識をありがたがるのは歴史的なもので、どうにもならないことでもある。ヨーロッパでは一六世紀の終わり頃には、知識というものは社会的価値を持っているという考え方が確立した。以来、教育機関はとにかく知識を身につけることを教えた。それが大体今も続いている。

つめこんでいけば、頭の中はいずれ知識でいっぱいになるが、それは良いこと、素晴らしいことだとみなされる。だが本当にそうだろうか？

自分の頭の中が、他人が考えた知識、本に書いてある知識で満杯になることが、そんなにいいことだ

1

ろうか？　トンデモないことでむしろ逆だ。そんな知識だけの頭では身動きが取れなくなってしまう。いわば、知識メタボリック症候群。

知識メタボリック症候群の人は、一〇〇点満点の答案を書けるかもしれないけれど、この先三〇年もすれば、結局はつまらん人間にしかなりえないということがわかってくるだろう。心ある人は自分の責任で、自分の力でものを考えて行動できる人間でなければいけないと気づくことになる。例外はもちろんあるけれど、だいたいにおいて知識が増えると、ものを考える力が減っていく。知識と思考の間では反比例の関係が成り立つのである。

物知りはだいたいにおいてものを考えない傾向がつよい。古くからこれを「物知りの馬鹿」と言った。他にも、「なんでも知っている馬鹿」とか「学問のある馬鹿」などもこれに当たる。〈　Ｂ　〉、知識はあるけど、自分でものを考える力、新しいことを考え出す力がない人のことである。これは人間としてはあまり高級ではない。そういうことは昔からすでにわかっていた。しかし一方で、常に満点の答案を書けるような、正確な記憶をもっているものは人間以外に存在しなかった。〈　Ｃ　〉記憶力の優れた人間が、尊重されてきたのである。

ところが、今からおよそ六〇年前に、二〇世紀中ごろ、かのコンピューターというものが登場した。これは人類にとって大事件だった。いくら優秀な人間でも知識をつめこむには限界がある。記憶、知識に関して人間はコンピューターに勝てるわけがない。実際、さまざまな場面において人間はコンピューターに負け、仕事を奪われてきた。

近年は大学まで出た人が就職難でウロウロしているけれど、コンピューターに仕事を奪われた結果だと考えられる。大学を出ても知識や事務処理についてコンピューターにかなう能力を持っている人はすくない。合理的に考えれば、知識しかない人間などもはやいらないということになる。なぜなら、コンピューターのほうがずっと能率がいいからだ。優秀なコンピューターを一台備えれば、何十人ぶんの、いわゆる事務的な仕事をこなしてしまう。下手な人間を雇うよりよっぽどいいわけだ。

これまでの人間は、のんびり知識だけ溜めこんでいれば、試験に合格することができた。試験に合格して学校を出れば、

社会の中でエリートとして生きてゆかれた。しかしそんなのんきな時代は、コンピューターの登場で終わってしまったはずである。

人間は非常に保守的な生き物だ。いったん始めたことはなかなか変えない。コンピューターが現れて六〇年。最近になってみんなやっと、人間というものの本当の力がいったい何なのか、少しずつだけど気づき始めた。すくなくとも、ものを記憶して、それを再生するという機能だけでは、充分ではない。記憶と再生に関しては、人間はコンピューターにとてもかなわない。長い目で見れば、そのうちに、多くの場面で人間の代わりにコンピューターが仕事をするという時代がやってくる。その時すべての人間が失職するというのであれば、実に哀れなことだ。元々、コンピューターは人間がこしらえたものなのに、そのコンピューターによって人間が仕事を失い、生きがいまで失う——そんなことにならないためにも、③知識万能主義から脱却しなくてはならない。

※（中略）

人間がコンピューターに勝つためにはどうしたらよいか。

その方法は「考える」こと。コンピューターは「記憶する」ことにかけては敵なしだが、「考える」ことを知らない。よく、プロの棋士（きし）と碁（ご）を打ってコンピューターが勝ったなんていうニュースを耳にする。コンピューターが考えているわけじゃない。知識として大量のデータを記憶しているのである。

本当の意味で「考える」ということは、日本人だけでなく、現代を生きる人間にとっても極めて（きわ）難しい。なぜなら、われわれは「知識」をもっているからだ。

知識がある程度まで増えると、自分の頭で考えるまでもなくなる。知識を利用して、問題を処理できるようになる。借り物の知識でなんとか問題を解決してしまう。

3

もちろん知識は必要である。何も知らなければただの無為で終わってしまう。〈　D　〉、知識は多ければ多いほどいいと喜ぶのがいけない。良い知識を適量、しっかり頭の中に入れて、それを基にしながら自分の頭でひとが考えないことを考える力を身につける。

ところが、である。ふりまわされないためには、よけいな知識はほどよく忘れなければならない。しかし、この「忘れる」ことが意外に難しい。

学校の生徒で、勉強において「忘れてもいい」と言われたことはあるだろうか？　もちろん、今の学校教育ではそんなことは言わない。ともすれば「忘れてはいけない」と教えこむ。すくなくとも、「どうしたらうまく忘れるか」などという学校はないはずだ。

〈　E　〉実は、「覚える」のと同じくらいに、④「忘れる」ことが大事で、しかも難しい。この「忘れる」ことによって、人間がコンピューターに勝っているのである。コンピューターは「覚える」のが得意な反面、「忘れる」のはたいへん苦手。人間のように、うまく忘れるということができない。

そもそも未知なものに対しては、借り物の知識などでは役に立たないのが当たり前だ。それまでの知識から外れた、わけのわからないモノゴトを処理、解決するには、ありきたりの知識では役に立たない。いったん捨てて、新しい考えをしぼり出す力が必要となる。そういう思考力を身につけられれば、⑤コンピューターがどんなに発達しようと、人間が存在価値を見失うことはないだろう。

人間はずっと「忘れる」ということをおそれてきた。とにかく忘れてはいけないと思いこんでいる。急に「忘れよ」などと言われたらひどくとまどう。たいていの人は、覚え方は上手でも忘れ方は下手である。

なにもそれほど難しく考える必要はない。自然に忘れる。一番簡単なのは「夜よく眠る」ことである。前の晩に、頭に知識を一〇〇入れて寝たとする。朝になって、その知識がそのまま残っていてほしいと願う人があるかもしれないけれど、そんなことがあっては大変。頭が壊れてしまう。正常な頭なら、前夜の知識はガタ減りに少なくなってい

る。なぜか？　睡眠中に忘却をすすめる働きがはたらくからである。この忘却の時間はレム睡眠と呼ばれる。人によって回数に違いがあるが、ひと晩に数回おこる。

起きている間の人間の頭の中へは、いわゆる知識以外にも、雑多な刺激が常に入りこんでくる。そのようにして流れこんできたもので不要だと思われるものを、レム睡眠の時にははねのけているのだ。

人間の頭は、自分にとって「どうも大事なものらしいぞ」というものは忘れないようにできている。当面は頭の中にないほうがいいと思ったモノを、レム睡眠は整理する。朝、目を覚ました時、たいていの人がなんとなく清々しい気分になっている。レム睡眠のおかげで頭の中の掃除が行われた後だから、頭の中のゴミ出しが済んだ後だからである。

この自然忘却作用は本当に大事にしなければならない。夜よく眠れない人は、大至急、眠れるように頭がわるくなってしまう。昼、つめこむよりも、夜、不要なものをすてる方が大事である。心身の健康のためにも忘却作用を大切にしたい。

けれど、勉強しすぎて知識をたくさんとり入れると、一日一回の睡眠だけでは足りない。ゴミがいっぱい溜まる。レム睡眠でゴミ出しをしてもなお、有害なゴミが頭の中に残るおそれがある。そんな場合、どうしても目が覚めている間に、よけいなことを忘れる努力をしなくてはならなくなる。有害なものは、なんとしても忘れないといけない。では、起きている間はどうしたらいいか、これはなかなか工夫が必要である。

そうかと言って、一日じゅう寝ているわけにはいかない。

（中略）

いろんなことをして忙しくしなければダメ。同じことをだらだらと続けていても、頭はよくはたらかない。頭がさぼってしまって学習効果もあがらない。とにかく忙しくすること！

適当に忘れて頭をすっきりさせる。覚えて、忘れる、この切

り替えがたいへんに重要なのである。

（外山滋比古「知ること、考えること」『何のために「学ぶ」のか』所収　ちくま新書による。）

問題作成の都合上、一部に省略や改変したところがあります。

問一　〈　Ａ　〉〜〈　Ｅ　〉に入る言葉として、最も適切なものを次の中から一つずつ選び、記号で答えなさい。ただし、同じ記号は一回しか用いてはいけません。

　ア　しかし　　イ　したがって　　ウ　そこで　　エ　そして　　オ　ただ　　カ　たとえば　　キ　つまり

問二　──線①「これまでとは少し違った勉強をする必要がある」とありますが、筆者はこれまでとは違った勉強をする必要が生まれたきっかけは何であると考えていますか。本文中から一〇字でぬき出しなさい。

問三　──線②「人間として大事な能力」とありますが、筆者が考える人間として大事な能力とはどのようなものですか。その説明として適切なものを次の中からすべて選び、記号で答えなさい。

　ア　社会の中でエリートとして生きてゆくための能力。

　イ　たくさんの知識を利用して問題を解決しようとする能力。

　ウ　知識として大量のデータを記憶する能力。

　エ　人が考えないようなことを考えだす能力。

　オ　物事について自分自身の力で判断する能力。

問四 ——線③「知識万能主義」とありますが、これはどのような考え方のことですか。その説明として最も適切なものを次の中から一つ選び、記号で答えなさい。

ア コンピューターにたよって知識を手に入れようとする考え方。

イ 知識こそがほかの何よりも重要であるという考え方。

ウ 知識だけでできることには限界があるという考え方。

エ 知識と事務処理でコンピューターに勝とうとする考え方。

オ 知識を使って、自分にしかできないことを探そうとする考え方。

問五 ※記号以前の本文からは次の文がぬけ落ちています。正しい位置にこの文を戻したとき、直前に来る文の最後の五字を答えなさい。ただし、句読点を含みます。

「それに対して、コンピューターの記憶は正確無比だ。」

問六 ——線④「忘れることが大事で、しかも難しい」とありますが、筆者はなぜ忘れることが大事であると考えているのですか。その理由として最も適切なものを次の中から一つ選び、記号で答えなさい。

ア 知識がたくさんあっても、人間はコンピューターには勝つことができないから。

イ 知識がたくさんあっても、未知なものに対しては役に立たないから。

ウ 知識がたくさんあると、一日一回の睡眠だけでは足りなくなってしまうから。

エ 知識がたくさんあると、自分の頭で考えることができなくなってしまうから。

オ 知識がたくさんあると、その中の何が大切であるのかを判断できないから。

7

問七　本文で述べられていることとして、適切なものを次の中から二つ選び、記号で答えなさい。

ア　「覚える」ことで、頭の中を知識でいっぱいにすることよりも、実際に体験することでその知識を利用できるようにすることが大切である。

イ　自分の力でものを考えることができなかったとしても、多くの知識を備えてさえいれば、そのような人はかつては尊重されていた。

ウ　たくさんの知識があるだけではとうてい満点の答案を書くことはできないので、面倒くさがらずに自分自身で考えることが大切である。

エ　たとえ知識がなかったとしても、自分の力でものを考えて行動することさえできれば、物事をうまく処理することができるようになる。

オ　知識だけを重視していてはいけないことや、「忘れる」ことが重要であるということは、学校の授業では教えてもらうことができない。

カ　人間は一度始めたことを簡単に変えることができない生き物であるため、現在多くの場面で人間の代わりにコンピューターが仕事をしている。

キ　夜しっかり眠らなければ昼間に起こった出来事や知識を記憶に定着させることができないため、人間にとって睡眠は重要である。

問八　──線⑤「コンピューターがどんなに発達しようと、人間が存在価値を見失うことはないだろう」とありますが、人間が自身の存在価値を見失わないためには、どのようなことが重要であると筆者は述べていますか。解答用紙に合う形で、「ことで、」の前の部分は六〇字以上七〇字以内で、「ことで、」の後ろの部分は二〇字以上三〇字以内で答えなさい。ただし、「ことで、」の前の部分は、解答の中で「のではなく」という言葉を用いること。

【二】　次の文章を読んで、後の問いに答えなさい。

山路百花は車いすメーカー藤沢製作所の新米社員で、彼女の指導係である小田切と一緒に、バスケ用の車いすを希望している小学五年生の佐山みちるという女の子と面談することになった。面談当日、みちると母親の佳代子が藤沢製作所を訪れたのだが、百花は、明るく話す佳代子に対して、訪れてから一度も声を発しないみちるのことが気になった。

（阿部暁子『パラ・スター〈Side百花〉』より。問題作成の都合上、一部に省略や改変をしたところがあります。）

＊ギャラリー……絵や商品などを並べて人々に見せる所。

＊ユーザー……実際に商品などを使う人。

＊ニュアンス……ある言葉の持つ表面的な意味以外に感じられる微妙（びみょう）な意味。

＊クライアント……仕事を依頼した人。

問一　〈　A　〉～〈　C　〉に入る言葉の組み合わせとして、最も適切なものを次の中から一つ選び、記号で答えなさい。

　　ア　Aかなり　　　　Bいっそう　　　Cもっと

　　イ　Aたいそう　　　Bおそらく　　　Cすでに

　　ウ　Aもっと　　　　Bとても　　　　Cきっと

　　エ　Aすっかり　　　Bきっと　　　　Cもちろん

　　オ　Aまったく　　　Bもっと　　　　Cもう

問二　――線Ⅰ「よどみもない」・――線Ⅱ「差し出たことと承知で」の文中での言葉の意味として、最も適切なものを次の中からそれぞれ一つずつ選び、記号で答えなさい。

　　Ⅰ　「よどみもない」

　　　ア　言葉につまることもない

　　　イ　言葉が多いこともない

　　　ウ　言葉を選ぶこともない

　　　エ　言葉に気をつけることもない

　　　オ　言葉でごまかすこともない

　　Ⅱ　「差し出たことと承知で」

　　　ア　不快なことだと分かっていて

　　　イ　出しゃばったことだと分かっていて

　　　ウ　まちがったことだと分かっていて

　　　エ　はずかしいことだと分かっていて

　　　オ　無理なことだと分かっていて

問三　——線①「されている」について、この言葉の説明として最も適切なものを次の中から一つ選び、記号で答えなさい。

ア　佳代子が百花を敬う気持ちを表すていねい語である。

イ　佳代子が自分をけんそんして言うことによって百花を敬う気持ちを表すけんじょう語である。

ウ　佳代子が百花をけんそんして言うことによって小田切を敬う気持ちを表すけんじょう語である。

エ　佳代子が百花を敬う気持ちを表す尊敬語である。

オ　佳代子が藤沢製作所を敬う気持ちを表す尊敬語である。

問四　——線②「佳代子が思わぬことを言われたというように当惑の表情になる」とありますが、ここでの佳代子の気持ちとして最も適切なものを次の中から一つ選び、記号で答えなさい。

ア　百花が車いすを製作する仕事をしているのは、身体が不自由な人々の生活を手助けしたいからだと思っていたが、単純に車いすがかっこよくて好きだからだという言葉を聞いて、とまどっている。

イ　百花が車いすを製作する仕事をしているのは、車いすと同じくらい身体が不自由な人々を大切な存在だと考えているからだと思っていたが、かっこいい車いすの方が大切だと分かり、困っている。

ウ　百花が車いすを製作する仕事をしているのは、自分たちが作る車いすがどれだけすばらしいのかを自慢したいからだと思っていたが、ただ外見がかっこよくて好きだからだという言葉を聞いて、とまどっている。

エ　百花が車いすを製作する仕事をしているのは、身体が不自由な人々の生活を豊かにしたいからだと思っていたが、車いすと同じくらいかっこいい存在にしたいからだと分かり、困っている。

オ　百花が車いすを製作する仕事をしているのは、車いすを身体が不自由な人々を支えるものと考えているからだと思っていたが、単なるかっこいい生活用具だと考えていることが分かり、とまどっている。

17

問五 ——線③「機械仕掛けの人形がうなずいたみたいに、百花には見えた」とありますが、百花にはみちるがどのように見えたのでしょうか。その説明として最も適切なものを次の中から一つ選び、記号で答えなさい。

ア 学校で友達とバスケをするために、けがをしない安全な車いすを作ってほしいと願っているので、力強くうなずいたように見えた。

イ 新しいバスケ用の車いすを上手に乗りこなせるかどうかという不安から、まだ作ってもらうことに迷っているので、あやふやにうなずいたように見えた。

ウ 新しいバスケ用の車いすを本当にほしいのかどうかをだれにも言いたくないし、知られたくもないので、わざとそっけなくうなずいたように見えた。

エ 新しい車いすがほしい、あるいは今の車いすのままでいいなどの意思を、自分で表そうとしていないので、ただうなずいただけのように見えた。

オ 新しかろうが今までのだろうが、車いすなんて何でもいい、どうだっていいとふてくされているので、なげやりにうなずいたように見えた。

問六 ——線④「最後まで言えず、百花は言葉を切った」とありますが、それはなぜでしょうか。その理由として最も適切なものを次の中から一つ選び、記号で答えなさい。

ア 車いすをつくってほしいというみちるの思いはあきらかにうそであり、百花はその思いに腹を立てていたから。

イ 車いすをつくってほしいというみちるの思いは母とも同じであり、百花はその思いに押し切られてしまったから。

ウ 車いすをつくってほしいというみちるの思いが本当なのかどうか、百花ははっきりと分からなかったから。

エ 車いすをつくってほしいというみちるの思いは本当だろうと、百花は自分に言い聞かせて急いで作業に入ったから。

オ 車いすをつくってほしいというみちるの思いが正しいかどうか分からず、百花は小田切に聞こうと思っていたから。

問七　＜　⑤　＞にあてはまるみちるの言葉として最も適切なものを次の中から一つ選び、記号で答えなさい。

ア　新しい車いすなんか、いらない。今の車いすのままでいい。今の自分の足だもん。

イ　バスケ用の車いすなんか、いらない。バスケはやりたくない。それより、お父さんとお母さんが仲良くしてほしい。

ウ　新しい車いすなんか、いらない。それよりもっと友だちがほしい。車いすの友だち。

エ　バスケ用の車いすなんか、いらない。もうバスケはやらないから。今の学校でみんなと仲良く過ごしたい。

オ　新しい車いすなんか、いらない。それより足がほしい。ちゃんと歩ける自分の足。

問八　──線⑥「押し殺されたみちるの泣き声がそれに重なり、かなしい二重奏のようだった」とありますが、この時のみちるの気持ちを九〇字以上一〇〇字以内で説明しなさい。

問九　「小田切」について、この文章で「小田切」はどのような人物として描かれていますか。その説明として最も適切なものを次の中から一つ選び、記号で答えなさい。

ア　百花や佳代子、みちるのそれぞれの関係がうまくいくように、先頭に立って行動し三人を引っ張っていくような、積極的だがやや強引な人物。

イ　百花や佳代子、みちるの間に立って、その場に応じてそれぞれの関係を適切に取り持つ態度を示したり言葉をかけたりするような、しっかりとした心やさしい人物。

ウ　その場に合わせて百花や佳代子、みちるそれぞれの味方をし、状況を見て自分が有利になるように動くことができるような、頭の切れるすぐれた人物。

エ　百花や佳代子、みちるとのやりとりの中で、三人に対して気をつかってばかりおり、自分の意見をなかなか言えないような、気弱で控えめな人物。

19

オ　百花や佳代子、みちるの間に立って、三人の様子をじっと観察し、状況に合わせて行動することで三人それぞれの本心を聞き出すことができるような、心の広い愛情あふれる人物。

問十　次に示すのは、この文章を読んだ五人の児童が表現について話している場面です。本文の表現を正しく理解している発言を次の中から一つ選び、記号で答えなさい。

ア　ちよこさん──会話文が多いからテンポが良いね。特にみちるとみちるのお母さんの会話の場面が印象的だな。実際に二人の声が聞こえてくるようで、二人がお互いの気持ちを理解し合ったことがよく分かるよ。

イ　かずおさん──「澄んだ鈴の音みたいだった」や「心の手帳」など、比喩がたくさん使われているよね。別のものにたとえて表現すると、読者が作品に関係なく自分のイメージで自由に読むことができて楽しいな。

ウ　よしみさん──後半の、小田切がみちるにかけた言葉が心に残った。それまでの女の人の声とちがって、小田切の低い声が室内に響いたことで、この言葉がみちるの心にも響いたことを表現していると思う。

エ　ゆうじさん──百花とみちるとの会話から、百花の心がみちるに対していろいろと揺れ動いていくのがよく分かった。事が思い通りに進まない百花の不安という立ちが読み取れるよね。

オ　はるみさん──建物の外の情景描写も印象的だよ。それぞれの描写が、みちるの悲しい気持ちも表現しているよね。みちるの気持ちの変化が情景の変化と重なっていると思う。

【三】 次の各文の——線のカタカナを、漢字に改めなさい。
（とめ・はね・はらいもふくめて、一字一字ていねいに書きなさい。）

① 敗北に選手達は**フンキ**した。
② その問題には私は**カンチ**しない。
③ あの人は**ハクアイ**精神にあふれている。
④ 台風が九州を**ジュウダン**する。
⑤ かれは**キンベン**な青年だ。
⑥ かのじょに仕事の**サシズ**をする。

このページには問題がありません。

K 教英出版

2021 年度

南山中学校女子部　入学試験問題

算　数

1

次の計算をしなさい。ただし，（2），（5）は　　　にあてはまる数を答え
なさい。

（1）　$6+8\div2+(6+8)\div2-6+8\div2$

（2）　6.67時間$-$　　　分$=2340$秒

（3）　$1110+919+828+737+646+555+464+373+282+191$

（4）　$25\times2.7\times\left(1+\dfrac{1}{3}+\dfrac{1}{9}+\dfrac{1}{27}\right)$

（5）　ア，イ，ウは整数で，アとイの最大公約数は1とします。

$\dfrac{イ}{ア+ウ}=\dfrac{2}{5}$，$\dfrac{イ}{ア-ウ}=\dfrac{7}{5}$ のとき $\dfrac{イ}{ア}=$

2

　図形ア，イ，ウ，エがあります。

　この４つの図形の面積をそれぞれＡ，Ｂ，Ｃ，Ｄと表します。このとき，次の【１】〜【４】が成り立っています。

【１】　Ａ：Ｂ＝１：２
【２】　Ｂ：Ｃ＝３：４
【３】　Ｃ：Ｄ＝□：６
【４】　ＤはＡの 0.64 倍である。

（６）□に当てはまる数を答えなさい。

（７）Ａ，Ｂ，Ｃ，Ｄのうち２番目に大きいものは，最も小さいものの何倍ですか。

3

　図のような正五角形の頂点に，1，2，3，4，5と番号をつけます。ご石を1つ用意して，この正五角形の頂点の上を次のルールで移動させていきます。

① 　今いる場所からきょりが最も遠い点のうちのどれか1つの点に移動する。
② 　初めの位置以外は2度同じ頂点には行けない。
③ 　①②のルールで移動したとき，初めの位置にもどったら移動を終える。

　初めの位置にもどるまでに通った頂点の番号を左から順に並べて数を作ります。たとえば，初めの位置が1のときにできる数は，一番位の大きい数と一番位の小さい（一の位の）数が1であるような数です。

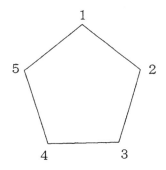

（8）初めの位置が3のときにできる数のうち，最も大きい数を答えなさい。
（9）できる数のうち，それぞれの位の数の和が奇数になるものは何通りありますか。

このページには問題がありません。

④

　割り算の問題を解いた紙があります。しかし，答え合わせの前にインクをこぼしてしまい，紙の一部が見えなくなってしまいました。

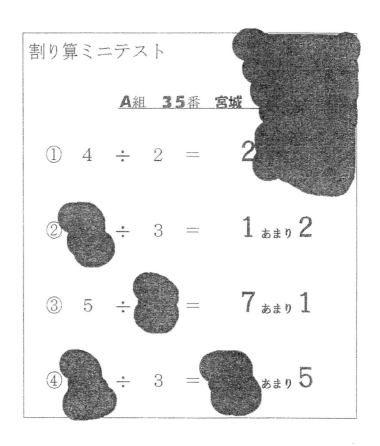

（１０）解いた①〜④の問題のうち，確実に答えがまちがっているといえるものをすべて選んで，番号を答えなさい。

（１１）（１０）で，その番号を答えた理由を，番号をつけて説明しなさい。

9

（２１）解答らんの左上にある直線の長さの1.5倍の長さを1辺とする正三角
　　　 形を1つ作図しなさい。

　　　　ただし，頂点の1つは解答らんの点アにすること。円は4個以下でな
　　　 くてはいけません。また，同じ中心で2つ以上の円をかいてはいけませ
　　　 ん。

　　　　作図するのに使う線は多少解答らんからはみ出してもよいが，作図す
　　　 る正三角形は解答らんにおさまるようにすること。

　　　注意
　　・1番目にかいた円の中心（コンパスの針をさしたところ）に×印とその横に①を
　　　 書く。その中心を使ってかいた円または円の一部にも①と書く。
　　・2番目にかいた円の中心に×印とその横に②を書く。その中心を使ってかいた円
　　　 または円の一部に②と書く。
　　・以下，円または円の一部をかくたびに同じように書く。
　　・作図するのに使った線は消さずに残しておくこと。
　　・定規は直線を引くために用い，目盛りを使用しないこと。

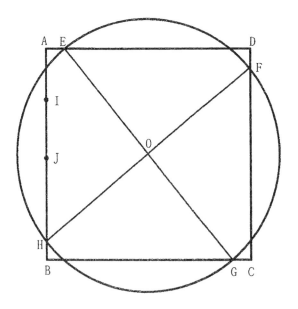

8

　図のように一辺の長さが 16 cm の正方形 ABCD を直線 EG と FH で 4 つの四角形に分けたところ，これらは合同な四角形となりました。また，直線 EG と FH の交点 O を中心とする円をかいたところ，円は辺 AD と図の点 E で交わりました。

　AE＝2 cm，AI＝4 cm，BJ＝8 cm とするとき，次の問いに答えなさい。
ただし，図は正確なものではありません。

（18）円の半径を求めなさい。

（19）4 つの ⬭ を合わせた部分の面積から 4 つの ▨ を合わせた部分の面積を引くと何cm²ですか。

　次に，2 点O,J と 2 点E,I を結びます。分度器を使って角HOJをはかると36°と37°の間でした。

（20）角HOJ＝37°として，角EIJを求めなさい。

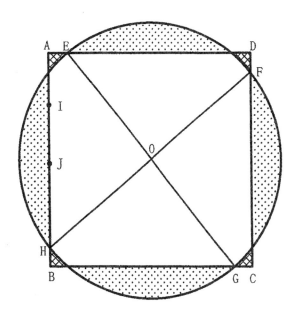

　みさきさんは兄と姉とともに午前7時40分に家から800mはなれた学校に向けて歩いて出発しました。兄が学校に午前7時50分に着いたとき，姉とみさきさんはまだ学校に向かっているとちゅうで，姉はみさきさんより100m先の地点にいました。

（１６）姉とみさきさんの歩く速さの差は毎分何mでしょうか。

　学校に着いたとたんに忘れ物に気付いた兄は，すぐに家へと先ほどの速さの2倍の速さで走って帰り，忘れ物をもってすぐに同じ速さで学校へ走って引き返したところ，歩いているみさきさんに追いつきました。ちょうどそのとき，姉は学校に着きました。

（１７）みさきさんの歩く速さは毎分何mでしょうか。

6

（15）図1のようなとうめいな三角柱の容器に水を入れました。この容器の
底面は直角二等辺三角形です。この容器に底面が長方形である高さが
18cmの四角柱の棒を容器の底までしずめて固定したところ，水面が上が
り，水の深さが18cmとなりました。このとき，上から水面を見た図は
図2のようになっています。

　また、点 D,E は，AD:DB=1:1, AE:EC=1:1 となる点でそれぞれ
辺AB, AC 上にあります。

　この容器にふたをして，この容器を3つの側面のうち，もっとも面積
が大きい面を下にして置きなおしました。

　置きなおした容器を三角柱の底面の方向から見たとき，棒全体が水の
中に入っていたとすると，この三角柱の容器の高さは何cm以下でしょう
か。

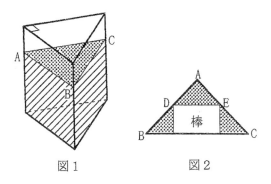

図1　　　　　図2

5

A 列には 43 の倍数，B 列には 47 の倍数が並んでいます。

A列	43	86	129	……
B列	47	94	141	……

（１２）A 列と B 列の縦に並んだ 2 つの数の差が 24 となるときの A 列と B 列の
　　　 2 つの数を答えなさい。

　　 A 列と B 列にある数を小さい方から並べました。

　　　 43, 47, 86, 94, 129, 141, ……

　　 このとき，5 番目にある数は 129 です。

（１３）22 番目にある数を答えなさい。
（１４）2021 は何番目にある数でしょうか。

2021 年度

南山中学校女子部　入学試験問題

理　科

【　注意　】

1．試験開始の合図があるまで，この問題冊子の中を見てはいけません。

　　試験開始まで，この【　注意　】をよく読んでください。

2．試験時間は５０分です。

3．解答用紙の受験番号，名前は最初に記入してください。

4．この問題冊子は２０ページで，問題は1～8です。

5．試験開始の合図後，問題冊子や解答用紙に印刷が悪くて見にくいところや汚れなどの

　　ある場合は，だまって手をあげて監督の先生に知らせてください。

6．答えはすべて解答用紙に書き，記号で答えるものはすべて記号で答えなさい。

7．試験終了後は解答用紙のみを提出し，問題冊子は持ち帰ってください。

1 次の文章を読んで，下の問いに答えなさい。

　日光が当たったところは，明るく，暖かくなります。日光は，はね返したり集めたりさえぎったりすることができます。

　夏に暑さを防ぐ工夫として，グリーンカーテンや打ち水という方法があります。

　グリーンカーテンは窓の外で植物を育てて日光を防ぎます。例えば，窓の外にひもを縦に張って，植物がひもをのぼるように育てます。

　打ち水とは，地面に水をまくことです。まいた水は少しずつなくなっていきます。水が△△するからです。水は△△するときにまわりの温度を下げるはたらきがあります。このはたらきを利用して温度を下げます。

　グリーンカーテンは葉で日光をさえぎる他に，打ち水と似た効果もあります。植物では，根から吸った水を葉などにある小さな穴から〇〇しているからです。

［1］文中の△△と〇〇にあてはまる語をそれぞれ漢字で答えなさい。

［2］巻きひげやくきでひもに巻きついてのびていく植物を，次のあ～さからすべて選び，記号で答えなさい。

　　あ　ツルレイシ　　い　アサガオ　　う　ホウセンカ　　え　ヘチマ
　　お　オオバコ　　　か　タンポポ　　き　ホトケノザ　　く　サクラ
　　け　キュウリ　　　こ　アブラナ　　さ　ヒマワリ

［3］ヒトのからだにも，文中の下線部のはたらきを利用して体温を下げるしくみがあります。ヒトのからだは，どのようにして体温を下げますか。解答らんの「暑いとき」に続けて8字以内で答えなさい。ただし，句読点(「、」と「。」)も1字として数えなさい。

1

2 いろいろな生きものについての文章を読んで，下の問いに答えなさい。

はるこさんは，学校でモンシロチョウの幼虫の観察をしました。
昆虫の成虫にはあしが（　A　）本あります。モンシロチョウの幼虫を観察すると，あしの役割をするものがもっとたくさんありました。位置によって形もちがっています。

[4] 次の①，②の問いに答えなさい。

　①　文中のAにあてはまる数字を答えなさい。

　②　解答用紙の図は緑色になったときのモンシロチョウの幼虫のからだです。あしの役割をするものを，位置や形のちがいがわかるようにかき，図を完成させなさい。ただし，からだの左側のあしのみをかき，右側のあしはかいてはいけません。

　　　２０２０年のある日，はるこさんが新聞を読んでいると，アフリカの東の方でサバクトビ（　★　）がたくさんあらわれて植物を食べつくしてしまい，人々が困っていると書いてありました。被害を防ぐためのよい方法を探して，調べたり，研究したりしているそうです。サバクトビ（★）が遠くに広がるのを防ぐには，幼虫のうちにみつけてつかまえるとよいと考えられています。

[5] 次の①，②の問いに答えなさい。

　①　文中の★にあてはまる語をカタカナで答えなさい。

　②　下線部のように，幼虫がよいのはなぜですか。（　）にあてはまる語をひらがなで答えて，次の文を完成させなさい。
　　　　成虫には（　　　）があって，幼虫にはないから。

はるこさんは名古屋市の池で小さな魚をみつけました。あみですくってとう明な入れも
のに入れ，絵をかいてみました。はるこさんは，この魚は，教科書で学んだメダカだと考
えました。そして，（　B　）に切れこみがないことから，このメダカは（　C　）だと予
想しました。

　　しかし，家に帰って，自分のかいた絵と教科書を見比べると，しりびれとおびれの形が
ちがいました。

　　図書館に行って図鑑で調べてみると，カダヤシという魚だとわかりました。もともと日
本にはいなかったのですが，人が　カ　を減らす目的で放したのだそうです。カ　の幼虫とさ
なぎは水の中で育ちます。人は，カダヤシがその幼虫やさなぎを食べて，カ　を減らせると
考えたそうです。カダヤシはメダカよりもよごれた水に強く，ふえやすい性質をもってい
ます。

　　一方，自然のメダカは絶滅が心配されています。水田や小川のようすが変わってしまっ
て，すむ場所やふえる場所が減ったことや，カダヤシなど今までいなかった生きものがふ
えたことが原因だと考えられています。飼っているメダカや他の場所からとったメダカは，
もといたメダカとはちがう種類のメダカかもしれないので，自然には放せません。自然の
メダカをふやすにはメダカに適した環境をつくることが重要です。

[6]　文中のB，Cにあてはまる語を答えなさい。

[7]　解答用紙の絵は，はるこさんがすくった魚をかいたものです。メダカの　C　のしり
　　びれとおびれはどのような形ですか。すくった魚とのちがいがわかるように，解答
　　用紙の絵に重ねてかきなさい。

[8]　次の①，②の問いに答えなさい。
　　①　さなぎになるものを，**あ**〜**く**からすべて選び，記号で答えなさい。
　　　　あ カマキリ　　**い** カイコガ　　**う** テントウムシ　　**え** セミ
　　　　お カブトムシ　**か** トンボ　　**き** ヒキガエル　　　**く** サバクトビ(★)

　　②　水中で育つものを，**あ**〜**お**からすべて選び，記号で答えなさい。
　　　　あ モンシロチョウ　　**い** ヒキガエル　　**う** セミ　　**え** トンボ
　　　　お ダンゴムシ

3

［9］カ は外にある空きかんなどのゴミや植木ばちの皿にたまった水でもふえます。その
　　ような水を片づけたり，取りかえたりすることは，カ がふえるのを防ぐのに効果的
　　です。ヒトスジシマカの場合，水の片づけや取りかえを少なくとも何日に一度行う
　　とふえるのを防ぐことができますか。次の資料をもとに答えなさい。

【資料】　ヒトスジシマカの一生
　　　　　　卵：２〜７日間　　　　　よう虫：６〜７日間
　　　　　　さなぎ：２〜３日間　　　成虫：３０〜４０日間

［10］水田では，水をはってイネを育てています。水をはると他の草が生えにくくなりま
　　す。他の草が生えにくいのはなぜですか。（　）にあてはまる語を答えて，次の文を
　　完成させなさい。
　　　発芽の条件である（　　　）がないから。

［11］小さなものを観察するとき，けんび鏡やそう眼実体けんび鏡を使います。次の**あ**〜
　　おのものを観察するとき，そう眼実体けんび鏡の方が適しているものをすべて選び，
　　記号で答えなさい。

　　あ　メダカの卵の育ち方
　　い　メダカのおびれの血管と血液の流れるようす
　　う　花粉のとげやもよう
　　え　クンショウモのかたち
　　お　葉にある水蒸気が出ていく小さな穴

3 次の文章を読んで，下の問いに答えなさい。

　流れる水には，地面をけずったり，土を運んだりするはたらきがあり，流された土は，流れのゆるやかなところに積もります。流れる水が地面をけずることを（　①　）といい，石や土を運ぶことを（　②　）といいます。また，運ばれた石や土が積もることを（　③　）といいます。

　川の上流と下流を比べてみると，上流では流れが速く，下流では流れがおそくなっています。また，上流と下流では，川はばや見られる石の大きさや形にもちがいがあります。

　大雨などで川の水量が増えて，流れる水のはたらきが大きくなると，川岸の様子や，川の周りのようすが変化することもあります。

[12] 文中の①〜③にあてはまる語を答えなさい。

[13] 上流と下流で見られる石として最も適するものを，次の**あ〜え**からそれぞれ選び，記号で答えなさい。
　　あ　丸くて大きい
　　い　丸くて小さい
　　う　角ばっていて大きい
　　え　角ばっていて小さい

[14] 次の文の④〜⑥にあてはまる語を，下の**あ〜え**からそれぞれ選び，記号で答えなさい。

　川によっても石の大きさはさまざまです。全長およそ１７ｋｍの銚子川の河口近くでは，全長およそ１６６ｋｍの長良川の河口近くよりも，（　④　）めの石が多く見られます。これは（　⑤　）くなった石は，より下流へ流されるので，（　⑥　）川ほど，下流では⑤な石が多くなるからです。

　　あ　長い
　　い　短い
　　う　大き
　　え　小さ

5

[15] 長野県白馬村の松川では，雨が降っていなくても５月ごろに川の水量が増えます。
その理由を２０字以内で答えなさい。ただし，句読点(「、」と「。」)も１字として数え
なさい。

4   次の文章を読んで，下の問いに答えなさい。

①月と太陽は同じように（　A　）のほうからのぼり，（　B　）の高い空を通って（　C　）のほうへしずみます。

日がしずむころ，名古屋市内で月と太陽を観察したところ，月は図1の **あ** の位置にありました。2日後，同じ時刻に観察したところ，②月の明るく見える部分が（　D　）いました。また，③太陽の位置は2日前とほとんど変わっていませんでしたが，④月の位置は変化していました。

月は太陽の光を受けてかがやいているため，地球と月と太陽の位置関係によって月の形が変わって見えます。月は，毎日少しずつ形を変えて⑤約29.5日かかってはじめの形にもどります。

このような太陽や月の見え方は，主に2つのことが原因です。1つ目の原因は，図2のように，地球が北極と南極を結ぶ線を軸とし，その軸を中心として回転していることです。この動きを地球の自転といいます。2つ目の原因は，月が地球の周りを回転していることです。この動きを月の公転といいます。図3は，地球の北極側から見た地球，月，太陽の位置関係を表しています。また，**か〜す**は月の位置です。

7

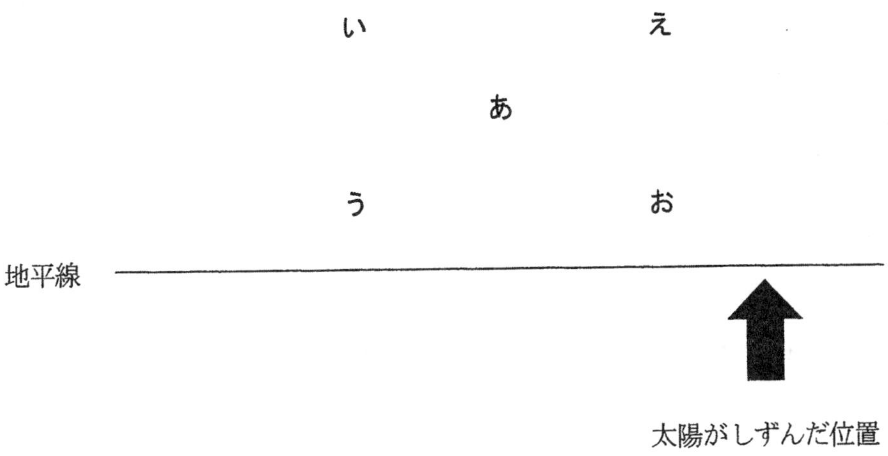

い　　　　　　　え

　　　　あ

う　　　　　　お

地平線 ——————————————————————

　　　　　　　　　　　↑

　　　　　　　　太陽がしずんだ位置

図1

8

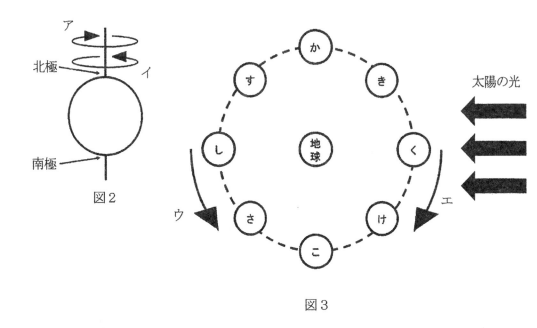

図2

図3

[16] 下線部①について，次の問１，問２に答えなさい。

問１　A〜Cに最も適する方角を東，西，南，北から答えなさい。

問２　下線部①からわかることとして最も適するものを次のせ〜なから選び，記号で答えなさい。

せ　地球の自転はおよそ１日で１回転する。

そ　地球の自転はおよそ３０日で１回転する。

た　地球の自転は図２のアの向きに回転している。

ち　地球の自転は図２のイの向きに回転している。

つ　月の公転はおよそ１日で１回転する。

て　月の公転はおよそ３０日で１回転する。

と　月の公転は図３のウの向きに回転している。

な　月の公転は図３のエの向きに回転している。

9

[17] 下線部②について，次の問1，問2に答えなさい。

問1　Dにあてはまる言葉を，次の**に**，**ぬ**から選び，記号で答えなさい。

に　広がって

ぬ　せばまって

問2　下線部②からわかることとして最も適するものを［16］の**せ〜な**から選び，記号で答えなさい。

[18] 下線部③からわかることとして最も適するものを［16］の**せ〜な**から選び，記号で答えなさい。

[19] 下線部④について，次の問1，問2に答えなさい。

問1　下線部④の月の位置はどの位置にありますか。図1の**い〜お**から選び，記号で答えなさい。

問2　下線部④からわかることとして最も適するものを［16］の**せ〜な**から選び，記号で答えなさい。

[20] 下線部④について，次の問1，問2に答えなさい。

問1　下線部④のときの月の位置を図3の**か〜す**から選び，記号で答えなさい。

問2　下線部④の月の形はどのようになりますか。最も近いものを，次の**ね〜ま**から選び，記号で答えなさい。図の白い部分は明るく見えています。

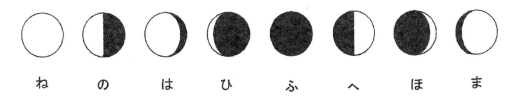

ね　　**の**　　**は**　　**ひ**　　**ふ**　　**へ**　　**ほ**　　**ま**

[21] 下線部⑤からわかることとして最も適するものを［16］の**せ〜な**から選び，記号で答えなさい。

10

5 ウイルスなどの感染症予防で使われているアルコール消毒液は，水にエタノールという液体を混ぜています。温度を変えずに１００.０mLの水に，様々な体積のエタノールを混ぜました。次の表は，混ぜる前のエタノールの体積と重さ，混ぜた後の体積と重さを記録したものです。また，水１００.０mLの重さを測定してみると９９.０gでした。下の問いに答えなさい。ただし，水やエタノールの蒸発は考えないものとします。
[22] と [25] の答えが割り切れないときは，小数第２位を四捨五入して，小数第１位まで答えなさい。

エタノールの体積〔mL〕	２０.０	６０.０	１００.０	１４０.０	１８０.０
エタノールの重さ〔g〕	１５.８	４７.４	７９.０	１１０.６	１４２.２
混ぜた後の体積〔mL〕	１１７.８	１５４.４	１９２.２	２３０.４	２６８.０
混ぜた後の重さ〔g〕	１１４.８	１４６.４	１７８.０	２０９.６	２４１.２

[22] 混ぜる前のエタノール１３０.０mLの重さを答えなさい。

[23] 表より，エタノールの体積と混ぜた後の体積との関係をグラフにかきなさい。線で結ばず，● でかきなさい。

[24] 表からいえることとして，最も適するものを次のあ～えから選び，記号で答えなさい。

あ　水とエタノールを混ぜたとき，混ぜた後の重さは水の重さとエタノールの重さの合計となり，混ぜた後の体積も水の体積とエタノールの体積の合計となる。

い　水とエタノールを混ぜたとき，混ぜた後の重さは水の重さとエタノールの重さの合計となり，混ぜた後の体積は水の体積とエタノールの体積の合計にならない。

う　水とエタノールを混ぜたとき，混ぜた後の重さは水の重さとエタノールの重さの合計にならず，混ぜた後の体積は水の体積とエタノールの体積の合計となる。

え　水とエタノールを混ぜたとき，混ぜた後の重さは水の重さとエタノールの重さの合計にならず，混ぜた後の体積も水の体積とエタノールの体積の合計にならない。

11

[25] １２０.０ｍＬの水に，水の重さとエタノールの重さが３：７になるように，エタ
ノールを混ぜます。何ｍＬのエタノールが必要ですか。

6　次の文章を読んで，下の問いに答えなさい。

実験A

　図のように２つのコップに同じ量の水を入れました。１つのコップにはふたをして，もう一方にはふたをしないで，日光の当たるところへ２日間置いておきました。２日後にコップの様子を調べたところ，ふたをしたコップでは，（　①　）。ふたをしなかったコップでは，（　②　）。

実験B

　ビーカーに水を入れ，穴の開いたアルミニウムはくでふたをし，実験用ガスこんろで熱しました。１００℃くらいになると，水の中からさかんにあわが出ました。冷たい水の入った試験管を穴の近くに近づけると，試験管の周りに水てきがつきました。

実験C

　かわいたコップに氷水を入れ，部屋の中に置いておきました。しばらくすると，コップの外側に水てきがつきました。

　このような水の変化は，自然や日常生活でも観察することができ，（　③　）日では，湖や川などの水面近くに湯気が見えるときがあります。また，冬の寒い日では，暖かい部屋の窓ガラスの（　④　）側に水がつくことがあります。

[26] 文中の①，②にあてはまる文として最も適するものを，次のあ～かからそれぞれ選び，記号で答えなさい。
　　あ　水が減って，コップの外側には水てきがついた。
　　い　ほとんど水が減らず，コップの外側には水てきがついた。
　　う　水が減って，コップの内側には水てきがついた。
　　え　ほとんど水が減らず，コップの内側には水てきがついた。
　　お　水が減って，コップの内側にも外側にも水てきはつかなかった。
　　か　ほとんど水が減らず，コップの内側にも外側にも水てきはつかなかった。

13

[27] 下線部の状態を何といいますか。ひらがなで答えなさい。

[28] 実験A～Cの結果からいえることとして，最も適するものを次の**あ**～**お**からそれぞれ選び，記号で答えなさい。
　あ　水蒸気は冷えると水にもどることがわかった。
　い　空気中には水蒸気がふくまれていることがわかった。
　う　空気中にふくまれる水蒸気の量は，いつも同じことがわかった。
　え　水は１００℃くらいになると，温め続けても温度は変わらないことがわかった。
　お　水は水面などから水蒸気に変わって出ていき，水蒸気は再び，水になることがわかった。

[29] 文中の③，④にあてはまる語句の組み合わせを，次の**あ**～**か**から選び，記号で答えなさい。

	③	④
あ	夏の暑い	両
い	夏の暑い	外
う	夏の暑い	内
え	冬の寒い	両
お	冬の寒い	外
か	冬の寒い	内

[30] 次の実験を行いました。この実験から確実にいえることは何ですか。下の**あ〜お**か
らすべて選び，記号で答えなさい。

　　ビーカーに食塩水を入れ，穴の開いたアルミニウムはくでふたをし，実験用ガス
こんろで熱しました。食塩水の中からさかんにあわが出てから，冷たい水の入った
試験管を穴の近くに近づけると，試験管の周りに液体がつきました。

　　ビーカーに残った液体を蒸発皿にとり，熱したところ，白い固体が残りました。
また，試験管の周りについた液体を蒸発皿にとり，熱したところ，何も残りません
でした。

　あ　試験管の周りについた液体には食塩がとけている。

　い　試験管の周りについた液体には食塩はとけていない。

　う　ビーカーに残った液体には食塩がとけている。

　え　ビーカーに残った液体には食塩はとけていない。

　お　この実験からは確実にいえることはない。

[31] 次の実験を行いました。この実験から確実にいえることは何ですか。下の**あ～お**からすべて選び，記号で答えなさい。

　　ビーカーにアンモニア水を入れ，穴の開いたアルミニウムはくでふたをし，実験用ガスこんろで熱しました。アンモニア水の中からさかんにあわが出てから，冷たい水の入った試験管を穴の近くに近づけると，試験管の周りに液体がつきました。
　　ビーカーに残った液体を蒸発皿にとり，熱したところ，何も残りませんでした。また，試験管の周りについた液体を蒸発皿にとり，熱したところ，何も残りませんでした。

　あ　試験管の周りについた液体にはアンモニアがとけている。

　い　試験管の周りについた液体にはアンモニアはとけていない。

　う　ビーカーに残った液体にはアンモニアがとけている。

　え　ビーカーに残った液体にはアンモニアはとけていない。

　お　この実験からは確実にいえることはない。

16

7 はさみは2つの刃が向き合って，ものを切ります。いろいろなはさみについて次の問いに答えなさい。

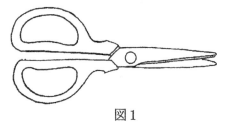

図1

[32] 図1のはさみでかたい厚紙を切るときは，刃のどのあたりを使いますか。最も適するものを**あ**〜**え**から1つ選び，記号で答えなさい。

　あ　厚紙に大きな力がはたらくように，刃の根元近くで切るようにする。

　い　厚紙に小さな力がはたらくように，刃の先の方で切るようにする。

　う　厚紙に小さな力がはたらくように，刃の根元近くで切るようにする。

　え　厚紙に大きな力がはたらくように，刃の先の方で切るようにする。

[33] 右手用のはさみは，右手ではさみを持ったときに切る場所が見やすいように，切るときに上側に開く刃（以下「上の刃」とよぶ）が右側に，下側に開く刃（「下の刃」）が左側についています。左手用は左手ではさみを持って切るときに，切る場所が見やすいようになっています。

次の①，②の問いに答えなさい。

① 親指を動かすと，「上の刃」か「下の刃」のどちらが動きますか。

② 図1のはさみは，「右手用」か「左手用」のどちらですか。

[34] 次の文のA，Bにあてはまる語は，それぞれ「右」，「左」のどちらですか。

　　にぎるように手を動かして紙を切りますが，右手で右手用のはさみを使う場合，親指は少し左向きに，親指以外の指は少し右向きに動きます。すると，上の刃は下へ動きながら少し（　A　）へも，下の刃は上に動きながら少し（　B　）へも動きます。そのことにより2枚の刃がしっかりかみあってものを切ることができます。

[35] 図2は糸切りばさみです。糸切りばさみの特ちょ
うとして最も適するものを**あ〜え**から選び，記号
で答えなさい。

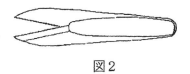

図2

あ 支点から作用点までの距離より，支点から力点までの距離が長いので，手の力
より小さな力で糸を切ることができる。

い 支点から作用点までの距離より，支点から力点までの距離が長いので，手の力
より大きな力で糸を切ることができる。

う 支点から力点までの距離より，支点から作用点までの距離が長いので，手の力
より小さな力で糸を切ることができる。

え 支点から力点までの距離より，支点から作用点までの距離が長いので，手の力
より大きな力で糸を切ることができる。

8　電気についての文章を読んで，下の問いに答えなさい。

はるこさんは，図1のように乾電池，スイッチ，豆電球，導線を使って回路をくみました。

図1の回路のスイッチを入れましたが，豆電球が光りませんでした。そこで，まず，目で豆電球の（　A　）をみたり，手で豆電球と（　B　）をさわってみたりして光らなかった原因を確認しました。

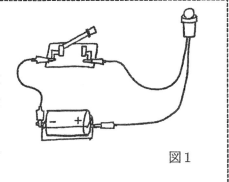

図1

[36]　図1の回路を記号で表した回路図をかきなさい。

[37]　文中のA，Bにあてはまる語を答えなさい。

手回し発電機のしくみを調べました。

手回し発電機は，ハンドルをまわすと中に入っているモーターが回転するしくみになっています。ハンドルの回転は，歯車によってモーターまで伝わります。図2のように，歯車は回転するときに歯でとなりの歯車の歯を押して，となりの歯車を回転させます。

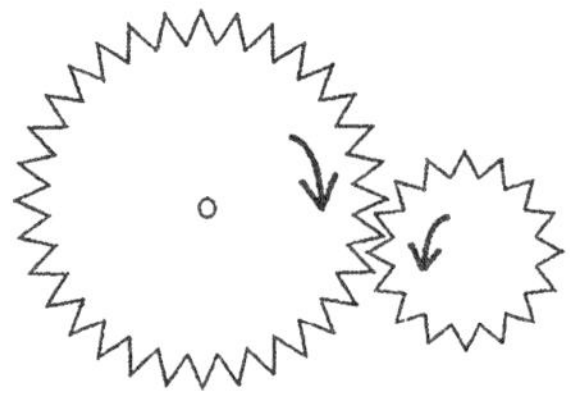

図3のような手回し発電機があります。斜線部分は4つの歯車をあらわしています。それぞれの歯車の歯の数は，歯車Aは54個，Bは10個，Cは40個，Dは6個です。ハンドルを回すと，棒1でつながっている歯車Aが回ります。歯車Aは歯車Bを回転させます。すると，歯車Bと棒2でつながっている歯車Cが回ります。歯車Cは歯車Dを回転させます。歯車Dはモーターの軸につながっているので，モーターが回ります。

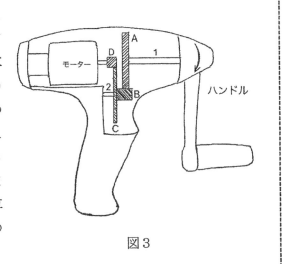

図2

図3

19

[38] 図4は手回し発電機のモーターの軸のあたりの拡大図です。ハンドルを図3の矢印の向きに回すと、モーターの軸は図4の**あ,い**のどちらの向きに回りますか。

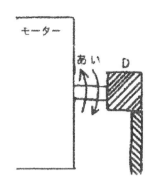

図4

[39] ハンドルを1回転させるとモーターの軸は何回転しますか。

[40] モーターの中には磁石やコイルが入っています。磁石やコイルを回転させないで、電気をつくりだしているものを**あ〜か**からすべて選び、記号で答えなさい。

 あ 風力発電
 い 火力発電
 う 水力発電
 え 光電池
 お 乾電池
 か コンデンサー

このページには問題がありません。

K 教英出版

このページには問題がありません。

2021 年度

南山中学校女子部　入学試験問題

社　会

【　注意　】

1. 試験開始の合図があるまで，この問題冊子の中を見てはいけません。
　試験開始まで，この【　注意　】をよく読んでください。

2. 試験時間は５０分です。

3. 解答用紙の受験番号，名前は最初に記入してください。

4. この問題冊子は１８ページで，問題は1〜3です。

5. 試験開始の合図後,問題冊子や解答用紙に印刷が悪くて見にくいところや汚れなどのある場合は,だまって手をあげて監督の先生に知らせてください。

6. 答えはすべて解答用紙に書き,記号で答えるものはすべて記号で答えなさい。漢字の指定のあるものはかならず漢字で書きなさい。

7. 試験終了後は解答用紙のみを提出し,問題冊子は持ち帰ってください。

1　花子さんは，スキー部の合宿で，長野県の白馬エリアを訪れました。白馬村のとなりにある小谷村，大町市の地域をまとめて白馬エリアと呼びます。地図のように，多くのゲレンデがあり，冬はスキー客でにぎわいます。ゲレンデは外国の人が多く，泊まった宿は外国人の方がオーナーでした。花子さんは，気になって長野県や白馬エリアについて詳しく調べてみることにしました。

「がんばる Chubu 観光地域づくり編　2019年1月号」掲載図を参考に作成。

問1　花子さんは，長野県は海に面していないことに気づきました。こうした県を内陸県といいます。内陸県についてまとめた次の文章の（　）に当てはまる数字と県名をそれぞれ答えなさい。

　　日本の47都道府県のうち，内陸県は長野県をふくめて全部で（　①　）つあります。1つの内陸県以外は，他の内陸県どうし県境で接しています。他の内陸県と接していないその1つの内陸県とは（　②　）県です。

問2　以下の文章の　　に共通して当てはまる運ばれたモノを漢字1文字で答えなさい。

　　この白馬エリアには，小谷村の「千国」という地名からとった千国街道が通過しており，「　　の道」としても知られています。内陸県だからこそ，海の物を取り入れるため，人々は古代からこの道を利用し，整備してきました。5月のゴールデンウィークには，千国街道を歩く催しが行われます。花子さんも参加してみました。写真は、小谷村に残る唯一の倉庫で、幕末ごろに建てられたものです。

小谷村ホームページより引用。

この倉庫では、日本海から運ばれた　　を保管したため、金属だとさびてしまうため釘を使っていないことが特徴です。上杉謙信がこの道を通り、　　を送り、長年敵対関係にあった武田信玄を助けたという言い伝えが残っています。

1

問3　花子さんは，内陸に位置する長野県の気候の特ちょ
　　うを調べるために，長野県の松本市と，日本海に面す
　　る石川県の金沢市と比べてみました。次の図は，その
　　2つの都市の1月と7月の平均気温，降水量をそれぞ
　　れ比べたものです。**長野県松本市の気温と降水量の組**
　　み合わせとして正しいものを，下のア〜エから記号で
　　1つ選びなさい。

平均気温（℃）

	1月	7月
A	3.8	25.3
B	-0.4	23.6

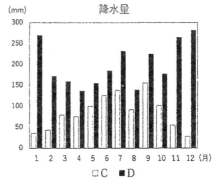

気象庁データより作成。

	ア	イ	ウ	エ
気温	A	A	B	B
降水量	C	D	C	D

問4　花子さんは，長野県の農業について調べました。秋田県，山梨県，長野県，神奈川県，
　　宮崎県の5つの県について，農業産出額にしめる米，野菜，果実，畜産の割合（2017
　　年）を比べてみました。**長野県**と**宮崎県**に当てはまるものを，下の**ア〜オ**からそれぞれ
　　1つずつ選びなさい。

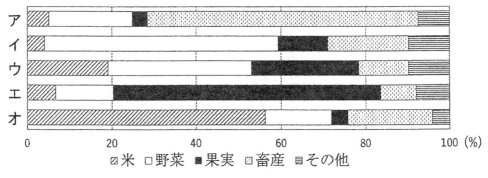

🔲米　🔲野菜　■果実　🔲畜産　🔲その他

2　　　　　「データでみる県勢　第29版」より作成。

問5　花子さんは，長野県で多く栽培されているレタスについて調べました。次の図1は，東京卸売市場における長崎県，茨城県，長野県のレタスの月別出荷量をあらわしたものです。また，図2は長崎（長崎県），水戸（茨城県），野辺山（長野県）の月平均気温を表したものです。図2を参考にして，図1のA〜Cに当てはまる県名の組み合わせとして正しいものを，下のア〜カから1つ選びなさい。

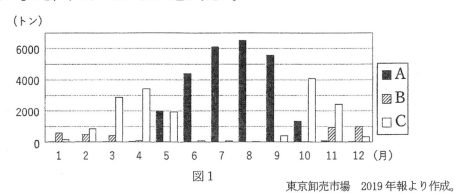

図1

東京卸売市場　2019年報より作成。

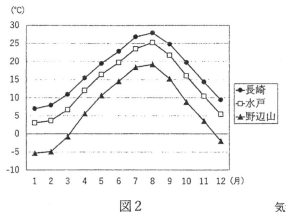

図2

気象庁データより作成。

	A	B	C
ア	長崎県	茨城県	長野県
イ	長崎県	長野県	茨城県
ウ	茨城県	長崎県	長野県
エ	茨城県	長野県	長崎県
オ	長野県	長崎県	茨城県
カ	長野県	茨城県	長崎県

3

問6　近年，高原野菜の産地では，農作業を外国人にたよってきました。花子さんは，日本における外国人労働者の受け入れ理由や現状について調べてみました。以下の問いに答えなさい。

（1）以下のP〜Rは，日本におけるア〜ウの３つの項目について，1990年から今日までの移り変わりを調べたものです。それぞれ1990年の統計値を100として，それ以降の変化をグラフにしたものです。Qに当てはまるものを，下のア〜ウから１つ選びなさい。

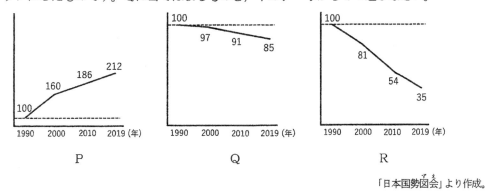

「日本国勢図会」より作成。

ア　農業で働く人の数
イ　農業で働く人のうち，65歳以上の割合
ウ　生産年齢人口※の割合

※生産年齢人口とは，15歳以上65歳未満の人口のことである。

（2）2019年，日本政府は，より多くの外国人労働者を受け入れることができるようにしました。特に外国人技能実習生の割合が増えています。日本でつちかわれた技能・技術や知識を開発途上地域などに伝えることで，人材育成面での国際貢献をすることが目的とされています。次のグラフは，中国，ミャンマー，ベトナムの３カ国について，外国人技能実習生の受け入れ数の推移を示しています。A〜Cの国の組み合わせとして正しいものを，下のア〜カから１つ選びなさい。

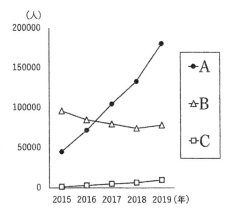

	A	B	C
ア	中国	ミャンマー	ベトナム
イ	中国	ベトナム	ミャンマー
ウ	ミャンマー	中国	ベトナム
エ	ミャンマー	ベトナム	中国
オ	ベトナム	中国	ミャンマー
カ	ベトナム	ミャンマー	中国

法務省　在留外国人データより作成。

問7　次のグラフは，中国，韓国，イギリスから日本を訪れた観光客が，滞在した期間中にお
　　　金を何に使っているかを割合（％）で示したものです。A〜Cと国名の組み合わせとして正
　　　しいものを，下の**ア〜カ**から１つ選びなさい。

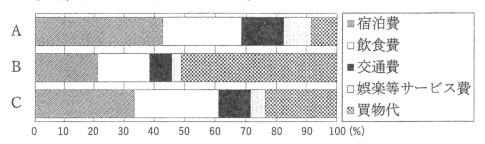

資料「訪日外国人の消費動向　2019年　年次報告書（国土交通省観光庁）」より作成。

	ア	イ	ウ	エ	オ	カ
A	中国	中国	韓国	韓国	イギリス	イギリス
B	韓国	イギリス	中国	イギリス	中国	韓国
C	イギリス	韓国	イギリス	中国	韓国	中国

問8　　日本ではスキー人口の減少によるスキー場
　　　の閉鎖が相次いでいます。そんな中，白馬エリ
　　　アは，外国人観光客の訪れによって，再び活性
　　　化していることを知りました。国・地域別に白
　　　馬村を訪れる外国人観光客（2019年）を調べ
　　　てみると，オーストラリアからの観光客が半分
　　　以上だとわかりました。長期間白馬村に滞在
　　　し，スキーやスノーボードを楽しみます。なぜ
　　　日本の白馬村は，オーストラリアの人々にとっ
　　　て人気があるのでしょう。それについて述べた
　　　文章のうち，（　　）に当てはまる語句をそれぞれ記号で選びなさい。

出身国・地域	人数	構成比
オーストラリア	166,590	59.7%
香港	22,687	8.1%
アメリカ	13,489	4.8%
台湾	11,475	4.1%
中国	11,432	4.1%

観光統計　白馬村　2019　より作成。

　　　他の国や地域と比べてみると，日本とオーストラリアとの（①　**ア**　緯度　**イ**　経度　）
　　の関係から，オーストラリアの（②**ア**　夏　**イ**　冬　）に，日本ではスキーやスノーボー
　　ドを楽しめます。また，（③　**ア**　緯度　**イ**　経度　）の差は少ないので，時差なく楽しめ
　　ます。

5

問9　2020年7月に「自然災害伝承碑」という右の地図記号が追加されました
　　た。後世の私たちに伝えるために先人たちが記した災害の石碑やモニュメ
　　ントをあらわしています。花子さんは，白馬エリアの自然災害について調
　　べました。そして，小谷村には数多くの自然災害に関する伝承やことわざ
　　が残っていることを知りました。次のことわざが見通している災害を，漢
　　字3文字で答えなさい。その災害は，ピクトグラムだと下の図のように表
　　されます。

【言い伝え】　黒にごり，出たら危ない　沢の濁（にご）り，山が動くしらせ

「朝日新聞」1996年12月6日付

【防災用ピクトグラム】

② 次の文章を読み，以下の問いに答えなさい。

①原始時代，日本に住んでいた人たちがどのような社会をつくり，どんな生活をしていたか，地中に残されたものから推測します。中国から②漢字が伝わると，それを日本語にあてはめて，さまざま記録が残されました。聖徳太子の憲法は役人の心がまえをしめしたもので，現在の憲法とはだいぶちがいますが，③大化の改新以降，中国の律令という法律をもとに日本でも律令がつくられます。これはぼうだいな条文をもち，この後長いあいだ日本社会の決まりとして，いきつづけます。

武士の世の中になると，④御成敗式目がつくられます。これは武士の裁判の基準になった法律です。⑤室町時代にも御成敗式目はいきつづけます。江戸時代になると条文の意味はなくなりますが，調子のよい日本語の文章の模範として，⑥寺子屋や手習所の「読み・書き」の教科書として御成敗式目はつかわれたそうです。

戦国時代には，各⑦戦国大名が分国法という法律をそれぞれに決めました。江戸時代は，武士には⑧武家諸法度など，身分ごとにさまざまな法律がつくられました。

明治時代になり，⑨欧米に追いつくためにも，⑩大日本帝国憲法が定められます。さらに⑪民法，刑法などの六法がつくられ，近代国家として国際的地位の向上がはかられていきます。しかし満州事変以降のアジア太平洋戦争で，法律も戦争をすすめることが最優先されるようになりました。

戦後日本の再出発は，アメリカを中心とした連合国の指導のもと，戦後改革がおこなわれますが，その中心は⑫日本国憲法の制定でした。日本国憲法でしめされた原則は，さまざまな法律によって具体化されてきました。ただし，すべてが実現したわけではありません。どうしたらよいか，一緒に考えていきましょう。

問1　下線部①，原始時代の日本について**適当でないもの**を，下のア〜エから１つ選びなさい。

ア　縄文時代の生活は，何日も食べ物が手に入らないなど自然とのきびしいたたかいの日々だった。しかし，子ども時代に伝染病をのりきると，鍛えあげられた身体のおかげで長生きし，平均寿命は60歳ほどだった。

イ　青森県の三内丸山遺跡からは，表面に縄目の文様のついた土器や，木の皮であんだポシェット，石皿とすり石，動物の骨や角でつくったつり針などがみつかっている。

ウ　米づくりがはじまると，木製の鍬や鋤で耕し，もみを直播し，石包丁で稲穂をかりとっていたが，だんだんと鉄の刃先のついた鍬や鋤，鉄鎌がつかわれ，田植えもおこなわれるようになっていった。

エ　日本各地で10万基以上みつかっている古墳には，円墳，方墳，前方後円墳，上円下方墳，ほたて貝式などさまざまな形のものがある。

問2　下線部②について，熊本県江田船山古墳と埼玉県稲荷山古墳から同じ「ワカタケル□□□□」と漢字できざまれている刀剣が発見されている。□にあてはまる語句をカタカナで答えなさい。

問3　下線部③について**適当でないもの**を，下の**ア～エ**から1つ選びなさい。
　ア　聖徳太子の死後，蘇我氏がおうぼうなふるまいをして，天皇家をしのぐほどの勢いをもつようになったことが原因である。
　イ　のちに天皇になった中大兄皇子と，のちに藤原鎌足となった中臣鎌足が，有力豪族の蘇我氏をたおして改革をはじめた。
　ウ　中国から帰国した改革派の役人や僧侶が，この改革の中心となって大きな働きをした。
　エ　天皇中心の国づくりをすすめるため，全国の土地と人びとを六十余国に分けて，それぞれの地域の豪族に支配させることとした。

問4　下線部④がだされたころのようすとして最も適当なものを，下の**ア～エ**から1つ選びなさい。
　ア　それぞれ地方の反乱をしずめるなどして，源氏は東日本に，平氏は西日本に勢力をのばしていった。
　イ　武士の館は，門の上に物見やぐらをおき，畳張りの日本間では和歌や俳句，将棋を楽しみ，石庭では蹴鞠や馬上から弓を射る競技がおこなわれた。
　ウ　北条政子の「頼朝公のご恩は，山よりも高く，海よりも深い」という演説をきいて，武士たちは団結して戦い，幕府の力が西国にまでとどくようになった。
　エ　巨大な帝国を築きあげたモンゴル軍が攻めてきて，御家人たちが火薬兵器で戦った。

問5　下線部⑤に広まった食べ物について**適当でないもの**を，下の**ア～エ**から1つ選びなさい。
　ア　うどんは小麦粉を食塩水でねってつくる。
　イ　豆腐は水につけ柔らかくした大豆をしぼった豆乳に，にがりを入れて固めたものだ。
　ウ　こんにゃくは，海そうを乾燥させ，粉にして灰汁をまぜ，型に入れてつくる。
　エ　納豆は稲わらのなかで発酵させた豆で，小粒のものも大粒のものも原料は大豆だ。

8

問6　下線部⑥に関係して，江戸時代の教育について述べた次の文のうち正しいものを，下の**ア～エ**から１つ選びなさい。

　ア　教育のさかんな名古屋では，尾張藩がつくった寺子屋が 1000 か所以上もあり，明治時代になるとそれらがそのまま小学校へかわっている。

　イ　江戸や大阪などの都市の文化は全国へ広まり，地方都市にも寺子屋ができたが，いなかの村では先生がいなかったので，百姓のための寺子屋はほとんどつくられなかった。

　ウ　寺子屋の教育がさかんだったこともあり，日本は世界的にみても，文字が読める人の割合が高い国だった。

　エ　寺子屋での勉強を終えると，尾張藩の明倫堂のような藩がつくった藩校で学ぶことが決められており，そのために全国で 260 以上の藩校がつくられた。

問7　下線部⑦について**適当でない**ものを，下の**ア～エ**から１つ選びなさい。

　ア　九州の島津，中国の毛利，四国の長宗我部，関東の北条，東北の伊達などが有名だ。

　イ　大村純忠，有馬晴信，大友宗麟は４人の少年使節をマカオに派遣した。

　ウ　織田信長と徳川家康の連合軍が，馬防柵と大量の鉄砲隊で武田の騎馬部隊を破ったのは，長篠の戦いであった。

　エ　織田信長の部下だった豊臣秀吉が，各地の大名の力や仏教勢力をおさえ，天下統一をなしとげた。

問8　下線部⑧について，**適当でない**ものを下の**ア～エ**から１つ選びなさい。

　ア　大名は毎年，徳川家康をまつる日光東照宮に参拝し，家がらに応じて寄付すること。

　イ　参勤交代の人数は，大名ごとに決め，あまり多くしすぎてもいけない。

　ウ　自分の領地の城を修理する場合，必ず幕府に届け出ること。

　エ　将軍の許可なしに勝手に大名の家どうしで結婚してはいけない

問9　下線部⑨について，欧米に追いつくためには，幕末の日本がアメリカと結んだ日米□□□□条約など不平等条約の改正が必要でした。□□□□にあてはまる語句を漢字４字で答えなさい。

問10　下線部⑩について正しいものを，下の**ア～エ**から１つ選びなさい。

　ア　全国の自由民権運動の活動家が，議論してつくった私擬憲法案がもとになっている。

　イ　伊藤博文が，人民の権力が強いフランスの憲法を学んでその原案をつくりあげた。

　ウ　主権は天皇にあり，軍隊をひきいて戦争をしたり，ほかの国と条約を結んだり，さまざまな事がらが天皇の権限とされた。

　エ　この憲法に書いてあるのは義務ばかりで，国民の自由はきびしく制限され，権利の保障はまったくなかった。

9

国　語　解　答　用　紙

二〇二三年度

※200点満点
（配点非公表）

受験番号

名前

【1】

問一
A
B
C
D
E

問二

問三

問四

問五

問六

問七

問八

ことが。

9	（21）
	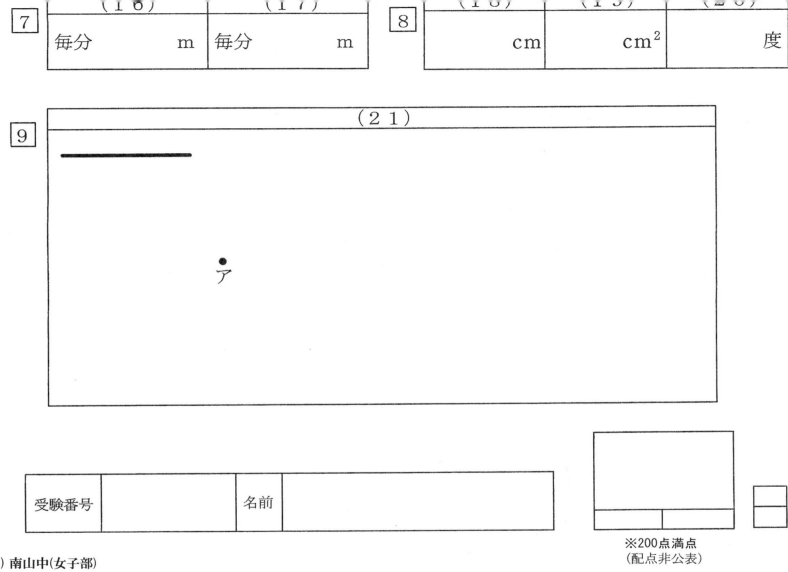

受験番号		名前	

※200点満点
（配点非公表）

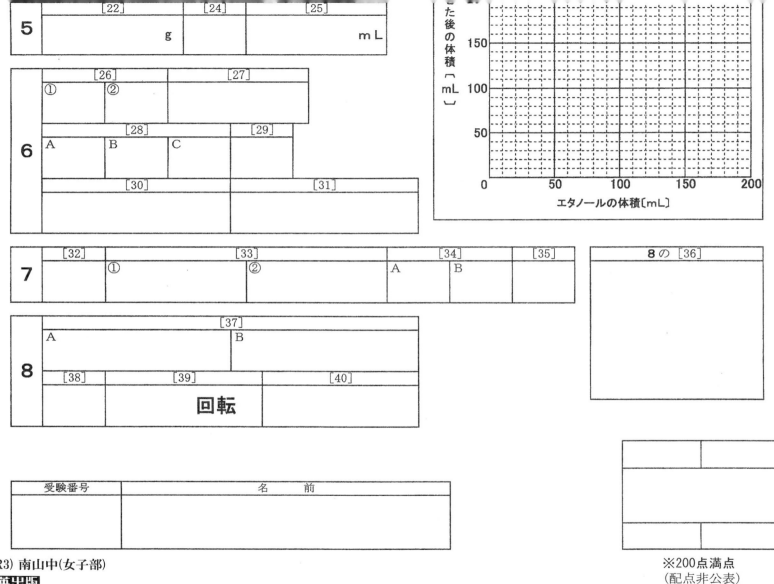

5	[22]		[24]		[25]	
	g				mL	

6	[26]		[27]	
	①	②		
	[28]			[29]	
	A	B	C		
	[30]		[31]	

7	[32]		[33]		[34]		[35]
	①		②		A	B	

8 の [36]

8	[37]	
	A	B
	[38]	[39]	[40]
		回転	

受験番号	名　前

2021(R3) 南山中(女子部)

K 教英出版

※200点満点
（配点非公表）

問6（a）	問6（b）		

問7 a)				問7 b)
1番目	2番目	3番目	4番目	
⇒	⇒	⇒		

3

問8	問9

問10

受験番号	名　前

※200点満点
（配点非公表）

2021(R3) 南山中(女子部)
K 教英出版

2021年度　社会　解答用紙

1

問1①	問1②	問2	問3	問4		問5
	県			長野県	宮崎県	

問6（1）	問6（2）	問7	問8①	問8②	問8③	問9

2

問1	問2	問3	問4	問5	問6

問7	問8	問9
		日　米　　　　　　　　　条　約

問10	問11	問12 a）	問12 b）

問12 c）

問12 d）	問12e）

２０２１年度　理科　解答用紙

1

[1]		[2]
△△	○○	

[3]									
暑いとき									

2の [4]

① A

②

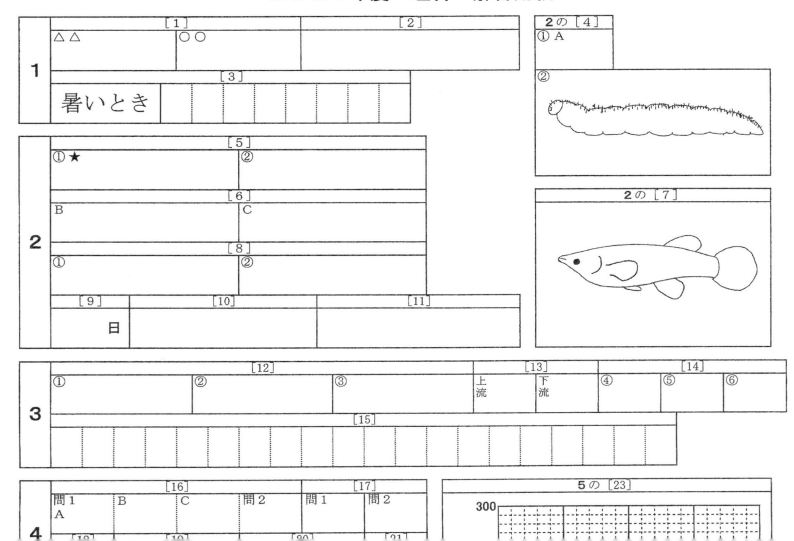

2

[5]	
① ★	②

[6]	
B	C

[8]	
①	②

[9]	[10]	[11]
日		

2の [7]

3

[12]			[13]		[14]		
①	②	③	上流	下流	④	⑤	⑥

[15]																				

4

[16]				[17]	
問1 A	B	C	問2	問1	問2

5の [23]

300

2021 年度　算数　解答用紙

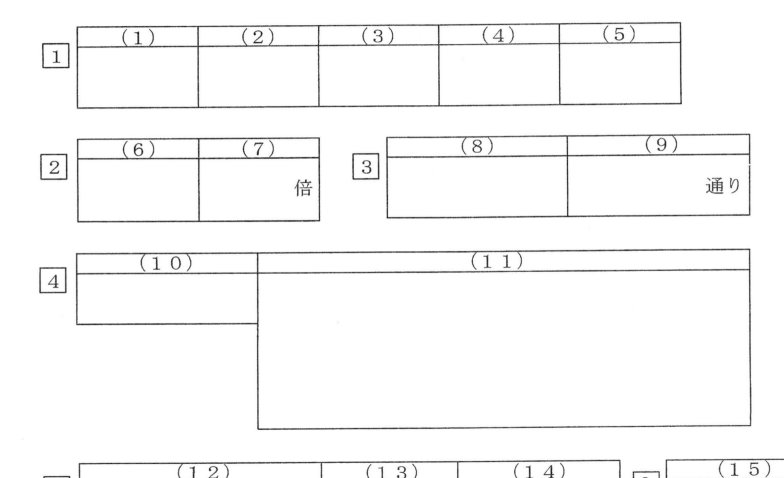

1

(1)	(2)	(3)	(4)	(5)

2

(6)	(7)
	倍

3

(8)	(9)
	通り

4

(10)	(11)

5

(12)	(13)	(14)
と		番目

6

(15)
cm

【三】

④	①
⑤	②
⑥	③

【二】

問一 ☐

問二
Ⅰ ☐
Ⅱ ☐

問三 ☐

問四 ☐

問五 ☐

問六 ☐

問七 ☐

問八

（縦書き解答欄　五列×複数行）

問九 ☐

問十 ☐

問11　下線部⑪について，日本で初めて民法がつくられるとき，ヨーロッパのようなキリスト教の影響（えいきょう）で民法がつくられると日本の伝統的な家制度がくずれてしまう，といってはげしい批判があがりました。戦後，この民法は改訂（かいてい）されて男女同権などはみとめられましたが，現在でも日本では，夫婦（ふうふ）□□に反対する政治家は少なくないといいます。□□にあてはまる語句を漢字2字で答えなさい。

問12　下線部⑫について，次のa）〜e）に答えなさい。
a）憲法には大切なことがいろいろと書いてあり，たとえば，第23条には「□□の自由は，これを保障する」とあります。2020年10月以降，このことをめぐって大きな問題になったことに，日本学術会議の会員の任命問題があります。□□にあてはまる語句を漢字2字で答えなさい。
b）下の図は日本の三権分立の仕組みをあらわしています。図の□□にあてはまる語句を漢字2字で答えなさい。
c）図の（　*　）にあてはまる事がらを答えなさい。
d）三権分立の図に関する次のX・Yを読み，正誤の組み合わせとして正しいものを，下のア〜エから1つ選びなさい。

　X　立法府の長は，内閣総理大臣である。
　Y　最高裁判所の長官を指名するのは，内閣総理大臣である。

　　ア　X：正　Y：正　　　　イ　X：正　Y：誤
　　ウ　X：誤　Y：正　　　　エ　X：誤　Y：誤

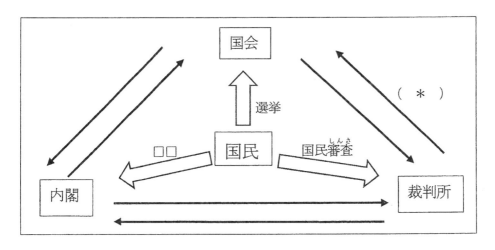

e）下の図は 1947 年に文部省が中学校 1 年生用に出した『あたらしい憲法のはなし』にのっ
ている図です。日本国憲法の前文の「いちばん大事な考え」3 つを説明しています。下の
図の （　　）主義 にあてはまるものを下の**ア**〜**コ**から 3 つ選びなさい。解答の順番は問
いません。

ア 象徴天皇　　**イ** 主権在民　　**ウ** 国家主権　　**エ** 国民　　**オ** 民主

カ 資本　　　　**キ** 社会　　　　**ク** 国際貢献　　**ケ** 国際連合　**コ** 国際平和

11

3　次の〈A〉〈B〉を読み，以下の設問に答えなさい。

〈A〉
　朝鮮半島は日本と古くから交流があり，①その文化は，日本の伝統文化に大きな影響を与えています。

　②日本と朝鮮半島には不幸な歴史があります。日本に住む朝鮮半島出身者やその子孫の人たちへ，③ヘイトスピーチをおこなう心ない人たちもいます。

　他方，若者中心に日韓の文化交流は活発におこなわれています。最近では芸能分野での交流が話題です。ＴＷＩＣＥ（トゥワイス）というアイドルグループを知っていますか。韓国の芸能事務所に所属している女性９人のグループで，日本でも大人気です。メンバーは，韓国，日本，④台湾から集まっています。

〈B〉
『⑤イムジン河』

作詞：朴　世永　　　　作曲：高　宗漢

日本語詞：松山　猛　　補作曲：加藤　和彦　　編曲：ありた　あきら

```
┌─────────────────────────────────────┐
│                                     │
│    ┌──────────────────────────┐      │
│    │ 著作権上の都合により省略いたします  │      │
│    │           教英出版編集部   │      │
│    └──────────────────────────┘      │
│                                     │
└─────────────────────────────────────┘
```

⑥誰が祖国を　二つに分けてしまったの
誰が祖国を　分けてしまったの

```
┌─────────────────────────────────────┐
│                                     │
│    ┌──────────────────────────┐      │
│    │ 著作権上の都合により省略いたします  │      │
│    │           教英出版編集部   │      │
│    └──────────────────────────┘      │
│                                     │
└─────────────────────────────────────┘
```

　この曲は北朝鮮で作られました。この曲を耳にした松山猛さんが日本語の歌詞をつけ，友人たちが結成した「フォーク・クルセダーズ」というバンドの曲として発表されました。

　2005年に公開された映画「パッチギ」の劇中曲としても使われています。この映画は⑦1968年の京都が舞台です。日本に移り住んできた朝鮮半島出身の人やその子どもたちが登場します。

　映画の中で，主人公が「イムジン河」を聴きながら，曲の説明を受ける場面があります。説

12

明をする青年は「北と南に分かれた国が⑧＿＿＿＿＿＿＿＿＿＿＿＿＿，という歌」と言っています。登場人物たちは，戦後世界の状況，東西冷戦や，当時本格的になっていたベトナム戦争について話しながら曲を聴いています。

　友人の一人だった朝鮮半島出身者の高校生が死亡したため，彼の葬式をおこなう場面があります。そこで⑨死んだ高校生のおじさんが，主人公である日本の高校生に，非常に激しい言葉を発します。日本と朝鮮半島の不幸な歴史を知らないと，この映画はなかなか理解できません。

　⑩松山さんはＣＤの説明文に「イムジン河は，地理のうえの河だけではなく，人間と人間の間にも流れる，心の隔たりでもあるかもしれないと，僕は大人になって考えたのだ。」と書いています。現在の世界には，心の隔たりを感じさせる様ざまな問題があります。そして問題解決のためにたくさんの人びとが運動をおこなっています。

問1　下線部①について。次のA・Bの説明であるX・Yを読み，正誤の組み合わせとして正しいものを，下のア～エから１つ選びなさい。

X　Aは京都の広隆寺にある半跏思惟像（弥勒菩薩像）です。広隆寺は，もとは朝鮮半島からやってきたと考えられている秦氏のお寺です。この像は韓国にある弥勒菩薩像によく似ています。

Y　Bは佐賀県有田で焼かれた陶磁器です。16世紀末に豊臣秀吉が朝鮮侵略したとき，出兵した大名たちは多くの焼き物の職人を連れてきました。彼らのおかげで，西日本の各地に優れた陶磁器がつくられるようになりました。

13

ア　X：正　Y：正	イ　X：正　Y：誤
ウ　X：誤　Y：正	エ　X：誤　Y：誤

問2　下線部②について述べた下のX・Yを読み，正誤の組み合わせとして正しいものを，下のア～エから1つ選びなさい。

X　日本は，明治の初めに，朝鮮に不平等な条約を結ばせて勢力をのばそうとし，同じく朝鮮に勢力をのばそうとしていたロシアに戦争で勝利した。さらに清を戦争で打ち負かし，日本は韓国併合（へいごう）をおこなった。

Y　日本はアジア太平洋戦争の終了まで，30年以上にわたり朝鮮を植民地支配した。その後独立した大韓民国（韓国）と日本は1965年に日韓基本条約を結び，国交を正常化した。この条約の中で日本は謝罪の言葉をはっきりと記しており，賠償（ばいしょう）金が韓国に支払われた。

ア　X：正　Y：正	イ　X：正　Y：誤
ウ　X：誤　Y：正	エ　X：誤　Y：誤

問3　下線部③とは，特定の民族や国籍の人びとを地域や社会から排除（はいじょ）しようとする差別的言動のことで，決して許されません。

右の図はアメリカの学校で使われている「ヘイトのピラミッド」の図を簡略化したものです。ヘイトスピーチを放置しておくと，ピラミッドのすそ野が拡（ひろ）がりヘイトスピーチに共感する人々が増えて，ますます過激なものになっていくといわれています。下のア～オから（1）（2）にあてはまる語句を2つ選びなさい。解答の順番は問いません。

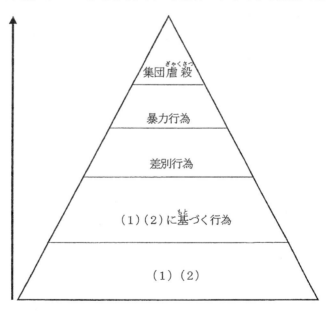

ア　偏見（へんけん）　　イ　混乱　　ウ　危機感　　エ　先入観　　オ　喪失感（そうしつかん）

問4　下線部④と中国は複雑な歴史を抱えています。中国政府は，台湾は中国の領土であると主張していますが，現実には台湾の政府が存在し統治しています。中国は「（ア）国（イ）制度」をとなえ，台湾を統一しても現在の台湾の体制を維持すると述べています。しかし（ウ）から中国に返還された香港では，これまでの体制を変えようとする中国政府の姿勢に反発して，大規模デモが起こりました。（ア）（イ）にあてはまる文字をそれぞれ一文字ずつ，また（ウ）にあてはまる国名を答えなさい。

問5　下線部⑤にあてはまるものはどれですか。歌詞と本文をよく読み，地図のア〜エから１つ選びなさい。

問6　下線部⑥について　次のa）b）に答えなさい。

a）朝鮮半島が２つにわかれてしまったのは，日本の植民地支配と，第二次世界大戦後の東西冷戦が関係しています。次のX・Yを読み，正誤の組み合わせとして正しいものを，下のア〜エから１つ選びなさい。

X　アジア太平洋戦争の末期，日本がソ連に宣戦布告したため，ソ連軍は満州から朝鮮半島へ侵攻してきた。南からはアメリカ軍が上陸し，朝鮮半島は南北に分断されることになった。

Y　1950年，朝鮮戦争がはじまった。ソ連軍と中国（中華人民共和国）軍が北朝鮮軍を支援し，アメリカ軍が韓国軍を支援した。戦争は激しい攻防をくり広げ，1953年に戦争は終了し，北朝鮮と韓国の間に中立条約が結ばれた。

ア　X：正　Y：正　　　　　イ　X：正　Y：誤
ウ　X：誤　Y：正　　　　　エ　X：誤　Y：誤

b) 朝鮮半島と同様，第二次世界大戦後に人びとが分断されましたが，現在は一つになっている国もあります。そのような国を下の地図の**ア～オ**から２つ選びなさい。解答の順番は問いません。（国境は現在のものです。）

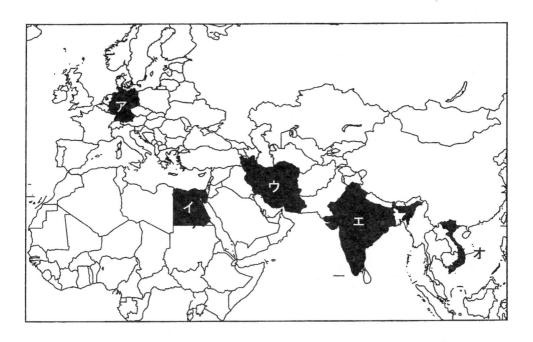

問7　下線部⑦についてa）b）に答えなさい。

a）下のA～Dの新聞記事を，えがかれている内容が古い順番に，記号で答えなさい。

A

「ベルリンの壁」事実上消滅

東独、国境を完全開放

外国旅行は自由に
閣僚評議会が決定 即日実施

続

B

毎日新聞

沖縄県 いま祖国に帰る

27年ぶり — 5・15

日米関係に新転機
ベトナム戦激化の中で

核抜き保証、不

死者百十七

原因「タバコの火」

C

東海道新幹線スタート

マーチに送られ初列車
輸送力は38％ふえる

D

讀賣新聞

講和條約調印終る

署名四十九ヶ國
新生日本へ船出やす

自由諸国の勝利
安保條約

時に三時

※新聞記事は一部加工しています。

b）1968年は，A～Dの新聞記事の出来事よりも前でしょうか，後でしょうか，出来事の間でしょうか。a）の解答を参考にして，正しいものを下のア～オから1つ選びなさい。

ア　すべての記事の出来事より前である。
イ　1番目と2番目の記事の出来事の間である。
ウ　2番目と3番目の記事の出来事の間である。
エ　3番目と4番目の記事の出来事の間である。
オ　すべての記事の出来事より後である。

問8　下線部⑧には，朝鮮半島の人たちの思いを表した言葉が入ります。どのような言葉か答えなさい。

17

問9　下線部⑨について。このおじさんは日本の植民地支配によりとても大変な人生を歩んで
　　きました。日本の植民地支配について，次のX・Yを読み，正誤の組み合わせとして正し
　　いものを，下のア〜エから１つ選びなさい。

X　1919年５月４日，５・４独立運動が始まった。運動は朝鮮半島全土に拡大した。日本は厳
　　しい弾圧を加え，多くの朝鮮の人びとが殺された。
Y　アジア太平洋戦争が長引き，日本に働き手が少なくなると，多数の朝鮮人が強制的に連れ
　　てこられた。工場や鉱山などで，厳しい労働をさせられた。その際，賃金が払われなかった
　　人たちもたくさんいた。

　　　ア　X：正　Y：正　　　　　イ　X：正　Y：誤
　　　ウ　X：誤　Y：正　　　　　エ　X：誤　Y：誤

問10　下線部⑩について。下の写真は，世界で活躍するテニスプレーヤーの大坂なおみさんで
　　す。彼女は2020年９月にニューヨークで行われた大会で優勝しました。この大会ではコー
　　トへの入場の際，初戦から決勝戦まで異なる人物名が書かれている黒色のマスクをつけて
　　いました。それはなぜでしょうか，理由を説明しなさい。

「中日新聞」2020年９月15日付

問題は以上です。

18

K 教英出版

二〇二〇年度　南山中学校女子部　入学試験問題

国 語

【注意】

一、試験開始の合図があるまで、この問題冊子の中を見てはいけません。

試験開始まで、この【注意】をよく読んでください。

二、試験時間は五〇分です。

三、解答用紙の受験番号、名前は最初に記入してください。

四、この問題冊子は一六ページで、問題は【一】〜【三】です。

五、試験開始の合図後、問題冊子や解答用紙に印刷が悪くて見にくいところや汚れ（よ）などの

ある場合は、だまって手をあげて監督（かんとく）の先生に知らせてください。

六、答えはすべて解答用紙に書き、記号で答えるものはすべて記号で答えなさい。

字数制限のある問題は、句読点（「、」と「。」）や記号も一字として数えなさい。

七、本文中の＊印の語句には、本文の後に注がついています。

八、試験終了後は解答用紙のみを提出し、問題冊子は持ち帰ってください。

【二】 次の文章を読んで、後の問いに答えなさい。

① 学校では科学のことを「理科」と呼んでいるのですが、科学の基礎知識を学ぶ理科は、小中高においては＊必須の科目になっています。科学がもたらしてくれる恩恵を受け、さらに豊かに実らせるためには、だれもが科学の基礎知識を正しく持つ必要があると考えられてきたためです。科学は基礎的な知識の上に、さまざまな応用分野がはば広く展開していく学問ですから、しっかり基礎を学んでおく必要があります。直接役に立たないように見える基本的な知識であっても、おろそかにせず、身につけることが求められるのです。科学・技術文明の時代を生きるために、だれもが学校で理科を学ぶことが現代人の常識と言えるでしょう。

それと同時に、心に留めておかねばならないことは、② 科学・技術が原因となった事故や事件が多く起こるようになり、必ずしも科学・技術が善とばかり言えない状況が生じていることです。つまり、科学・技術は万全ではなく、すべて良いことばかりをもたらしてくれているわけではないのです。とはいえ、私たちは科学・技術と無縁の生活を送ることができませんから、私たちは科学・技術のマイナスの面もふくめて、その中身をよく知っておく必要があります。科学・技術は絶対的に正しいとか、科学・技術はまったく信用できないとかの極端な立場ではなく、良い面と悪い面をしっかりと区分けする目を持ち、良い面をのばし、悪い面をおさえていくようにする、そんな態度が求められているのです。つまり、科学・技術は万能ではなく、限界があることを知ることも、科学・技術を学ぶ重要な目標と言えるでしょう。

現代の科学・技術の限界が見えた例として、2011年3月11日の東日本大震災が挙げられると思います。私たちは、科学がすべての自然現象を解明している〈 A 〉、大地震や大津波の発生を正確に予測できない科学の弱点があらわになりました。現代の科学と技術が万能ではないことが明らかになったのです。〈 B 〉、引き続いて起こった福島第一原子力発電所（原発）の＊メルトダウン事故は、現代技術の＊粋であるはずの原発が意外にもろいものであることを見せつけました。現代の科学と技術が万能ではないことが明らかになったのです。多くの人々は、「原発は安全」との宣伝をすっかり信じこんでいたのですが、それがまさに「神話」

でしかなかったことを思い知らされることになりました。〈 C 〉、「私たちは安全神話にだまされていた」と言うのですが、それは事実だとしても、原発を推進してきた政府や電力会社や原子力の専門家を非難するだけでいいのでしょうか。

というのは、言論・出版の自由がある日本においては、原発が危険な施設であって脱原発の道を歩むべきだと主張する運動が存在し、多くの本が出版され、インターネットでも情報を得ることができました。勉強しようと思えば、いつでも原発の危険性を知ることができたはずです。〈 D 〉、多くの人たちはそれらの警告には耳を貸さず、原発の「安全神話」のみを信じこんでいたのです。〈 E 〉事故が起こった後になって、「原発がそんな危険なものとは知らなかった」と言っているわけです。果たしてそれでいいのでしょうか。原発について知ろうとしないまま、ただだまされていたと言う自分も悪かったと反省する必要があるのではないでしょうか。

③人々のこのようなあり方に、現代社会の大きな落とし穴があると言えそうです。私たちは科学・技術の恩恵に慣れ過ぎて、科学・技術が必然的に持っている負の側面を考えることがなくなっているということです。その結果、何ら疑うことなく一方的な宣伝に乗せられ、簡単にだまされてしまったわけです。二度とだまされないために、私たちは科学・技術の内実を知っておかねばならないと言えるのではないでしょうか。

といっても実際のところは、あまりに勉強すべきことがあり過ぎて、すべての科学・技術のくわしい内容まで知ることができないのが実情です。しかし、物事を見たときに、何が問題であり、どこをおさえておけばよいか、どう対応すべきか、について判断する観点を身につけることはできるでしょう。科学・技術の考え方・進め方には一般的な法則というものがあり、それを体得すれば応用が可能になるからです。そして、日ごろからその観点でものを見ることを心がけていればいいわけです。

科学・技術が原因となる事件はいくらでも起こる可能性があるのですから、私たちは日ごろから科学・技術に慣れ親しんで、「知らなかった」とか「だまされた」と言わないよう、科学的な見方・考え方をきたえておくことが大切です。また、自分に関係がないときでも、科学・技術に関わる事件や事故が起こった場合に、実際に何がまちがっていたか、その原因がどこにあるか、だれに責任があるか、二度と起こさないためにはどうすべきか、などを考えるクセを身につけることが大切です。

そうすることは、社会に起こるさまざまな事がらについて、その原因と結果の結びつき（これを因果関係と言います）を科学的に考えるための訓練になるからです。

その因果関係を見通して*正邪を判断する力を養っていくことができるのです。

なぜ、わざわざ科学的な考え方の重要性を強調するか、には理由があります。私たちは民主主義の時代に生きており、だれもが自由に意見を述べられ、それが尊重される建前になっていますが、必ずしもそのように社会が機能しなくなっている側面が見受けられるからです。私は「〈 X 〉」と呼んでいるのですが、むずかしいことは上の人や専門家に任せ、自分はそれらの人たちが言うことに従っていればまちがいがない、という姿勢が現代人に多く見受けられるようになっているということです。自分で考え判断する姿勢が失われていると言えるのではないでしょうか。

しかし、それでは一人一人の意志や考え方や疑問点が自由に表明されることがなくなり、付和雷同する人間ばかりとなって、最後には④独裁的な社会になりかねません。生き生きとした知的で豊かな社会になるためには、だれもがしっかり自分の意見を表明し、他の人の言うことも聞き、たがいに議論することを通して理解し合い、よりよい方向を見いだしていくというふうにならねばなりません。それが人間をたがいに大事にし合う真の民主主義社会なのです。そのような社会にするためには、だれもが独立した人格の持ち主として尊重し合い、たがいの意見を率直に出し合う、そんな健全な人間関係を作っていくことが大切です。その意味でも、科学的なものの見方・考え方は欠かせないのです。

「科学的」に考えるためには、科学そのものについての知識が豊富でなければならないと思いがちですが、そういうわけではないことを言っておきたいと思います。むろん、たとえば薬害の原因を追及して薬がどのように体に作用するかとか、原発におけるエネルギー発生の仕組みとその制御の仕方とかのような、専門的な内容について実際の仕組みはどうなっていて、なぜ事故が生じ被害が発生したかの筋道をたどることができるだけの知識が必要なことは多くあります。また薬害や原発事故の詳細が争点になった場合、その基本原理と現実に採用されていた手法の差異（食いちがい）をおさえておくにこしたこと

はありません。事故の原因が、そこにあることが多いためです。

しかし、必ずしもあらかじめすべて知っておく必要はなく、時間をかけてその中身を学ぶなかで、各段落のキーポイントは何か、そのキーポイントを結び付けるすべて知っておく仕組みは何であるか、そのどこに問題があって事故が起こり、被害が生じるに至ったのか、というふうに一連の論理を自分のものにできるかがもっと重要です。このことは、薬害や原発事故などだけに留まることではなく、どのような問題についても「科学的」に考える上で重要な思考の流れであって、科学の知識量が不可欠というわけではないのです。一連の論理をきちんと⑤追究していく「脳力」は必要で、先入観や偏見のない常識的なものの見方や、私情にまどわされず論理的に考えることができる力が大切であると言えるでしょう。

最近、第二次世界大戦中の作家や評論家10人ばかりの日記を読む機会があったのですが、読みながら科学的に考えることができた人とそうでない人の区別がなぜ生じたのだろうか、と思わざるを得ませんでした。ここに登場する人のほとんどが文系の人で、科学の訓練を得ていない人が多かったのですが、それでも科学的な思考ができた人、できなかった人というふうに大きな差があったからです。

特に、戦争が＊終盤になって、国内の穀物などの物資が不足するようになって米の配給（国が管理して国民に割り当てて配ること）がおくれるようになり、他方では鉄や銅などの生産が＊逼迫して手元にあるあらゆる金属類の供出（国の求めに応じて差し出すこと）を求められるようになりました。木炭自動車になり、ガソリンが不足して＊松根油を採取して使わざるを得なくなり、軍事基地や軍需工場のみならず都市も空襲によって爆撃され、最後にはジュラルミンが不足して木製飛行機まで試作されるようになるという具合で、日本は米軍の攻撃に追いつめられました。

そのような状況になると、「科学的」に考える人間ならだれでも、もはやこの戦争は負けるであろうと察したはずです。「科学的」と大げさに言わなくても、戦争を遂行するだけの物資が足りなくなっており、敵の飛行機が平気で日本の上空に侵入できるのだから、常識を持つ人間の多くは、日本は負けると考え始めました。竹やりで大砲や爆撃機に歯向かって勝てるはずがないのはわかりきったことであるからです。ところが、それにもかかわらず、⑥日本は勝つと信じていた人もいました。「神

州（神の国）不滅）であり、「大和魂」は何にも負けないと信じこんでいたのです。そのような精神教育がずっと行われてきたためでしょう。

（池内了『なぜ科学を学ぶのか』ちくまプリマー新書より。途中省略がある。）

＊必須――なくてはならないこと。絶対に必要なこと。

＊メルトダウン事故――原子力発電所の核燃料が冷やせなくなって高温でとけ落ちるという、きわめて重大な事故。放射能がもれ出したため周辺住民は避難したが、その中には今も帰れない人がいる。

＊粋――すぐれたもの。

＊正邪――正しいことと正しくないこと。正しいことと悪いこと。

＊終盤――物事が終わりに近づいた段階。

＊逼迫――追いつめられてゆとりのない状態になること。

＊松根油――松の根を原料とする油。

問一　〈　Ａ　〉〜〈　Ｅ　〉に入る言葉として、最も適切なものを次の中から一つずつ選び、記号で答えなさい。ただし、同じ記号は一回しか用いてはいけません。

　ア　さらに　　イ　すなわち　　ウ　そして　　エ　その結果　　オ　ところが　　カ　まず　　キ　もちろん

-5-

問二 ——線①「学校では科学のことを『理科』と呼んでいる」とありますが、筆者は学校で理科や科学（ここでは「技術」も含む）を学ぶのはなぜだと考えていますか。**適切でないもの**を次の中から一つ選び、記号で答えなさい。

ア 基礎知識を得ることでその恩恵を受け、さらに豊かに実らせられるから。

イ その基礎的な知識の上に、さまざまな応用分野がはば広く展開していくから。

ウ 役に立たないように見えても、それを学ぶのが現代人の常識だから。

エ そのマイナス面もふくめて、その中身をよく知っておく必要があるから。

オ その良い面をのばし悪い面をおさえていくようにする態度が必要だから。

問三 ——線②「科学・技術が原因となった事故や事件が多く起こるようになり」とありますが、実際にこのような事故が起きたとき、私たちが取るべき態度が説明されている文を本文から一文でぬき出し、その最初の五文字を書きなさい。

問四 ——線③「人々のこのようなあり方に、現代社会の大きな落とし穴があると言えそうです」とありますが、ここでの「現代社会」を、原発のメルトダウン事故と「民主主義」の問題と第二次世界大戦の三者と考えるとき、それらに共通する「このようなあり方」とは、どのような態度とまとめることができますか。解答用紙に合う形で、本文中の語句を用いて一五字前後でまとめなさい。

問五 〈 Ｘ 〉に、文脈から考えてあてはまる最も適切な語を次の中から一つ選び、記号で答えなさい。

ア おかかえ民主主義　イ おきらく民主主義　ウ おしきせ民主主義　エ おすすめ民主主義　オ おまかせ民主主義

問六　——線④「独裁的な社会になりかねません」とは、どのようなことを表していますか。最も適切なものを次の中から選び、記号で答えなさい。

ア　独裁的な社会になりかけてしまう。

イ　独裁的な社会になるものである。

ウ　独裁的な社会にならざるを得ない。

エ　独裁的な社会になるかもしれない。

オ　独裁的な社会になってはいけない。

問七　——線⑤「追究」と同じ漢字を使うものはどれですか。最も適切なものを次の中から一つ選び、記号で答えなさい。

ア　犯人をツイキュウする。

イ　真理をツイキュウする。

ウ　理想をツイキュウする。

エ　責任をツイキュウする。

オ　利益をツイキュウする。

問八　——線⑥について、『神州（神の国）不滅』であり、『大和魂』は何にも負けない」を「神話」と考えるとき、この神話を信じこませたのは精神「教育」だったと考えられますが、本文前半の原発のメルトダウン事故において「神話」を信じこませたもの、すなわち第二次世界大戦での精神教育の「教育」に当たるものは何ですか。本文中の語で答えなさい。

問九　波線部について、筆者はどのような理由で真の民主主義社会に「科学的な考え」方が必要だと考えていますか。科学的な考え方とはどのような方法かを簡単にまとめたうえで、それが必要な理由を、解答用紙に合わせて九〇字以内で述べなさい。

【二】 次の文章は特別養護老人ホームの看護師が書いた「たかが爪切り、されど爪切り」という文章の全文です。これを読んで、後の問いに答えなさい。

病院とは違って、特別養護老人ホームの看護師の仕事は、入居者さんたちの健康管理や服薬管理が中心だ。

特養に勤務する看護師は、24時間常駐を国から義務づけられてはおらず、施設によってその勤務形態は様々で、私の施設は夜勤はなかった。医師も常駐の義務がないため週に2度、昼過ぎに3時間ほど来て帰っていく。一日の大半を看護師と介護福祉士、そして介護さんで看ているのが私の施設のスタイルだ。

著作権に関係する弊社の都合により
本文は省略いたします。

教英出版編集部

（小島すがも『看護師も涙した老人ホームの素敵な話』より）

問一　本文中の〈　A　〉に当てはまる漢字一字を答えなさい。

問二　本文中の〈　B　〉と〈　C　〉には同じ言葉が入ります。最も適切なものを次の中から一つ選び、記号で答えなさい。

ア　申し訳なく思った　　イ　言葉が出なかった　　ウ　不思議な気がした　　エ　不愉快（ふゆかい）になった

オ　痛々しく思った

問三　──線①「爪切りしてほしいと思っているはずなのに、なぜそんなことを言うのか」とありますが、入居者がそのように言う最も大きな理由と考えられるものを次の中から一つ選び、記号で答えなさい。

ア　不衛生にしているのを見られるのが恥ずかしかったから。

イ　自分のできることは自分でやりたいと思ったから。

ウ　他人に自分の汚い部分をさわられるのがいやだったから。

エ　忙しいスタッフに爪切りをさせるのは申し訳ないと思ったから。

オ　自分が本当にしてほしいのは爪を切ってもらうことではないから。

- 13 -

問四 ――線②「特別なこと」について、爪切りは入居者にとってどういう点で特別なのですか。最も適切なものを次の中から一つ選び、記号で答えなさい。

ア スタッフとゆっくり心のふれあう時間を過ごすことができる点。

イ 変化の少ない毎日の中で退屈をまぎらわせることができる点。

ウ 入居者どうしが爪切りという同じ楽しみを共有することができる点。

エ そのときだけは自分が大切にされていることを実感することができる点。

オ スタッフをひとりじめして優越感にひたることができる点。

問五 ――線③「腑に落ちない」の意味として最も適切なものを次の中から一つ選び、記号で答えなさい。

ア 理解できない　　イ　納得できない　　ウ　共感できない　　エ　安心できない　　オ　満足できない

問六 ――線④「さっきのスタッフに申し訳ない気持ちになった」とありますが、その理由として最も適切なものを次の中から一つ選び、記号で答えなさい。

ア 爪切りが趣味だということを理解して協力してくれたのに、お礼を言うのを忘れてしまっていたから。

イ 自分は入居者のことを何でも知っているような気になっていたのに、そうではないことがわかったから。

ウ 自分の爪切りが好きだという人の爪を切ったのに、気持ちが乗らないままで、スタッフに恥をかかせたから。

エ そろそろ爪を切った方がよいと思われる人を知っておくべきだったのに、言われるまで気がつかなかったから。

オ 爪切りをしてほしいと思っていそうな人を教えてもらったのに、仕事を押し付けられたと思いこんでしまったから。

2020(R2) 南山中(女子部)

- 14 -

K教英出版

問七 ――線⑤「そっと爪を切った」には筆者のどのような気持ちが表れていると考えられますか。最も適切なものを次の中から一つ選び、記号で答えなさい。

ア 生前と同じように心をこめて丁寧に爪を切ろうとする気持ち。

イ 大きな音を立てて亡くなった人に失礼になってはいけないという気持ち。

ウ 家族の前で失敗しないように、心を落ち着かせようという気持ち。

エ 何か話すと泣いてしまいそうなので、だまって爪を切ろうとする気持ち。

オ 爪切りをたのまれた嬉しさを態度に出すまいという気持ち。

問八 本文中には二つの「魔法の言葉」が出てきます。これについて、次の問いに答えなさい。

(1)筆者がこれらの言葉を使ったのはどういうことのためですか。解答用紙に合わせて一五字以内で答えなさい。

(2)二つの「魔法の言葉」は入居者にとってどのような違いがありますか。本文中の語句を使って一〇〇字以内で答えなさい。

問九 次の中から本文の内容に合うものを二つ選び、記号で答えなさい。

ア スタッフの常駐が義務づけられていないことが、かえってスタッフの忙しさを生み出している。

イ 爪切りをするのは看護師の本来の仕事ではないと筆者は考えている。

ウ 筆者は自分の時間をけずって入居者のために働こうとしている。

エ 爪切りをすることで、入居者が何も言わなくても健康状態を知ることができるようになった。

オ 筆者は自分がなぜ亡くなった入居者の遺体の爪切りを依頼されたのか分からない。

カ 爪切りをすることで初めて気づいたことや学んだことがあったことを、筆者はうれしく思っている。

キ 特別養護老人ホームは、筆者のような善意の人の犠牲の上に成り立っている。

- 15 -

【三】 次の各文の——線のカタカナを、漢字に改めなさい。
（とめ・はね・はらいもふくめて、一字一字ていねいに書きなさい。）

① 卒業式で<u>シャジ</u>を述べる。
② 予算案を<u>ショウニン</u>する。
③ 通学証明書を<u>コウフ</u>する。
④ 食料を<u>チョゾウ</u>する。
⑤ 強敵相手に<u>ヒサク</u>をねる。
⑥ 武器を<u>ミツユ</u>する。

このページには問題がありません。

このページには問題がありません。

2020 年度

南山中学校女子部　入学試験問題

算　数

【　注意　】

1．試験開始の合図があるまで、この問題冊子の中を見てはいけません。

　　試験開始まで、この【　注意　】をよく読んでください。

2．試験時間は５０分です。

3．解答用紙の受験番号、名前は最初に記入してください。

4．この問題冊子は１１ページで、問題は $\boxed{1}$ ～ $\boxed{12}$ です。

5．試験開始の合図後、問題冊子や解答用紙に印刷が悪くて見にくいところや汚れなどのある

　　る場合は、だまって手をあげて監督の先生に知らせてください。

6．答えはすべて解答用紙に書いてください。

7．計算用紙はありません。各問題の余白で計算してください。

8．指定がない問題の円周率は３．１４とします。

9．試験終了後は解答用紙のみを提出し、問題冊子は持ち帰ってください。

1

次の計算をしなさい。ただし，（5）は □ にあてはまる数を答えなさい。

（1） $9+9\div9+9\times9-9\div9+9\times9-9$

（2） $0.125\times0.75+0.25\div(0.875-0.375)-0.5\times0.625$

（3） $2\dfrac{86}{119}\div\dfrac{169}{289}\times\dfrac{91}{144}\div\dfrac{3}{52}$

（4） $3.14\times\left(\dfrac{4}{5}\div0.4-0.2\times\dfrac{3}{10}\div0.1\right)-0.25\times1\dfrac{3}{5}\times3.14$

（5） $5\div\left\{\left(3\dfrac{1}{5}-0.2\right)\div\boxed{}-5\right\}=5$

-1-

2

　健太くんは，定価x円のパソコンを買おうと思っています。A店に行ったところ，店のドアに『キャッシュレスでお支払いのお客様に5％還元』というシールがはってありました。つまり『消費税込み価格(定価＋消費税)の5％引き』となります。次に，B店に行ったところ，同じ定価x円のパソコンが『現金でお支払いのお客様5％値引き』というシールがはってありました。つまり『定価の5％引き＋消費税』となります。消費税は10％です。ただし，定価の一の位，十の位，百の位，千の位はすべて0とします。

（6）次のア〜ウのうち，正しいものを1つ選んで記号で答えなさい。

　　　　ア．B店よりもA店で買ったほうが安い。

　　　　イ．A店よりもB店で買ったほうが安い。

　　　　ウ．A店で買ってもB店で買っても同じ。

（7）A店，B店それぞれの売値をxを使った式を用いて表し，（6）で答えた理由を説明しなさい。

3

（8）AとBは整数で，

　　　　$(A＋1):(B＋1)＝3:5$

　　　　$(A－1):(B－1)＝7:12$

　　です。このようなAとBのうち，Bが60以下のときのAを求めなさい。

-2-

4

（9）６２の約数を小さい順にすべて答えなさい。

（10）令和２年１月２５日現在，イチローさんのおばあさんは６４才です。
おばあさんの年令６４は令和年２で割り切れます。１年後には，おばあ
さんの年令６５は令和年３で割り切れません。

次におばあさんの年令が令和年で割り切れるのは，いまから何年後で
すか。

-3-

5

（１１） $\dfrac{1}{2\times\boxed{\text{ア}}}+\dfrac{1}{3\times\boxed{\text{ア}}}=\dfrac{1}{6}$ となる整数 $\boxed{\text{ア}}$ を求めなさい。

（１２） $\dfrac{1}{2\times\boxed{\text{イ}}}+\dfrac{1}{3\times\boxed{\text{ウ}}}=\dfrac{1}{6}$ となる整数 $\boxed{\text{イ}}$ と整数 $\boxed{\text{ウ}}$ を求め

なさい。

ただし，$\boxed{\text{イ}} < \boxed{\text{ウ}}$ とします。

6

(13) 午前10時すぎに時計を見たところ，右の
図の⑥と⑩の2つの角度が同じでした。
このときの時刻は午前10時何分ですか。

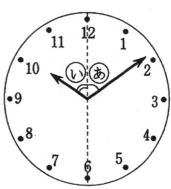

2020(R2) 南山中(女子部)
K 教英出版

7

（14）下の図は，ある立体の展開図で，3つの長方形と2つの合同な直角三
　　　角形でできています。この立体の体積を求めなさい。

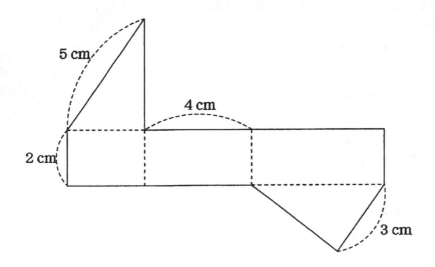

8

　右の図のように，角Cが９０°の直角二等辺
三角形ABCがあります。

　その辺BCを直径とする半円（円をその直径
で分けた図形の片方）をかきます。

　その半円と直角二等辺三角形ABCがちょうど
入る直角二等辺三角形ADEをかきます。

　同様にして，直角二等辺三角形ADEの辺DE
を直径とする半円をかきます。

　その半円と直角二等辺三角形ADEがちょうど
入る直角二等辺三角形AFGをかきます。

　しゃ線をつけた部分の面積の合計をPcm²とし，
２つの半円の面積の合計をQcm²とします。

　辺ACの長さを８cmとするとき，

（１５）Pcm²とQcm²の差を求めなさい。

（１６）円周率を３として，Pcm²とQcm²の差を求めたとき，次のア～カの
　　　うち，正しいものを１つ選んで記号で答えなさい。

　　　ア．円周率3.14でP＞Qだったのが円周率３でP＜Qになった。

　　　イ．円周率3.14でP＜Qだったのが円周率３でP＞Qになった。

　　　ウ．円周率3.14でP＞Qだったのが円周率３でP＝Qになった。

　　　エ．円周率3.14でP＜Qだったのが円周率３でP＝Qになった。

　　　オ．円周率3.14でP＝Qだったのが円周率３でP＜Qになった。

　　　カ．円周率3.14でP＝Qだったのが円周率３でP＞Qになった。

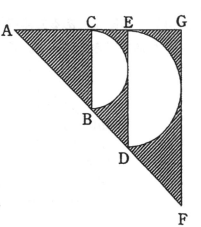

（１７）図のような AB＝AC である二等辺三角形 ABC があります。
辺 AB の真ん中の点を E とし，辺 AB を延長した直線上に点 D を，
AD:DB＝2:1 となるようにとりました。このとき，角⑤の大きさ
を求めなさい。

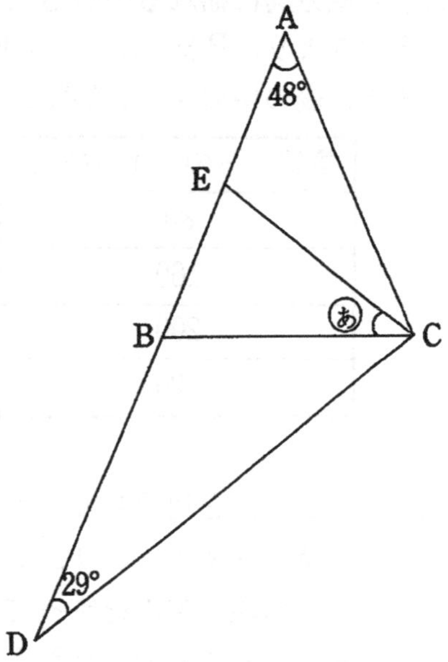

10

地震が発生すると最初にカタカタと揺れる震動あるいは突き上げるような震動と表現されるのがP波であり，P波を感じてからしばらくの後にゆさゆさと大きく横方向に揺れるのがS波です。下の表は，震源（地震が発生した場所）からのきょり，P波の始まりの時刻，S波の始まりの時刻を表したものです。

また，表の中の ー は観測できなかったことを表しています。

震源からのきょり(km)	P波の始まりの時刻	S波の始まりの時刻
80	ー	14時50分00秒
160	14時50分00秒	14時50分20秒
200	14時50分05秒	14時50分30秒
320	14時50分20秒	14時51分00秒

（18）上の表を利用して，震源からのきょりを縦軸に，P波とS波の始まりの時刻を横軸にとり，それらの関係をグラフに表しなさい。

その際，定規を使ってP波は直線 ―――，S波は直線------で，太い線の外わくまでかきなさい。

（19）地震が発生した時刻を求めなさい。

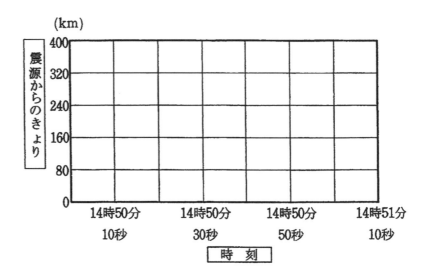

2020(R2) 南山中(女子部)
K 教英出版

（20）図1は，点Aを中心とする半径6cmの円の一部です。点B，Cをつ
なぐ曲線はもとの円の周の一部で，これを弧BCと言います。

　　図2のように，弧BC上の点DとAを結び，CとDからそれぞれ直線
ABに垂直な直線CE，DFを引きました。

　　しゃ線をつけた部分の面積を求めなさい。

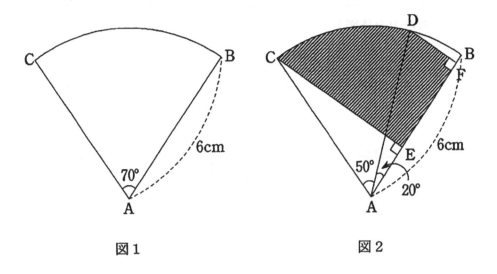

図1　　　　　　　　　　図2

12

（２１）下の図のように，まっすぐな堤防（ていぼう）の間を川が流れています。川と堤防
　　　　の間にはすきまはありません。いま，Ａ君，Ｂ君，Ｃ君は一直線上にい
　　　　ます。また，Ｃ君とＤ君を結ぶ直線は堤防に垂直で，Ｂ君とＤ君の間の
　　　　きょりはわかっています。堤防上のある地点ＰとＡ君，地点ＰとＢ君の
　　　　きょりがわかれば，Ａ君は川を渡（わた）ることなく，川のはばを計算できます。
　　　　その点Ｐを作図しなさい。

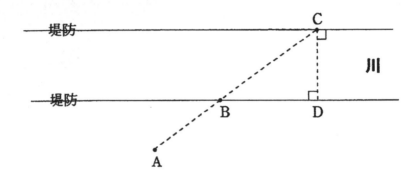

　　注意
・１番目にかいた円の中心（コンパスの針をさしたところ）に×印とその横に①を
　書く。その中心を使ってかいた円または円の一部にも①と書く。
・２番目にかいた円の中心に×印とその横に②を書く。その中心を使ってかいた円
　または円の一部に②と書く。
・以下，円または円の一部をかくたびに同じように書く。
・作図するのに使った線は消さずに残しておくこと。
・定規は直線を引くために用い，目盛りを使用しないこと。

2020 年度

南山中学校女子部　入学試験問題

理　科

【　注意　】

1．試験開始の合図があるまで，この問題冊子の中を見てはいけません。

　　試験開始まで，この【　注意　】をよく読んでください。

2．試験時間は５０分です。

3．解答用紙の受験番号，名前は最初に記入してください。

4．この問題冊子は１０ページで，問題は $\boxed{1}$ 〜 $\boxed{5}$ です。

5．試験開始の合図後，問題冊子や解答用紙に印刷が悪くて見にくいところや汚れ<ruby>汚<rt>よご</rt></ruby>れなどの

　　ある場合は，だまって手をあげて監督<ruby>監督<rt>かんとく</rt></ruby>の先生に知らせてください。

6．答えはすべて解答用紙に書き，記号で答えるものはすべて記号で答えなさい。

7．試験終了後は解答用紙のみを提出し，問題冊子は持ち帰ってください。

1　愛知県名古屋市昭和区の南山中学校女子部周辺で見られる生き物について，次の問い
に答えなさい。

[1] 夏には数種類のセミが観察されます。セミの発音についての最も正しい説明を，次
のあ〜えから選んで記号で答えなさい。
　　あ　常にメスだけ発音する
　　い　常にオスだけ発音する
　　う　メスとオス両方同時に発音する
　　え　メスとオスが交互に発音する

[2] セミは体のどの部分でどのように発音していますか。次のあ〜えから選んで記号で
答えなさい。
　　あ　前ばねをこすり合わせて発音する
　　い　腹部の筋肉を収縮させて発音する
　　う　声帯を振動させて発音する
　　え　口から空気を出して発音する

[3] セミの説明について，①，②に最もあてはまる語を漢字で答えなさい。
　　幼虫の時は木の（　①　）の汁を吸ってくらしています。幼虫から成虫になるとき
　　は，木の幹などに登って（　②　）します。

[4] セミに最も近いなかまの昆虫を，次のあ〜おから選んで記号で答えなさい。
　　あ　カメムシ　　い　ハチ　　う　ハエ　　え　トンボ　　お　ゴキブリ

[5] 他の昆虫と比較したとき，セミのなかまの共通した体の最もめだつ特徴は何です
　　か。次の文の①，②に適する語を答えて，説明の文を完成させなさい。
　　幼虫も成虫も（　①　）が（　②　）のような構造になっている。

[6] 次の①，②の説明にあてはまるセミの種類をそれぞれカタカナで答えなさい。
　　①　体は黒色ではねは透明で脈は緑色。最も大型。朝早くから午前中大きな鳴き声
　　　　で合唱し，午後はほとんど鳴かない。
　　②　体は黒色ではねは茶色で大型。主に午後から夕方まで「ジージー」と鳴く。

1

［7］カブトムシの成虫は夜行性で，夏の夕方から夜にアベマキやコナラの幹で見られます。カブトムシのオスが木の幹に止まっている図を完成させなさい。

［8］カブトムシを採集したとき，同じ場所でダニのなかまも見つけました。ダニは昆虫ではありません。なぜそう言えるのか，ダニの体の特徴について，①～③に適する語を答えて理由の文を完成させなさい。

（ ① ）が（ ② ）ではなく（ ③ ）です。

［9］女子部の周辺ではトンボの仲間も多く観察されます。それはなぜですか。
次の**あ～お**から最も適する理由を選んで記号で答えなさい。
あ 女子部のすぐそばにため池があるから
い 女子部の校内にはたくさんの種類の植物が植えてあるから
う 女子部のまわりにはまだ林が多く残っているから
え 女子部の周囲には草原の空き地が比較的多いから
お 女子部の近くには長良川があるから

2

2 次の文章を読んで，下の問いに答えなさい。

　宇宙にはいろいろな種類の天体が存在しています。私達の太陽や，夜空の星座を作っている天体を恒星（こうせい）といいます。火星や金星のように恒星の周りを回っている天体を惑星（わくせい）といいます。また，月のように惑星の周りを回っている天体を衛星（えいせい）といいます。この他にも彗星（すいせい）や，日本のＪＡＸＡが打ち上げた探査機（　①　）が，２０１９年７月１１日に２回目の接地を行って岩石のサンプルを採取することに成功した（　②　）という名前の（　③　）もあります。さらに宇宙には星雲や銀河，２０１９年に史上初めて写真で直接撮影（さつえい）することに成功した（　④　）と呼ばれる特殊（とくしゅ）な天体も存在しています。

[10] 上の文の①～④にあてはまる語を答えなさい。

[11] 次の星座の星１～６を夜空で近くに見える２つのグループ A と B に分けて，番号で答えなさい。ただし，１はグループAとします。
　　１　アルタイル　　２　シリウス　　３　デネブ　　４　プロキオン　　５　ベガ
　　６　ベテルギウス

[12] 次の星は [11] のどちらのグループの近くに見えますか。A・Bの記号で答えなさい。
　　７　アンタレス　　８　プレアデス星団　　９　リゲル

[13] 次の【A】～【C】の説明にあてはまる星を [11]，[12] の１～９からそれぞれ選んで番号で答えなさい。
　　【A】　全天で最も明るく見える星座の星
　　【B】　日本で別名「すばる」と呼ばれている
　　【C】　日本で別名「織姫」と呼ばれている

3

[14] 星座の星について，次の文章の①～④にあてはまる語を答えなさい

　　　星座の星は時間とともに動いて見えますが，（　①　）座の（　②　）だけは動かないように見えます。ほかの星座の星は，（②）を中心に反時計回りに回っているように見えます。(②) は（　③　）座にある，北斗七星のはしの2つの星の間隔を5倍に延長した位置にあります。北斗七星が見えないときは，（　④　）座にある5つの星からも見つけることができます。(②) が動かないように見えるのは，ちょうど地球の自転軸の延長上に位置しているからです。

[15] 火星や金星のような星のグループについて，次のあ～おの説明のうちまちがっているものをすべて選んで記号で答えなさい。

　　あ　どの星座のどの位置にあるかが変化していく

　　い　見える明るさが変化する

　　う　星座の運動とはいつも逆向きに動いていく

　　え　星座の星の近くにも同じような星が存在している

　　お　またたいて見える

[16] 次の文章のA～Dにあてはまる数字を答えなさい。

　　　測定値にはすべて誤差があります。例えば，正確な数値（有効数字）が2けたの場合，3けた目を四捨五入して，123mという値は 1.2×10^2 m と表します。また，76540gという値は 7.7×10^4 g と表します。

　　　このとき，100 は 10^2，10000 は 10^4 と表しています。

　　　地球の赤道の長さは，4.0×10^4 km です。光は1.0秒間で地球の赤道の7.5周分の距離を伝わります。したがって光の速さは秒速（　$A \times 10^B$　）km です。地球と太陽の平均距離は 1.5×10^8 km なので，太陽の光が地球に届くのに 5.0×10^2 秒かかります。

　　　地球から最も近い星座の星はプロキシマ・ケンタウリで，その光が届くのに4.2年かかります。光が1年間に進む距離は（　$C \times 10^D$　）km なので，地球からの距離は 4.0×10^{13} km になります。

4

3 食塩やさとうなどさまざまな物質を水にとかす実験を行いました。次の問いに答えなさい。

[17] 次のあ〜おの水溶液についての文のうち，正しいものをすべて選んで記号で答えなさい。

あ　水溶液はすべてとう明である。

い　水溶液はすべて無色である。

う　食塩やさとうなどを水にとかしたものを水溶液という。

え　ものが完全にとけた水溶液は，しばらくすると上の方より下の方がこくなってくる。

お　同じ温度，同じ体積の場合，うすい食塩水よりもこい食塩水の方が重い。

[18] 「食塩が水にとける」と同じ意味で使われている「とける」を表している文を，次のあ〜おから1つ選んで記号で答えなさい。

あ　スチールウール(鉄)を塩酸に入れるととけた。

い　アルミニウムはとかしてリサイクルされる。

う　氷がとけて水になった。

え　炭酸水には二酸化炭素がとけている。

お　勉強したので難しい入試問題がとけるようになった。

[19] 実験している間に，食塩水とさとう水の区別ができなくなってしまいました。食塩水とさとう水を区別する方法を，次の【A】〜【C】の順番に，下の(例)にならって答えなさい。ただし，【A】については「味をみる」操作をしてはいけません。

【A】　区別するための実験操作

【B】　操作【A】によって確認される実験結果

【C】　結果【B】から得られる結論

(例) うすい塩酸　と　うすい水酸化ナトリウム水溶液　を区別する方法

【A】　それぞれの溶液を，ガラス棒を使って赤色のリトマス紙につける。

【B】　リトマス紙の色が変化するものと変化しないものに分かれる。

【C】　青色に変化したものがうすい水酸化ナトリウム水溶液，変化しないものが塩酸。

5

[20] 塩酸や水酸化ナトリウムなどの薬品は，びんに入れて保存しています。保存すると
き，塩酸と水酸化ナトリウムは，それぞれどのようなびんに入れられていますか。

[21] 図のように，ポリ袋の中に水を入れて，下からマッチの火を近づけましたが，ポ
リ袋が燃えることはなく，穴もあきませんでした。次に，水を炭酸水にかえて同じ
ように実験を行いました。どのような結果になるか，最も適するものをあ〜えから
1つ選んで，記号で答えなさい。

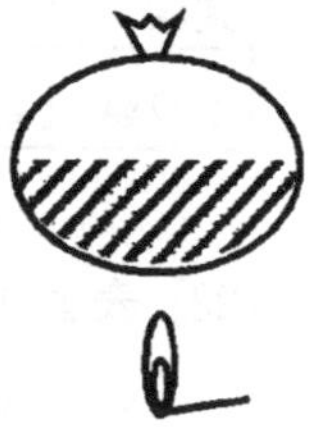

あ　ポリ袋が燃えることはなく，穴もあかない。

い　すぐにポリ袋が燃えて，熱したところに大きな穴が1つだけあく。

う　中に入っている気体が爆発し，ポリ袋が破れる。

え　ポリ袋に小さな穴がいくつかあき，シャワーのように水がもれる。

4　次の表は，各温度において１００ｇの水にとける食塩とホウ酸の量をそれぞれ示したものです。下の問いに答えなさい。ただし，水の蒸発は考えないものとします。

[23] 〜 [26] の答えが割り切れないときは，小数第２位を四捨五入して，小数第１位まで答えなさい。

水温〔℃〕	２０	３０	４０	５０	６０	７０	８０
食塩〔ｇ〕	36.0	36.3	36.6	37.0	37.3	37.8	38.4
ホウ酸〔ｇ〕	5.0	6.7	8.7	11.5	14.8	18.6	23.6

[22] 表より，水の温度と１００ｇの水にとけるホウ酸の量との関係をグラフにかきなさい。線で結ばず，● でかきなさい。

[23] ４０℃の水２５０ｇにとける食塩は何ｇですか。

[24] ６０℃の水５０ｇにホウ酸をとけるだけとかした後，２０℃まで冷やすと出てくるホウ酸は何ｇですか。

[25] ５０℃の水に食塩をとけるだけとかした食塩水２００ｇの中には，何ｇの食塩がとけていますか。

[26] ７０℃の水１００ｇにホウ酸をとけるだけとかしました。このあと，水１００ｇを加えてから２０℃まで冷やすと，ホウ酸は何ｇ出てきますか。

7

5 さまざまな実験を行いました。次の問いに答えなさい。

[27] 図1のように，正方形の銅板表面全体にロウソクのロウをぬり，
●のところをガスバーナーで熱しました。しばらく熱したときの
銅板の表面のようすとして正しいものを**あ〜え**から１つ選んで，
記号で答えなさい。ただし，図の斜線部分はロウがとけていること^{しゃせん}
とを表しています。

図1

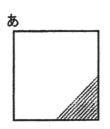 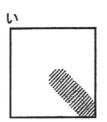 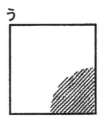 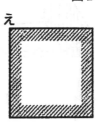

[28] 図1の銅板の一部を切り取った図2のような銅板があります。この銅板表面全体に
ロウをぬり，●のところをガスバーナーで熱しました。図3の**あ〜え**をロウがとけ
る順番に並べなさい。

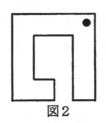

図2

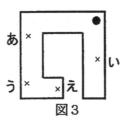

図3

[29] 銅板にロウをぬる前に，ロウソクから しん を抜き取り，しんとロウに分解しまし
た。分解した しん と ロウ それぞれにマッチの火を近づけるとどうなりますか。
次の**あ〜え**から１つ選んで記号で答えなさい。
あ しんもロウもどちらも燃えた。
い しんもロウもどちらも燃えなかった。
う しんは燃えたが，ロウは燃えなかった。
え ロウは燃えたが，しんは燃えなかった。

[30] 図４のように試験管に２０℃の水を入れ，試験管の底の方をガスバーナーで熱しました。もっとも先に４０℃に達する部分を**あ〜う**から１つ選んで，記号で答えなさい。

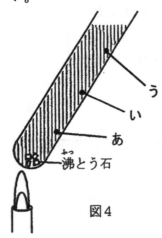

図４

[31] 前問 [30] で熱するときに，沸とう石を入れるのはなぜですか。その理由を１５字以内で答えなさい。ただし，句読点（「、」と「。」）も１字として数えなさい。

[32] 水が沸とうして，試験管の中の水から「あわ」がさかんに出ているとき，試験管の口の近くに「白いゆげ」が見えました。この「あわ」と「白いゆげ」はそれぞれ何ですか。ちがいがわかるように答えなさい。

[33] ガスバーナーに点火し，ほのおを調節するまでの順番に，次の**あ〜お**をならべなさい。
　　あ　マッチに火をつける。
　　い　ガスに火を近づける。
　　う　空気調節ねじを開く。
　　え　ガス調節ねじを開く。
　　お　元せんを開く。

9

[34] 図のような金属の球と金属の輪を用いて，次の【実験1】と【実験2】を行いました。はじめ，金属の球は金属の輪を通ることができました。また，実験で用いる金属の球と金属の輪はそれぞれ同じ種類のものとします。下の①，②の問いに答えなさい。

【実験1】金属の球をガスバーナーで熱する。

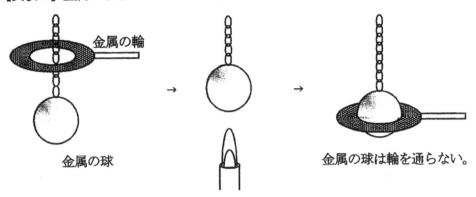

金属の球は輪を通らない。

【実験2】金属の輪全体をガスバーナーで熱する。

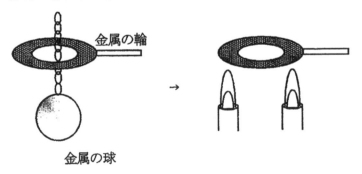

① 【実験1】で，金属の球が熱せられると，輪を通りぬけられなくなったのはなぜですか。その理由を２０字以内で答えなさい。ただし，句読点（「、」と「。」）も１字として数えなさい。

② 【実験2】で，金属の球が輪を通りぬけられるかどうかを考え，熱した直後の金属の輪の形や大きさがわかるように，解答欄に―――でかきなさい。なお，熱する前の金属の輪を－－－－－で示しています。

2020 年度

南山中学校女子部　入学試験問題

社　会

【　注意　】

1．試験開始の合図があるまで，この問題冊子の中を見てはいけません。

　　試験開始まで，この【　注意　】をよく読んでください。

2．試験時間は５０分です。

3．解答用紙の受験番号，名前は最初に記入してください。

4．この問題冊子は１７ページで，問題は 1 ～ 3 です。

5．試験開始の合図後，問題冊子や解答用紙に印刷が悪くて見にくいところ
や汚れなどのある場合は，だまって手をあげて監督の先生に知らせてく
ださい。

6．答えはすべて解答用紙に書き，記号で答えるものはすべて記号で答えな
さい。漢字の指定のあるものはかならず漢字で書きなさい。

7．試験終了後は解答用紙のみを提出し，問題冊子は持ち帰ってください。

このページには問題がありません。

1 日本が島国であることは言うまでもありませんが，別の言い方をすれば，海に囲まれた「山の国」とも言えます。山はどれほど私たちのくらしに関わっているのでしょうか。日本の山に関することがらについて，各問いに答えなさい。

問1 山地面積の広さは地域によって差があります。右のグラフは，都道府県別の山地面積を広い順に示したものです。グラフ中のAとBに当てはまる都道府県名をそれぞれ答えなさい。

問2 山は，各地の気候や植生に影響をあたえます。このことについて述べた次の文ア〜エのうち，**適当でないもの**を1つ選びなさい。

ア オホーツク海からふきよせる冷たい風「やませ」を奥羽山脈がさえぎるため，東北地方でも夏の冷害が起きやすいのは太平洋側である。

イ 関東山地や越後山脈をこえてふきおろす「からっ風」は，関東地方に乾燥と晴天をもたらす。

ウ 飛騨山脈や赤石山脈など標高3000m級の高山地域の山頂付近は，低温で森林が育っていない。

エ 四国地方は，四国山地がほぼ東西に走っているため，気候のちがいが南北方向よりも東西方向で大きくなる。

都道府県別の山地面積

総務省「第65回日本統計年鑑 平成28年」により作成。

1

問3　標高の高い山の周辺では，標高の低い平野部とは異なる農業がみられます。このことについて述べた次の文中の（　①　）～（　③　）に当てはまる最も適当な語句を，それぞれについてA・Bから１つずつ選びなさい。

> 八ヶ岳の山ろくの野辺山高原や浅間山の山ろくの嬬恋村などでは，夏でも涼しい気候を生かして，出荷時期を（　①　）する（　②　）栽培がみられます。そこで栽培される代表的な野菜は（　③　）です。

（　①　）：　A　早く　　　　　B　遅く
（　②　）：　A　促成　　　　　B　抑制
（　③　）：　A　レタス　　　　B　ピーマン

問4　山は，森林資源の宝庫です。森林のもつ機能について述べた次の文中の（　①　）と（　②　）に当てはまる最も適当な語句を，それぞれについてA～Cから１つずつ選びなさい。

> 森林は，光合成によって大気中の（　①　）を吸収し，（　②　）を防止する役割をもっています。

（　①　）：A　水分　　　B　酸素　　　　　C　二酸化炭素
（　②　）：A　酸性雨　　B　地球温暖化　　C　土壌流出

問5　古くから人は，けわしい山々をこえる道をつくり，往来を重ねてきました。このことに関して述べた次の文中の（　①　）と（　②　）に当てはまる最も適当な語句を，①については漢字３字，②については漢字２字で答えなさい。

> 江戸時代に整備された五街道のうち，江戸と京を結ぶ内陸の主要ルートが（　①　）で，この街道沿いには６９の（　②　）が置かれました。（　①　）は，海側を通る東海道にくらべると山深く，いくつもの峠をこえる難しさがありました。しかし，それがかえって近代的な開発の波からまぬがれる理由となり，今となっては，江戸時代のおもむきがある（　②　）町が数多く残っています。

2

問6　山がもつ自然や文化の高い価値が認められ，世界遺産に登録されたものもあります。次の文①～③は，地図中の世界遺産登録地である白神山地，富士山，紀伊山地のいずれかについて述べたものです。文①～③と，山地・山の組み合わせとして正しいものを，あとのア～カから1つ選びなさい。

①　神々がこもり，仏がやどる聖なる地域であり，日本固有の宗教の発展と東アジアの宗教文化との結びつきがみられる。

②　人の影響をほとんど受けていない世界最大級の原生的なブナ林が分布し，豊かな生態系が保たれている。

③　古くから信仰の対象とされたり，さまざまな芸術の題材とされたりして，人と自然が共生する文化を育んできた。

ア　①―白神山地　②―富士山　③―紀伊山地

イ　①―白神山地　②―紀伊山地　③―富士山

ウ　①―富士山　②―白神山地　③―紀伊山地

エ　①―富士山　②―紀伊山地　③―白神山地

オ　①―紀伊山地　②―白神山地　③―富士山

カ　①―紀伊山地　②―富士山　③―白神山地

問7　山が多く起伏に富んだ日本の地形は，土地の高低差を利用する水力発電に適しています。水力発電について述べた次の文中の（　　　　）に語句を入れて，文を完成させなさい。

水力発電は，大規模なダムを建設するときに森林破壊や地元住民の立ち退きをともなってしまう反面，火力発電のように（　　　　　　　　　）する必要がないため，ダム建設後の発電費用が少なくてすみます。

3

問8　キャンプ場やスキー場は，山に多くみられる代表的な観光・商業施設です。次の表は，いくつかの県の4つの観光・商業施設の数を示したもので，表中のア〜エは，キャンプ場・スキー場・海水浴場・映画館のいずれかです。キャンプ場とスキー場に当てはまるものを，表中のア〜エから1つずつ選びなさい。

県	ア	イ	ウ	エ
群馬	7	44	—	22
神奈川	26	52	24	—
新潟	9	78	60	30
愛知	27	24	22	1
三重	10	58	31	1

統計年次：キャンプ場・スキー場・海水浴場は2017年3月時点，映画館は2016年。

『データでみる県勢2019』により作成。

問9　次の写真の構造物は，「えん堤」とよばれるもので，山間部のせまい谷の急斜面を流れる河川に多くみられます。「えん堤」がつくられる目的として最も適当なものを，あとのア〜エから1つ選びなさい。

ア　雪崩を防ぐため。　　　　イ　クマやイノシシなど野生動物の移動を防ぐため。
ウ　土石流災害を防ぐため。　エ　農業用水や生活用水を取水するため。

4

問10 地形図を読むことで，山の地表面の様子がよく分かります。次の文①〜④は，あとの地形図ア〜エのいずれかについて述べたものです。文①〜④に当てはまるものを，地形図ア〜エから1つずつ選びなさい。

① 日当たりの良い斜面で果樹栽培がおこなわれている。
② 資源の採掘によって，山のかたちが変化してきた。
③ 火山が噴火して南から北に向かって流れた溶岩が一面に広がっている。
④ 山地の急斜面が大きくくずれおち，そそり立つようながけがみられる。

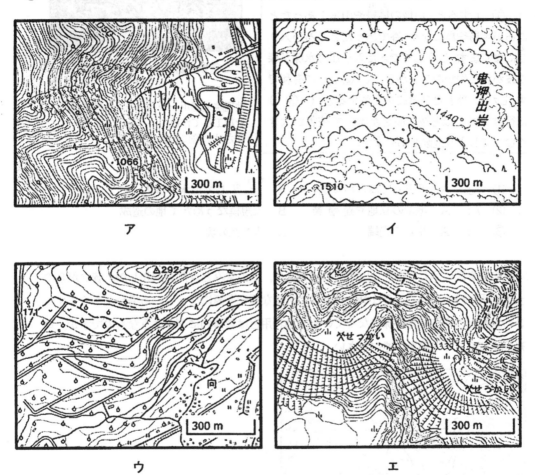

国土地理院ホームページ「地理院地図」を調製して作成。
等高線は10m間隔で引かれている。

5

問11　右の図のように，山地が海にせまるところでは，複雑な海岸線をもったリアス海岸が発達している場合があります。リアス海岸のでき方や特性について述べた次の文中の（　①　）〜（　③　）に当てはまる最も適当な語句を，それぞれについてA・Bから1つずつ選びなさい。

三重県中部の海岸線の立体地図

地理院地図ホームページ「地理院地図3D」を加工して作成。
高さは2倍に強調してある。

> いくつもの川の侵食を受けた山地に，海面が（　①　）すると，山地の尾根や山頂であったところが半島や島になり，谷であったところが入り江になります。こうしてできた入り江は水深が深く波がおだやかなことから，（　②　）に有利です。しかし，ひとたび津波が発生すると，（　③　）に行けば行くほど波の高さが増して被害が大きくなってしまう危険があります。

（　①　）：　A　低下して海水が後退　　　B　上昇して海水が進入
（　②　）：　A　漁港の立地や養殖業　　　B　大規模なうめたて地の造成
（　③　）：　A　半島の先端　　　　　　　B　入り江の奥

問12　次の地形図に示したような山間部の地域には，人の営みと自然が調和した，昔ながらの土地利用が残っていて，それが今の時代の貴重な観光資源になっている場合があります。この地形図の中で観光資源になっている土地利用とは具体的にどのようなものですか。地形図を読みとって簡単に述べなさい。

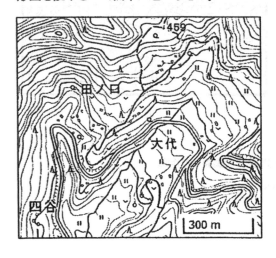

国土地理院ホームページ「地理院地図」を調製して作成。
等高線は10m間隔で引かれている。

6

問13　ある県の山間部に位置するＡ村は，住民の総人口が１０００人あまりで，そのうちの約半数が６５才以上です。Ａ村役場前から鉄道駅のＢ駅前を結ぶバス路線は一本のみで，バス時刻表は下の通りです。もし，このバス路線が廃止されてしまうと，住民にとってどのような問題が生じますか。次の指定語句をすべて使って説明しなさい。指定語句を使う順序は自由です。

[指定語句]　　　　自動車　　　　買い物　　　　流出

A村役場　バス停留所　時刻表			
行先	B駅前		
経由	C温泉前　D病院前		
時	分	時	分
6		13	40
7	04	14	
8	22	15	52
9		16	
10		17	11
11		18	
12		19	

平日のみの運行で，土・休日の運行はありません。

A村役場から終点のB駅前まで所要時間は約５５分です。

2 さまざまな時代の特色や社会のようすについて，各問いに答えなさい。

問1 青森県にある三内丸山遺跡のようすについて述べた次の文ア〜エのうち，適当でないものを1つ選びなさい。

ア 三内丸山遺跡では，北海道産の黒曜石でつくった石器が見つかった。ふねで海をわたって交流していたことが想像される。

イ 三内丸山遺跡の人びとの住まいは，たて穴住居といって，地面をほり，数本の柱を立て，その上に屋根をかけてつくったものである。

ウ 三内丸山遺跡の集落は，大きな二重の深いほりで囲まれており，敵を防ぐための木のさくも設けられていた。

エ 三内丸山遺跡の周辺では，クリやクルミなどの栽培がおこなわれていたのではないかと考えられている。

問2 右の資料は，平城京のあとから見つかった木簡（木の札）で，紀伊国（和歌山県）からある特産物を平城京に運んだときの荷札であることがわかっています。ある特産物とは何ですか，木簡から読みとって，漢字1字で答えなさい。

問3 平安時代，紀貫之は「（ ① ）が書くという日記を，（ ② ）の私もしてみようと思って書くのである」と，（ ② ）のふりをして，かな文字で『土佐日記』を書きました。（ ① ）と（ ② ）に当てはまる語句をそれぞれ漢字1字で答えなさい。

問4 鎌倉幕府が成立した年については，さまざまな考えがあります。源頼朝が将軍になった1192年という考えもあれば，頼朝が朝廷にせまって御家人を地方の（ ① ）や（ ② ）につけ，地方にも力がおよぶようにした1185年という考えもあります。（ ① ）と（ ② ）に当てはまる語句をそれぞれ漢字で答えなさい。

紀伊国安諦郡幡陀郷戸主秦人小麻呂調塩三斗　天平・・・

8

二〇二〇年度 国語 解答用紙

受験番号

名前

※200点満点
（配点非公表）

【一】

問一　A　B　C　D　E

問二

問三

問四　人々の _____ 態度。

問五

問六

問七

問八

問九　科学的な考え方とは、

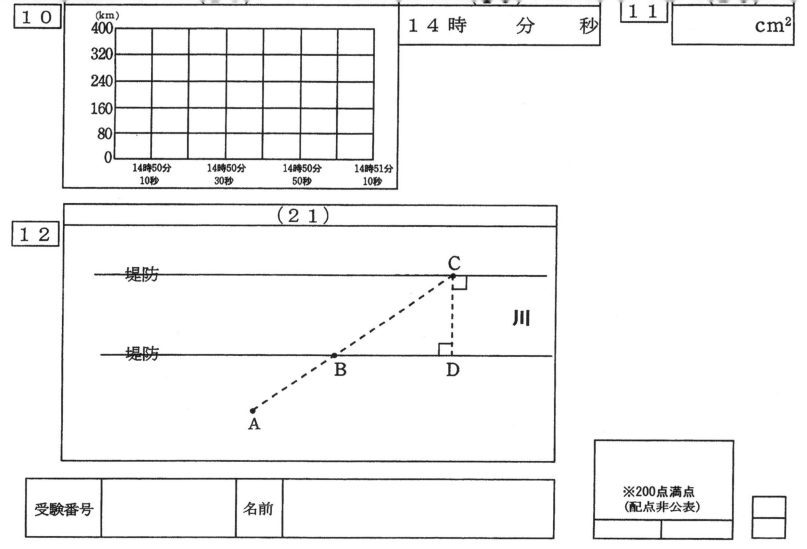

(km)
400
320
240
160
80
0

| 14時50分 10秒 | 14時50分 30秒 | 14時50分 50秒 | 14時51分 10秒 |

1 1   cm²

14時　　分　　秒

（21）

1 2

堤防

C

川

堤防

B   D

A

| 受験番号 | | 名前 | |

※200点満点
（配点非公表）

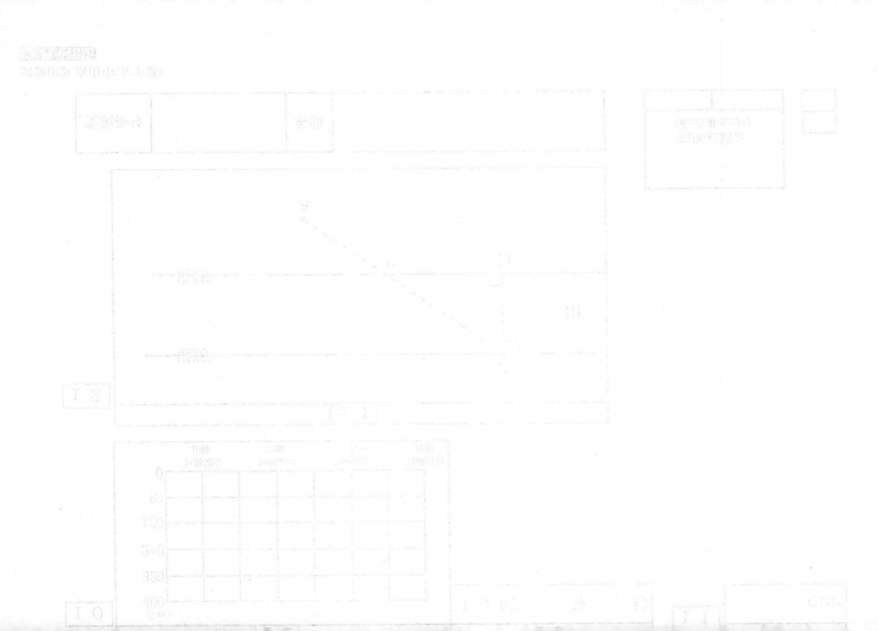

4	[23]	[24]
	g	g
	[25]	[26]
	g	g

4 の [22]

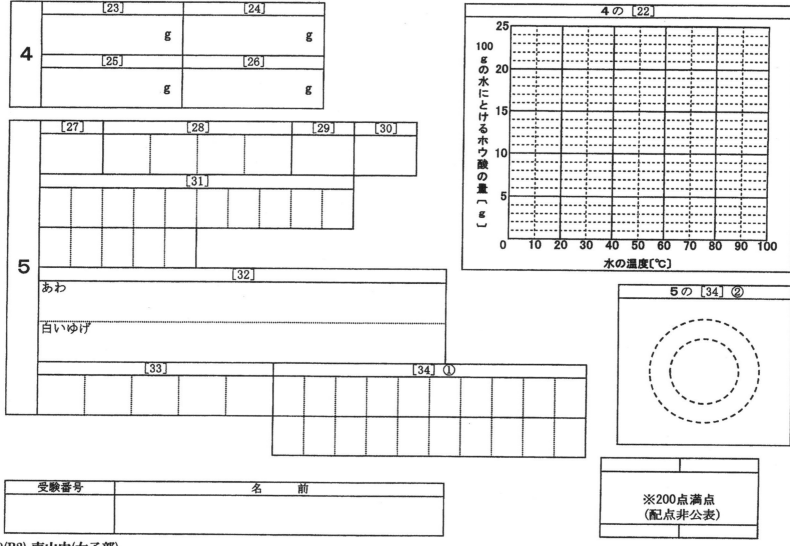

5	[27]	[28]	[29]	[30]
	[31]			
	[32]			
	あわ			
	白いゆげ			
	[33]		[34] ①	

5 の [34] ②

受験番号	名　　　前

※200点満点
（配点非公表）

問7③		問8①	問8②	問9
ア	イ			

	問1	問2	問3	問4
3				

問5	問6

問7

問8	問9	問10

受験番号	名　前

※200点満点
(配点非公表)

2020(R2) 南山中(女子部)
K 教英出版

2020年度　社会　解答用紙

1

問1		問2	問3			問4	
A　　　　　　県	B　　　　　　県	県	①	②	③	①	②

問5		問6	問7
①	②		

問8		問9	問10				問11		
キャンプ場	スキー場		①	②	③	④	①	②	③

問12

問13

問1	問2	問3		問4	
		①	②	①	②

問5①	問5②	問5③	問6

２０２０年度　理科　解答用紙

1

[1]	[2]	[3] ① ②	[4]

[5] ① ②	[6] ① ②

[8] ① ② ③	[9]

2

[10] ① ② ③ ④

[11] A　1　B	[12] 7　8　9

[13] A　B　C	[14] ①　②　③　④

[15]	[16] A　B　C　D

3

[17]	[19] A
	B
[18]	C

1の [7]

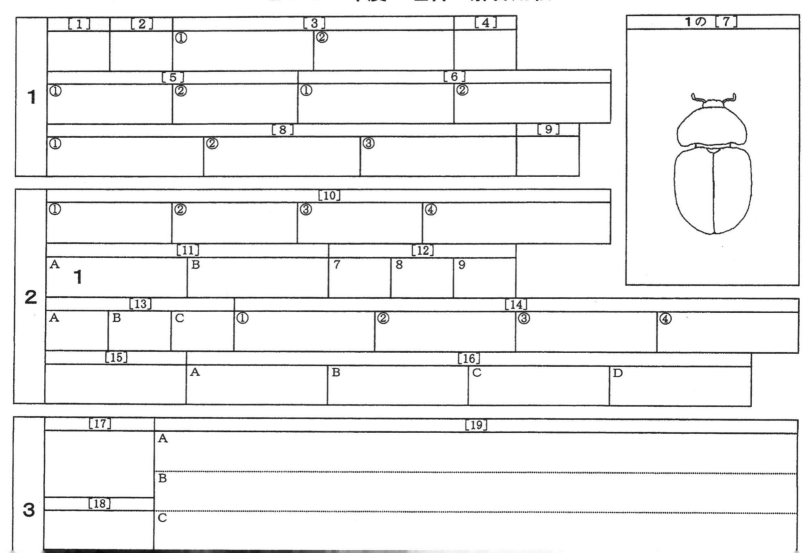

2020 年度　算数　解答用紙

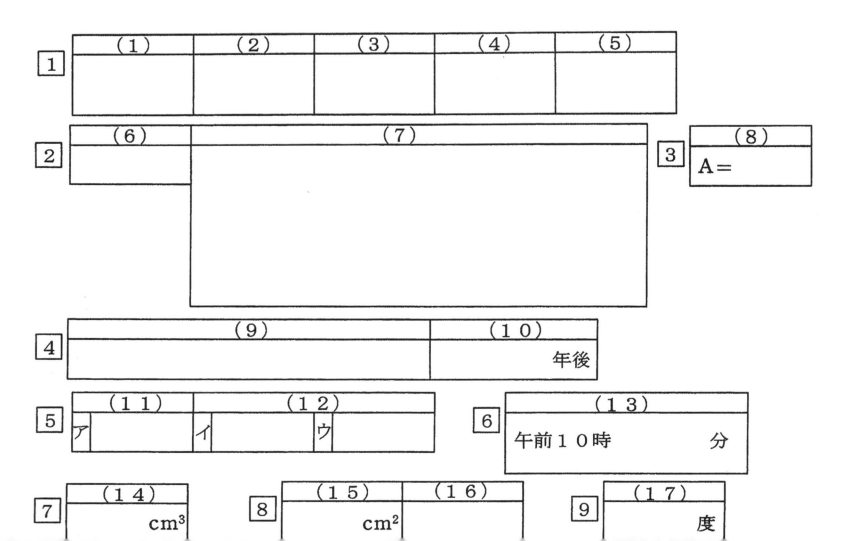

1

（1）	（2）	（3）	（4）	（5）

2

（6）	（7）

3

（8）
A＝

4

（9）	（10）
	年後

5

（11）	（12）	
ア	イ	ウ

6

（13）
午前１０時　　　　　分

7

（14）
cm³

8

（15）	（16）
cm²	

9

（17）
度

【三】

④	①
⑤	②
⑥	③

問
九

【二】

問
八
(1)

(2)

ため。

問
一

問
二

問
三

問
四

問
五

問
六

問
七

問5　資料A・Bは，ある都市Xに関するものです。Xは南蛮貿易で栄えた港町で，戦国大名に従わず，自分たちで政治をおこなっていました。

[資料A]　ポルトガルの宣教師の言葉

　「Xは非常に大きく，有力な商人たちがたくさんおり，イタリアのヴェネツィアと同様，町人自身で運営をおこなう共和国のようなところだ」

　「日本全国において，このXほど安全な場所はなく，戦争で負けた者もXに来れば平和にくらすことができる」

[資料B]　江戸時代にえがかれた都市Xのようす

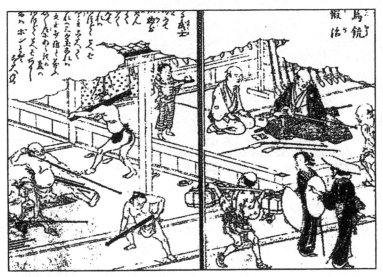

① 都市Xの名前を漢字で答えなさい。
② 資料Bは何をつくっているようすですか，答えなさい。
③ 都市Xは１５６９年，（　　　　）に支配されることになりました。（　　　　）に当てはまる人物名を漢字で答えなさい。

問6　江戸時代に城下町があった駿府城（すんぷじょう）周辺の地名を見ると，江戸時代は同じ（　　　）の人
　　　びとがまとまって住んでいたことがわかります。（　　　）に当てはまる最も適当な語句を
　　　漢字2字で答えなさい。

国土地理院ホームページ「地理院地図」を調製して作成。

問7　女性の権利やくらしについて，問いに答えなさい。

①　学校の制度ができた当初は，小学校に通う女子は少なかったのですが，しだいに増え，進
　　学を希望する人も出てきました。小学校卒業後の進学先には，男子は中学校，女子は高等女
　　学校などがありました。次のA・Bは中学校または高等女学校で学ぶ教科と1週間当たりの
　　時間数を示しています。どちらが高等女学校のものか記号を選び，そのように判断した理由
　　も答えなさい。

A　1週間30時間

外国語 7	国語 6	歴史・地理 3	数学・理科 9	図画 1	体操 3	修身 1

B　1週間28時間

外国語 3	国語 5	歴史・地理 3	数学・理科 3	家事・裁ほう 6	音楽・図画 3	体操 3	修身 2

修身・・・戦前の道徳教育

10

② 愛知県生まれの（　　　）は，平塚らいてうとともに，新婦人協会を結成し，女性の社会的地位の向上をめざす運動を広げ，女性参政権の実現に力を入れました。（　　　）に当てはまる人物名を漢字で答えなさい。

③ ２０１８年８月に，これまで日本のいくつかの大学が入学試験で不正をおこなっていたことが明らかになりました。２０１８年度と２０１９年度を比べると，２０１９年度は合格率の男女差が縮まったことがわかります。これまで（　ア　）の受験者を不利にあつかっていたとしたら，憲法が保障する（　イ　）を受ける権利が守られていなかったことになります。次の資料をもとに，文中の（　ア　）と（　イ　）に当てはまる語句をそれぞれ漢字２字で答えなさい。

[新聞の見出し]

「医学部合格率　男女差縮まる　18年度1.22倍→19年度1.09倍」

不正があったとされる４大学の場合

	2018年度の合格率	2019年度の合格率
	男子÷女子	男子÷女子
A大学	3.11	0.83
B大学	1.93	0.87
C大学	1.47	0.79
D大学	0.86	0.78

男子÷女子が1.00を上回っていると，男子の合格率が女子より高いことを示す。

朝日新聞などにより作成。

問8　沖縄の戦争と戦後について，問いに答えなさい。

①　次の地図は沖縄戦の経緯を示したものです。沖縄戦中の１９４５年５月末，首里にあった
　日本軍の司令部がアメリカ軍に制圧された後も，日本軍は降ふくせず，南部に後退しながら
　戦い続けました。その理由は，アメリカ軍の（　　　　）を１日でもおくらせるためでした。
　文中の（　　　　）に当てはまる語句を６字以内で答えなさい。

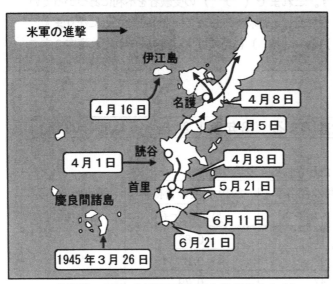

沖縄戦の経緯（沖縄県平和祈念資料館まとめ）

②　１９７２年，沖縄が日本に返かんされ，沖縄県となりました。次の文章は，最初の沖縄県
　知事となった屋良朝苗さんの言葉です。文中の（　　　　）は現在も沖縄県がかかえる問題
　です。（　　　　）に当てはまる語句を漢字４字で答えなさい。

　沖縄県の復帰の日は，疑いもなく，ここにやってきました。しかし，沖縄県民のこれまでの
要望と心情にてらして，復帰の内容をみますと，必ずしも私どもの切なる願望が入れられたと
は言えないことも事実であります。
　そこには，（　　　　）をはじめ，いろいろな問題があり，これらをもちこんで復帰したわけで
あります。したがって，私どもにとって，これからもなお厳しさが続き，新しい困難に直面す
るかもしれません。　　　　　　　　　　　　（1972年5月15日　復帰の式典のあいさつの一部）

12

問9　国の予算のあり方は，その時代の社会のようすを表しています。次のグラフは国の支出の内訳を示したもので，グラフ①～③は，下のA～Cのいずれかの年度のものです。①～③とA～Cの組み合わせとして正しいものを，あとのア～カから1つ選びなさい。

| 教育・文化・科学 |
| 公共事業 | 防衛 |

① | 社会保障 33.3% | 6.1 | 5.5 | 5.3 | その他 9.7 | 地方財政 16.0 | 国債 24.1 |

国債 1.5

② | 社会保障 11.1 | 公共事業 17.4 | 教育・文化・科学 12.6 | 防衛 9.2 | その他 29.4 | 地方財政 18.8 |

その他 0.2

③ | 行政 28.2 | 年金など 7.9 | 軍事 46.8 | 国債 16.9 |

財務省の資料などにより作成。

A　1935年度　　B　1960年度　　C　2017年度

ア　①—A　②—B　③—C　　　イ　①—A　②—C　③—B
ウ　①—B　②—A　③—C　　　エ　①—B　②—C　③—A
オ　①—C　②—A　③—B　　　カ　①—C　②—B　③—A

3 南山中学校がいちばん大切にしている考えは「人間の尊厳」です。わかりやすく言うと，「あなたがすばらしいのは，あなたがあなただから」ということで，一人ひとりが大切な存在で，だれかと比べる必要はない，という意味です。これは，日本国憲法の柱となる考えと同じです。憲法や社会のさまざまな課題について，以下の問いに答えなさい。

問1　戦後の新しい国づくりのための改革について述べた次の文ア〜エのうち，適当でないものを1つ選びなさい。
ア　女性に参政権が与えられ，1946年におこなわれた衆議院議員選挙では，39人の女性議員が誕生した。
イ　教育の目的は戦争を支えることでなく，平和な社会をつくる子どもを育てることとされ，教育制度の改革がおこなわれた。小学校6年間と中学校3年間が義務教育となった。
ウ　大日本帝国憲法では，開戦と終戦は天皇が決めることになっていたので，戦争をおこなった責任をとって天皇は退位した。
エ　戦争中はほとんどの政党が解散していたが，次つぎと復活した。また，労働組合の結成も急速にすすんだ。

問2　憲法第13条には，基本的人権を考えるうえで特に大切なことが書いてあります。それは「すべて国民は，（　　　）として尊重される」ということです。これは私たち一人ひとりが大切にされる権利を持っているという意味です。文中の（　　　）に当てはまる語句を漢字2字で答えなさい。

問3　2019年10月，天皇が即位を宣言する儀式にあわせ，恩赦がおこなわれました。恩赦とは，刑罰を受けた人をゆるしたり，刑罰を軽くしたりするもので，内閣が決定し，天皇が認めます。政府は「即位というおめでたいできごとにあたり，罪を犯した人が心を入れかえて社会復帰をするために恩赦をおこなう」と述べていますが，一方で，裁判所が決めた刑罰を，内閣がくつがえす恩赦は，憲法が定める（　　　）を否定するものだ，という考えもあります。文中の（　　　）に当てはまる最も適当な語句を漢字4字で答えなさい。

14

問4　日本国憲法が定める国民の権利や義務について述べた次の文ア～エのうち，最も適当なものを１つ選びなさい。

　　ア　表現の自由は，その内容が政府の考えと異ならない限りは尊重されなければならないので，『あいちトリエンナーレ２０１９』の「表現の不自由展・その後」は再開されることになった。

　　イ　国がおこなったハンセン病患者の隔離(かんじゃ)(かくり)政策のため，患者や家族の基本的人権がおかされたことについて，国は責任を認めた。

　　ウ　国民には権利だけでなく，子どもに教育を受けさせる義務，税金を納める義務，憲法を守る義務の３つの義務がある。

　　エ　選挙権をもたない小学生は，まだ政治について発言する権利はない。

問5　２０１５年，北海道のある会社が出した次の広告の言葉に対して「北海道の歴史を無視した一方的な見方ではないか」という批判の声が高まり，広告は取りはずされることになりました。このような批判が出た理由を説明しなさい。

北海道は，開拓者(かいたくしゃ)の大地だ。

問6　選挙に関して述べた次の文ア～エのうち，最も適当なものを１つ選びなさい。

　　ア　市議会議員選挙がおこなわれた後，最初に開かれた市議会で，市議会議員の中から市長が選ばれる。

　　イ　国会議員の選挙の際，有権者は，国会議員の候補者と内閣総理大臣の候補者にそれぞれ投票することになっている。

　　ウ　２０１９年の参議院議員選挙の時には，最高裁判所の裁判長を選ぶ国民審査(しんさ)もあった。

　　エ　選挙権は１８才以上，選挙に立候補できる被選挙権は衆議院議員は２５才以上，参議院議員は３０才以上の国民にあたえられる。

問7　次の資料Aは日本の年齢別人口構成，資料Bは２０１９年の参議院議員選挙の年代別の
　　　投票率を示します。資料A・Bの数値が政治にどのような影響を与えるか，説明しなさい。

資料A
日本の年齢別人口構成（２０１９年６月）

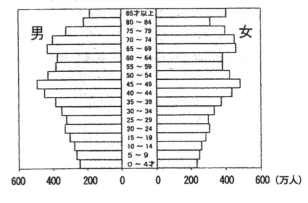

資料B
２０１９年参議院議員選挙
年代別の投票率

年代	投票率（％）
７０代以上	５６．３１
６０代	６３．５８
５０代	５５．４３
４０代	４５．９９
３０代	３８．７８
２０代	３０．９６
１８・１９才	３２．２８
全体	４８．８

総務省統計局の資料などにより作成。

問8　２０１９年１２月に「世界経済フォーラム」が発表した「ジェンダーギャップ指数（男
　　　女格差を測る指数）」によると，２０１９年の日本の順位は１５３カ国中１２１位で，前年
　　　の１１０位からさらに後退しました。この指数は，政治・教育・経済・健康の４つの分野
　　　のデータから作成され，次のグラフの０は完全不平等，１は完全平等を意味しています。
　　　グラフのように日本が「政治分野」が低い理由を説明しなさい。

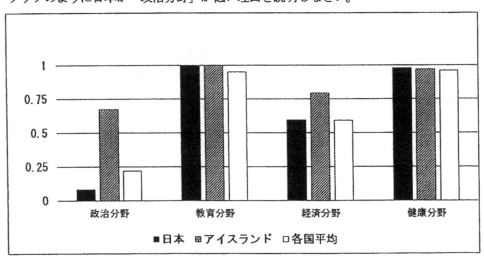

統計年次：2018 年。
世界経済フォーラムの資料により作成。

16

問9　家族のかたちはさまざまで，時代によっても異なります。次の表は，どのような家族（世帯）が多いかを示したものです。表中の①〜③は，下のA〜Cのいずれかです。組み合わせとして正しいものを，あとのア〜カから1つ選びなさい。

	1975年	1995年	2015年
①	19.5%	25.6	34.5
②	59.5	58.5	55.8
③	20.8	15.4	8.6
その他	0.2	0.5	0.9
世帯数（世帯）	3360万	4390万	5333万
1世帯あたり人数（人）	3.27	2.82	2.33

2015年は家族類型がわからないデータをふくむため，合計が100％にならない。
総務省統計局の資料により作成。

A　単独世帯（一人暮らし）
B　核家族世帯（夫婦のみや親と子どもの世帯）
C　核家族以外の親族の世帯（夫婦と親，三世代同居，他の親族と同居など）

ア　①—A　②—B　③—C　　　イ　①—A　②—C　③—B
ウ　①—B　②—A　③—C　　　エ　①—B　②—C　③—A
オ　①—C　②—A　③—B　　　カ　①—C　②—B　③—A

問10　2019年，あるコンビニエンスストアの店長が，人手不足を理由に（　　　）をやめたところ，コンビニエンスストアの本部から，「（　　　）をやめるとサービス低下につながる。会社との約束を破るなら店を任せられない」と通告されました。これを機に，コンビニエンスストアの（　　　）をめぐる議論が続いています。（　　　）に当てはまる最も適当な語句を答えなさい。

K 教英出版